校企合作大数据与会计专业精品教材

智慧化税费申报与管理

主审　孟迪云

主编　罗尾瑛　潘路萍　邹玉丽

内容提要

全书分为绪论、主税与附加税费合并申报篇、单税申报篇、财产和行为税合并申报篇，包括 11 个项目。本书基于我国现行的税收法规，全面、系统地介绍了增值税、消费税、城市维护建设税、教育费附加和地方教育附加、企业所得税、个人所得税、关税、车辆购置税、船舶吨税、资源税、环境保护税、城镇土地使用税、耕地占用税、房产税、契税、土地增值税、车船税、印花税、烟叶税的计算方法、智慧化申报的步骤和纳税筹划的方法。

本书视角新颖，知识全面，内容翔实，理论与实操并重，可作为高等职业院校大数据与会计专业的教材。

图书在版编目（CIP）数据

智慧化税费申报与管理 / 罗尾瑛，潘路萍，邹玉丽主编. -- 上海 : 上海交通大学出版社，2024.5
ISBN 978-7-313-30357-8

Ⅰ. ①智… Ⅱ. ①罗… ②潘… ③邹… Ⅲ. ①税费－计算－高等职业教育－教材②纳税－税收管理－中国－高等职业教育－教材 Ⅳ. ①F810.423②F812.42

中国国家版本馆 CIP 数据核字(2024)第 032030 号

智慧化税费申报与管理

ZHIHUIHUA SHUIFEI SHENBAO YU GUANLI

主　　编：罗尾瑛　潘路萍　邹玉丽
出版发行：上海交通大学出版社　　地　　址：上海市番禺路 951 号
邮政编码：200030　　电　　话：021-64071208
印　　制：三河市祥达印刷包装有限公司　　经　　销：全国新华书店
开　　本：787 mm×1092 mm　1/16　　印　　张：18.25
字　　数：467 千字
版　　次：2024 年 5 月第 1 版　　印　　次：2024 年 5 月第 1 次印刷
书　　号：ISBN 978-7-313-30357-8　　电子书号：ISBN 978-7-89424-718-6
定　　价：59.80 元

版权所有　侵权必究

告读者：如发现本书有印装质量问题请与发行部联系

联系电话：0316-3656589

随着中共中央办公厅、国务院办公厅联合印发《关于进一步深化税收征管改革的意见》，以及国家税务总局正式上线"金税四期"工程，我国税收征管工作在大数据、人工智能、移动互联网、云计算（以下简称"大智移云"）等技术的驱动下正式由"以票管税"向"以数治税"转变。为了适应税收征管制度的变化，编者以现行的税收法规和政策为依据，组织"双师型"教师和企业专职人员共同编写了这本《智慧化税费申报与管理》。

本书以培养"通税法、精报税、懂管理"，适应"大智移云"时代税务信息化、智能化要求的高技能应用型人才为目标，紧紧围绕《国家职业教育改革实施方案》的要求，按照"以技能训练为主线，以相关知识为支撑"的思路进行编排。通过学习本书，学生可以储备扎实的税务知识，锻炼线上、线下纳税申报的技能，掌握一定的纳税筹划方法，从而实现"知税—办税—用税"三阶岗位能力的提升。

总体而言，本书主要具有以下几个方面的特色。

一、育人为本，德育为先

党的二十大报告指出："育人的根本在于立德。"本书有机融入党的二十大精神，秉持"育人为本，德育为先"的编写理念，以服务学生全面发展、增强学生综合素养为目标，将遵纪守法、诚信纳税、责任担当、公民意识等元素融入课程教学中。

例如，在学习目标中设置素养目标，引领学生在学习过程中追求思想进步；在正文中设置"涉税交流帖""修身笃行"栏目，旨在对学生进行理论知识教育的同时，"润物细无声"地进行道德教育；在综合能力评价表中设置"素养评价"指标，通过量化的考核促进学生全面发展。

二、校企合作，协同育人

本书在"双师型"教师和企业专职人员的指导与支持下编写而成，其内容的组织与体例的设计充分考虑到教学大纲的相关要求及企业对人才的需求，注重人才培养的实用性和实效性。

三、理念创新，结构合理

本书强调“理实一体，学做合一”，并采用“项目引领，任务驱动”的编写模式，编排了涉税业务的相关内容，内容涵盖应纳税额的计算、智慧化申报和纳税筹划三个方面。同时，本书在正文中增设“同步税务”“涉税小助手”“涉税交流帖”“涉税窗口”等栏目，在帮助学生理解、掌握重难点的同时，拓宽学生的知识面，锻炼学生的应用技能。

此外，本书每个项目均设有“综合知识测试”“综合能力评价”等模块。其中，“综合知识测试”模块涵盖单项选择题、多项选择题、综合题等题型，让学生通过练习进一步理解和掌握所学知识；“综合能力评价”模块采用自评、师评的方式，从知识、能力、素养三个维度对学生的综合能力进行评价。

四、资源丰富，平台支撑

本书配有丰富的数字资源，将教材、在线课堂与教学资源相融合，构建了线上线下结合的教学模式。学生可以借助手机或其他移动设备扫描二维码获取相关内容，教师可登录文旌综合教育平台“文旌课堂”查看和下载本书配套资源，如综合知识测试答案、优质课件、教案等。

此外，本书还提供了在线题库，支持“教学作业，一键发布”。教师只需通过微信或“文旌课堂”App 扫描扉页二维码，即可迅速选题、一键发布作业、智能批改作业，以及查看学生的作业分析报告，提高教学效率，提升教学体验。学生可在线完成作业，巩固所学知识，提高学习效率。

本书由孟迪云担任主审，罗尾瑛、潘路萍、邹玉丽担任主编，李雅莉、常尚新、刘鹤、刘丽丽、黄萍、马英杰担任副主编。在编写过程中，编者参考、借鉴了许多专家学者的研究成果，在此特向他们表示衷心的感谢。本书的案例均为自编，其中涉及的单位与个人信息均为虚构。

由于税收政策变化较快，加之编者水平有限，书中存在的疏漏与不当之处敬请广大读者批评指正。

本书配套资源下载网址和联系方式

网址：https://www.wenjingketang.com

电话：400-117-9835

邮箱：book@wenjingketang.com

片 头

CONTENTS 目录

主税与附加税费合并申报篇

项目二 消费税智慧化申报与管理 …… 64

项目三 城市维护建设税、教育费附加和地方教育附加智慧化申报与管理 …… 91

单税申报篇

财产和行为税合并申报篇

绪 论

一、税收与税法

税收与税法密不可分，税收是税法确定的具体内容，税法是税收的法律表现形式。

（一）税收

税收是指国家为了满足社会公共需要，凭借政治权力，按照法律的规定，强制、无偿地取得财政收入的一种形式。税收是国家经济工作的重要组成部分，在国家治理中发挥着基础性、支柱性、保障性作用，是保障国计民生的重要财力支撑。

税收的意义

税收具有无偿性、强制性和固定性的特点。税收的这三个特点相互联系，缺一不可。其中，无偿性是税收本质的体现，强制性是国家实现无偿征税的强有力保证，固定性是无偿性和强制性的必然要求。

1．无偿性

税收的无偿性是指国家征税后，既不需要归还给纳税人，也不需要向纳税人支付任何报酬。税收的无偿性是对个体纳税人而言的，但就全体纳税人而言，税收是有偿的，具体表现为国家为社会全体成员提供的公共产品或公共服务。

2．强制性

税收的强制性是指国家以社会管理者的身份，通过颁布法律或政令强制征税。任何纳税人都必须依法纳税，任何征税机关都必须依法征税，否则征纳双方就要承担相应的法律责任。

3．固定性

税收的固定性是指国家在征税前，规定了统一的征税标准，包括纳税人、征税对象、税率、纳税期限和纳税地点等。这些标准一经确定，在一定时期内是相对稳定的，不会随意变动。

（二）税法

税法是指用于调整国家与纳税人之间在征税、纳税方面的权利及义务关系的法律规范的总称。它构建了国家依法征税和纳税人依法纳税的行为准则体系，在保证国家财政收入的同时，也保障了纳税人的合法利益。

通常情况下，税法的基本要素包括纳税人、征税对象、税目、税基、税率、纳税环节、纳税时间、纳税地点、税收优惠及罚则等。

1．纳税人

纳税人又称“纳税主体”，是指税法中规定的负有纳税义务的单位和个人。它有自然人和法人两种最基本的形式。与纳税人联系紧密的另一个概念是扣缴义务人。扣缴义务人包括代扣代缴义务人与代收代缴义务人。

（1）代扣代缴义务人是指虽不承担纳税义务，但依照有关规定在向纳税人支付款项时，有义务代扣代缴其应纳税款的单位和个人。例如，出版社代扣代缴作者稿酬所得的个人所得税。

（2）代收代缴义务人是指虽不承担纳税义务，但依照有关规定在向纳税人收取款项时，有义务代收代缴其应纳税款的单位和个人。例如，对于委托加工的应税消费品，受托方在向委托方交货时代收代缴委托方应该缴纳的消费税。

2. 征税对象

征税对象又称“纳税客体”，是指税法中征纳双方权利、义务所指向的对象。征税对象体现了征税的基本界限，决定了各税种的基本征税范围，是区分不同税种的主要标志。例如，个人所得税的征税对象是个人取得的应税所得，房产税的征税对象是房产。

3. 税目

税目是税法中规定的各个税种的具体征税项目，是征税对象的具体化，反映具体的征税范围。例如，税法将消费税的征税对象划分为烟、酒、高档化妆品等 15 个税目，并将部分税目进一步划分为若干子目。

涉税小助手

有些税种的征税对象范围较小，不需要设置税目，如企业所得税等；有些税种的征税对象范围较广，需要设置税目，如消费税、资源税、印花税等。

4. 税基

税基又称“计税依据”，是指征税对象应纳税款的计算基数。例如，高档化妆品的销售收入是计算消费税应纳税款的税基。

比例税率的形式

5. 税率

税率是指税法中对征税对象规定的征收比例或征收额度。税率是计算税额的关键，也是衡量税负轻重的重要标志。我国现行的税率类别、含义、适用范围举例如表 0-1 所示。

表 0-1　税率类别、含义、适用范围举例

税率类别	含义	适用范围举例
比例税率	对同一征税对象或同一税目，不考虑数额大小，按相同比例征税	增值税、企业所得税
定额税率	按征税对象确定的计量单位，以固定的单位税额征税	城镇土地使用税、车船税
超额累进税率	按数额大小把征税对象分为若干等级，每一等级规定一个税率（税率依次提高），征税对象每超过一个等级，对超过的部分就按高一级的税率征税，各等级应纳税额之和为纳税人的应纳税总额	个人所得税
超率累进税率	按征税对象数额的相对率划分若干等级，分别规定相应的差别税率，相对率每超过一个等级，对超过的部分就按高一级的税率征税，各等级应纳税额之和为纳税人的应纳税总额	土地增值税

6. 纳税环节

纳税环节是指税法规定的征税对象在从生产到消费的流转过程中应当缴纳税款的环节。例如，资源税在资源生产环节纳税，所得税在分配环节纳税。

7. 纳税时间

纳税时间是指税法中关于税款缴纳时间的规定，具体包括以下三个方面。

（1）纳税义务的发生时间，即应税行为的发生时间。由于纳税人的某些应税行为和取得应税收入在发生时间上不尽一致，为准确确定税务机关和纳税人之间的征纳关系和应尽职责，税法对纳税义务的发生时间一般都做了明确规定。例如，按照商品销售收入额计税的，凡采用托收承付结算方式的，纳税义务的发生时间为收到货款的当天或办妥委托银行收款手续的当天。

（2）纳税期限，即纳税人向国家缴纳税款的最后时间限制。纳税期限是根据征税对象和国民经济各部门生产经营的不同特点来确定的。例如，《中华人民共和国增值税暂行条例》规定，增值税的具体纳税期限分别为 1 日、3 日、5 日、10 日、15 日、1 个月或 1 个季度。

（3）缴库期限，即纳税期满后，纳税人将应纳税款缴入国库的期限。例如，增值税纳税人以 1 个月或 1 个季度为 1 个纳税期限的，自期满之日起 15 日内申报纳税。

涉税小助手

受法定休假日的影响，纳税期限会依法向后顺延。纳税人和扣缴义务人若要明确当年具体的纳税期限，则可以查看国家税务总局办公厅发布的具体通知。

8. 纳税地点

纳税地点是指税法规定的纳税人申报纳税的地点。

9. 税收优惠

税收优惠是指国家为了体现鼓励和扶植政策，对某些纳税人和征税对象减少征税或免予征税的特殊规定。

减免税的基本形式

10. 罚则

罚则是指对违反税法规定的纳税人采取的处罚措施，如加收滞纳金、罚款等。

二、我国的税法体系

税法体系又称“税收制度”，是指在既定的管理体制下设置的税种，以及与这些税种的征收管理有关的，具有法律效力的各级成文法律、行政法规、部门规章等的总和。我国的税法体系主要包括税收实体法和税收程序法。

（一）税收实体法

税收实体法是以规定税收法律关系主体的实体权利、义务为主要内容的法律。税收实体法具体规定各税种的征收对象、征收范围、税目、税率、纳税地点等。我国税收实体法按征税对象可分为以下五类。

1. 流转税法

流转税法又称“商品和劳务税法”，是指以商品生产流转额和非生产流转额为征税对象的一类税法，如《中华人民共和国增值税暂行条例》《中华人民共和国消费税暂行条例》等。流转税法主要在生产、流通或服务领域中发挥调节作用。

2. 所得税法

所得税法是指以各种所得额为征税对象的一类税法，如《中华人民共和国企业所得税法》《中华人民共和国个人所得税法》等。在国民收入形成后，所得税法主要对生产经营者的利润和个人的纯收入发挥调节作用。

3. 资源税与环境保护税法

资源税与环境保护税法是指对开发、利用或占用国有自然资源的单位和个人征收的一类税法，如《中华人民共和国资源税法》《中华人民共和国环境保护税法》等。资源税与环境保护税法主要对因开发、利用或占用国有自然资源而形成的级差收入发挥调节作用。

4. 财产和行为税法

财产和行为税法是指以纳税人的某些财产和行为为征税对象的一类税法，如《中华人民共和国房产税暂行条例》《中华人民共和国车船税法》《中华人民共和国印花税法》《中华人民共和国契税法》等。财产和行为税法主要对某些财产和行为发挥调节作用。

5. 特定目的税法

特定目的税法是指以纳税人的特定对象和特定行为为征税对象的一类税法，如《中华人民共和国城市维护建设税法》《中华人民共和国车辆购置税法》《中华人民共和国耕地占用税法》《中华人民共和国船舶吨税法》《中华人民共和国烟叶税法》等。

我国现行税种共有 18 个。其中，企业所得税、个人所得税、车船税、环境保护税、烟叶税、船舶吨税、车辆购置税、耕地占用税、资源税、契税、城市维护建设税、印花税等 12 个税种是以国家法律的形式发布实施的。其他税种都是经全国人民代表大会授权，由国务院以暂行条例的形式发布实施的。这些法律法规共同组成了我国税收实体法。

（二）税收程序法

税收程序法是指税务管理方面的法律，主要包括税收管理法、纳税程序法、发票管理法、税务机关组织法、税务争议处理法等。其中，我国税收征收管理适用的法律制度，是按税收管理机关的不同而分别规定的。

（1）由税务机关负责征收的税种的征收管理，按照全国人民代表大会常务委员会（简称“全国人大常委会”）发布实施的《中华人民共和国税收征收管理法》执行。

（2）由海关机关负责征收的税种的征收管理，按照《中华人民共和国海关法》《中华人民共和国进出口关税条例》等有关规定执行。

涉税小助手

进口环节的增值税和消费税，以及关税和船舶吨税由海关机关负责征收管理，其他税种由税务机关负责征收管理。

三、我国的税收征收管理制度

（一）税务登记管理制度

税务登记管理制度又称“纳税登记管理制度”，是指税务机关对纳税人的生产经营活动进行登记并据此对纳税人实施税务管理的一种法定制度。税务登记是税务机关对纳税人实施税收管理的首要环节和基础工作，是征纳双方法律关系成立的依据和证明，也是纳税人必须依法履行的义务。

企业，企业在外地设立的分支机构和从事生产经营的场所，个体工商户和从事生产经营的事业单位，均应当按照《中华人民共和国税收征收管理法》《中华人民共和国税收征收管理法实施细则》《税务登记管理办法》等的规定办理税务登记。

1. 设立税务登记

我国已全面实施“多证合一、一照一码”的登记制度。因此，新设立的企业（包括个体工商户、农民专业合作社）通过审核后，由登记部门直接核发加载统一社会信用代码的营业执照（见图 0-1），无须单独办理税务登记。首次办理涉税事项时，纳税人只需向税务机关确认市场监督管理等部门的共享信息即可。

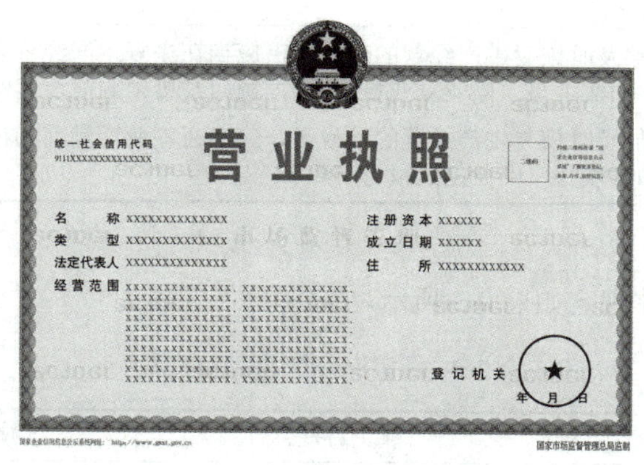

图 0-1　营业执照示意图

（图片来源：国家市场监督管理总局官网）

涉税小助手

统一社会信用代码是纳税人识别号，用于办理涉税事项。统一社会信用代码由 18 位阿拉伯数字或英文字母组成，采用如下编码规则：1 位登记管理部门代码+1 位机构类别代码+6 位登记管理机构行政区划码+9 位主体识别码（组织机构代码）+1 位校验码。

2. 变更税务登记

当税务登记内容发生变化时，纳税人应当向原税务机关申报办理变更税务登记，具体规定如下。

（1）当市场监督管理等部门的登记信息发生变更时，纳税人应当向市场监督管理等部门申报办理变更登记。税务机关接收市场监督管理等部门的变更信息，经纳税人确认后更新系统内的对应信息。自 2023 年 4 月 1 日起，纳税人在市场监督管理部门依法办理变更登记后，无须向税务机关报告登记变更信息；税务机关会根据市场监督管理部门共享的登记变更信息自动同步更新相关信息。

（2）当生产经营地、财务负责人等非市场监督管理等部门的登记信息发生变化时，纳税人应当向税务机关申报办理变更登记，并提交经办人身份证原件、变更信息的有关材料复印件等。

3. 停业、复业登记

停业、复业登记的具体规定如表 0-2 所示。

表 0-2 停业、复业登记的具体规定

项目	具体规定
停业登记	（1）实行定期定额征收方式的个体工商户需要停业的，应当在停业前向税务机关申报办理停业登记。停业期不得超过 1 年 （2）当申报办理停业登记时，纳税人应当如实填写《停业复业报告书》，说明停业理由、停业期限、停业前的纳税情况，以及发票的领、用、存情况，并结清应纳税款、滞纳金、罚款。税务机关应当收存纳税人的发票领购簿、未使用完的发票等 （3）在停业期间发生纳税义务的纳税人，应当按税收法律、行政法规的规定申报缴纳税款
复业登记	（1）能够及时恢复生产经营的纳税人，应当在恢复生产经营之前向税务机关申报办理复业登记，并如实填写《停业复业报告书》，领回发票领购簿及其停业前领购的发票 （2）不能及时恢复生产经营的纳税人，应当在停业期满前向税务机关申报办理延长停业登记，并如实填写《停业复业报告书》

4. 注销税务登记

注销税务登记的具体规定如表 0-3 所示。

表 0-3 注销税务登记的具体规定

类型	适用对象	注销办法	纳税人需要满足的条件
简易注销	未发生债权债务或已将债权债务清偿完结的市场主体（上市股份有限公司除外）	免予到税务机关办理清税证明，可以直接向市场监督管理部门申请办理注销登记	符合市场监督管理部门简易注销条件，未办理过涉税事项；或者办理过涉税事项但未领用发票（含代开发票）、无欠税（滞纳金）、无罚款，并且没有其他未办结事项
普通注销	各类企业	税务机关可以根据纳税人提供的营业执照，即时出具清税文书	未办理过涉税事项，并且主动到税务机关办理清税
		税务机关采取承诺制容缺办理，即时出具清税文书	办理过涉税事项但未领用发票（含代开发票）、无欠税（滞纳金）、无罚款，主动到税务机关办理清税且愿意做出承诺
		税务机关向纳税人出具《税务事项通知书》（告知未结事项），纳税人办理完各项未结事项后，申请办理税务注销登记	不符合承诺制容缺办理条件；或者符合承诺制容缺办理条件但不愿意做出承诺

涉税小助手

承诺制容缺办理：在办理注销税务登记事项时，若纳税人未准备好所有资料，则税务机关可在其做出承诺后，为其出具清税文书。

5. 跨区域涉税事项报验管理

（1）自2018年7月5日起，跨省（自治区、直辖市和计划单列市）临时从事生产经营活动的纳税人，应当向机构所在地的税务机关填报《跨区域涉税事项报告表》。

（2）跨区域经营合同延期的纳税人，应当向经营地或机构所在地的税务机关办理报验管理有效期限延期手续。

（3）当在经营地首次办理涉税事项时，纳税人应当向经营地的税务机关报验跨区域涉税事项。

（4）在跨区域经营活动结束后，纳税人应当结清经营地税务机关的应纳税款及其他涉税事项，向经营地的税务机关填报《经营地涉税事项反馈表》。经营地的税务机关核对《经营地涉税事项反馈表》后，及时将相关信息反馈给机构所在地的税务机关。纳税人不再需要向机构所在地的税务机关反馈信息。

值得注意的是，跨区域报验管理事项的报告、报验、延期、反馈等信息，会通过信息系统在机构所在地和经营地的税务机关之间传递，并实时共享。

（二）会计管理制度

1. 账簿、凭证的设置和管理

（1）从事生产经营的纳税人应当自领取营业执照或发生纳税义务之日起15日内，按照国家有关规定设置账簿。这里的账簿是指总账、明细账、日记账及其他辅助性账簿。总账、日记账应当采用订本式。

（2）生产经营规模小且无建账能力的纳税人，可以聘请经批准从事会计代理记账业务的专业机构或者经税务机关认可的财会人员代为建账和办理账务。

（3）扣缴义务人应当自税收法律、行政法规规定的扣缴义务发生之日起10日内，按照所代扣、代收的税种，分别设置代扣代缴、代收代缴税款账簿。

（4）纳税人、扣缴义务人必须按照国务院财政、税务主管部门规定的保管期限保管会计凭证、账簿、完税凭证及其他有关资料。

2. 会计核算的管理

（1）纳税人、扣缴义务人都必须根据合法、有效的会计凭证进行账务处理。

（2）纳税人建立的会计电算化系统应当符合国家有关规定，并能正确、完整核算其收入或所得。在使用会计电算化系统前，纳税人应当将会计电算化系统的会计核算软件、使用说明书及有关资料报送税务机关备案。

3. 财务会计制度的管理

（1）从事生产经营的纳税人必须自领取营业执照之日起15日内，将所采用的财务会计制度、会计处理方法报送税务机关备案。

（2）当所采用的财务会计制度、会计处理方法与国务院、财政部和国家税务总局有关税收方面的规定相抵触时，纳税人、扣缴义务人必须按照国务院制定的税收法规或财政部、国家税务总局制定的有关税收的规定计算缴纳税款。

（三）发票管理制度

1. 发票及其管理要求

发票是指在购销商品、提供或接受服务及从事其他经营活动中，买卖双方开具、收取的收付款凭证。发票是确定经济收支行为发生的法定凭证，是会计核算的原始依据，也是税务稽查的重要依据。

发票的类型主要有增值税专用发票（含机动车销售统一发票）、增值税普通发票（含增值税电子普通发票），以及特定范围继续使用的发票（如农产品收购发票、门票、客运发票等）。发票的基本内容包括发票的名称、发票代码和号码、联次及用途、客户名称、开户银行及账号、商品名称或经营项目、计量单位、数量、单价、大小写金额、开票人、开票日期、开票单位（个人）名称（章）等。

发票联次包括存根联、发票联和记账联。存根联由收款方或开票方留存备查；发票联由付款方或受票方作为付款的原始凭证；记账联由收款方或开票方作为记账的原始凭证。省以上税务机关可根据发票管理情况及纳税人经营业务需要，增减除发票联以外的其他联次，并确定用途。

税务机关是发票的主管机关，负责发票印制、领用、开具、取得、保管、缴销的管理和监督。其中，增值税专用发票由国务院税务主管部门指定的企业印制；其他发票按照国务院税务主管部门的规定，分别由省、自治区、直辖市税务局指定的企业印制。国家禁止私自印刷、伪造、变造发票。

2. 发票的领用

纳税人领取营业执照后，可向主管税务机关申请领购发票。首次申领发票时，纳税人应当提出购票申请，并提供营业执照副本、经办人身份证明或者其他有关证明，以及发票专用章的印模。主管税务机关审核后，准予纳税人申领发票。

非首次申领发票，纳税人可到主管税务机关的发票自助申领机器办理发票申领手续，也可登录各省电子税务局网站或App应用软件进行发票申领。选择邮寄发票的，经主管税务机关审核通过后，由税务机关统一进行邮寄。

3. 发票的开具

一般情况下，销售商品、提供服务及从事其他经营活动的单位和个人，对外发生经营业务收取款项时，应向付款方如实开具发票。特殊情况下，如收购单位和扣缴义务人支付个人款项及国家税务总局认为其他需要由付款方向收款方开具发票的情况，发票由付款方向收款方开具。发票的开具应遵守以下要求。

（1）发票应按照规定的时限、顺序、栏目、全部联次一次性如实开具，并加盖发票专用章。

（2）未发生的经营业务一律不得开具发票。任何单位和个人不得有下列虚开发票的行为：① 为他人、为自己开具与实际经营业务情况不符的发票；② 让他人为自己开具与实际经营业务情况不符的发票；③ 介绍他人开具与实际经营业务情况不符的发票。

（3）开具发票后，如发生销货退回、开票有误、应税服务终止等情形，但不符合发票作废条件或者销货部分退回及发生销售折让，需要开具红字发票的，收款方可以在开票系统中直

接开具红字发票。

（4）安装税控装置的单位和个人，应当按照规定使用税控装置开具发票，并按期向主管税务机关报送开具发票的数据。使用非税控电子器具开具发票的单位和个人，应当将非税控电子器具使用的软件程序说明资料报主管税务机关备案，并按照规定保存、报送开具发票的数据。

涉税小助手

所有单位和从事生产经营活动的个人在购买商品、接受服务及从事其他经营活动支付款项时，应当向收款方索取发票，索取发票时不得要求变更品名和金额。

不符合规定的发票，即未经税务机关监制、填写项目不齐全、内容不真实、字迹不清楚、没有加盖发票专用章，以及其他不符合税务机关规定的发票，不得作为财务报销凭证。任何单位和个人有权拒收不符合规定的发票。

4．发票的使用

任何单位和个人应当按照发票管理规定使用发票，不得有下列行为。

（1）转借、转让、介绍他人转让发票、发票监制章和发票防伪专用品。

（2）知道或应当知道是私自印制、伪造、变造、非法取得或者废止的发票而受让、开具、存放、携带、邮寄、运输。

（3）拆本使用发票（纳税人将领购的订本式发票的存根联、记账联和发票联同时从整本发票中拆离使用的行为）。

（4）扩大发票使用范围。

（5）以其他凭证代替发票使用。

5．发票的保管与缴销

（1）开具发票的单位和个人应当建立发票使用登记制度，设置发票登记簿，配合税务机关进行身份验证，并定期向主管税务机关报告发票使用情况。

（2）开具发票的单位和个人应当按照税务机关的规定存放和保管发票，不得擅自损毁发票。

（3）已经开具的发票存根联和发票登记簿，应当保存 5 年。保存期满，报经税务机关查验后销毁。

（4）开具发票的单位和个人应当在办理变更或者注销税务登记的同时，办理发票和发票领购簿的变更、撤销手续。

（四）纳税申报管理制度

纳税申报是指纳税人按照税法规定的申报期限和申报内容，向税务机关提交有关纳税事项书面报告的法律行为。纳税申报既是纳税人履行纳税义务、承担法律责任的主要依据，又是税务机关进行税收管理的主要信息来源。

1．纳税申报的主体

纳税申报的主体是指在税收征纳活动中依法履行纳税义务，缴纳税款的当事人，包括纳税人和扣缴义务人。

2. 纳税申报的内容

纳税申报的内容主要在各税种的纳税申报表和代扣代缴、代收代缴税款报告表中体现，具体包括税种、税目，应纳税项目或应代扣代缴、代收代缴税款项目，计税依据，扣除项目及标准，适用税率或单位税额，应退税项目及税额、应减免税项目及税额，应纳税额或应代扣代缴、代收代缴税额，以及税款所属期限、延期缴纳税款、欠税、滞纳金等。

3. 纳税申报的要求

纳税人在办理纳税申报时，应当如实填写纳税申报表，并根据不同的情况相应报送以下有关证件、资料：① 财务会计报表及其说明材料；② 与纳税有关的合同、协议书及凭证；③ 税控装置的电子报税资料；④ 外出经营活动税收管理证明和异地完税凭证；⑤ 中华人民共和国境内或境外公证机构出具的有关证明文件；⑥ 税务机关规定应当报送的其他有关证件、资料。

4. 纳税申报的方式

（1）直接申报。直接申报是指纳税人、扣缴义务人自行到税务机关办理纳税申报或报送代扣代缴、代收代缴报告表的一种申报方式。

（2）邮寄申报。邮寄申报是指经税务机关批准的纳税人、扣缴义务人使用统一规定的纳税申报特快专递专用信封，通过邮政部门办理交寄手续，并向邮政部门索取收据作为申报凭证的一种申报方式。邮寄申报以寄出的邮戳日期为实际申报日期。

（3）数据电文申报。数据电文申报又称“电子申报”，是指纳税人、扣缴义务人采用经税务机关确定的电话语音、电子数据交换和网络传输等电子方式向税务机关办理纳税申报或报送代扣代缴、代收代缴报告表的一种申报方式。网上申报就是数据电文申报方式的一种形式。采用电子方式办理纳税申报的纳税人，应当按照税务机关规定的期限和要求保存有关资料，并定期书面报送主管税务机关。

涉税小助手

我国已建成全国统一规范的电子税务局，提供“非接触式”“不见面”办税缴费服务。纳税人、扣缴义务人可以通过电子税务局网站、各省税务 App 进行网上纳税申报。待电子税务局的信息系统自动提取相关数据、自动计算税额、自动预填申报后，纳税人、扣缴义务人对结果进行确认或补正即可线上提交纳税申报。

5. 纳税申报的期限

发生纳税义务后，纳税人、扣缴义务人应在税法规定的应纳或应缴税款的期限内办理纳税申报。因各税种的征税对象、计税环节不同，各税种的纳税申报期限也不尽相同。

若不能按照规定的期限办理纳税申报或者报送代扣代缴、代收代缴税款报告表确有困难而需要延期的，纳税人、扣缴义务人应当在规定的期限内向税务机关提出书面延期申请。经核准延期办理纳税申报的，纳税人、扣缴义务人应当在纳税期内按照上期实际缴纳的税款或税务机关核定的税款预缴税款，并在核准的延期内办理税款结算。

（五）税款征收制度

税款征收是指税务机关依据国家税收法律、行政法规确定的标准和范围，通过法定程序将纳税人应纳税款组织征收入库的具体行为。税款征收是税收征收管理工作的中心环节，是全部税收征收管理工作的目的和归宿，也是纳税人履行纳税义务的体现。

1．税款征收方式

税款征收方式是指税务机关根据各税种的不同特点、征纳双方的具体条件确定的征收税款的方法和形式（见表 0-4）。

表 0-4 税款征收方式

类型	含义	适用范围
查账征收	查账征收是指税务机关按照纳税人提供的账表所反映的经营情况，依照适用的税率，计算纳税人应缴税款的一种税款征收方式	财务会计制度较为健全，能够如实履行纳税义务的纳税单位
查定征收	查定征收是指税务机关根据纳税人的从业人员、生产设备、原材料等，对其生产的应税产品查实核定产量、销售额，并据以计算纳税人应缴税款的一种税款征收方式	生产经营规模较小、产品零星、税款分散、会计账册不健全，但能够控制原材料或进销货的纳税单位
查验征收	查验征收是指税务机关通过查验纳税人应税商品的数量，按市场一般销售单价计算其销售收入，并据以计算纳税人应缴税款的一种税款征收方式	经营品种比较单一，经营地点、时间和商品来源不固定的纳税单位
定期定额征收	定期定额征收是指税务机关通过典型调查，逐户确定营业额或所得额，并据以计算纳税人应缴税款的一种税款征收方式	无完整考核依据的小型纳税单位
委托代征	委托代征是指税务机关委托代征人以税务机关的名义向纳税人征收税款，并将税款缴入国库的一种税款征收方式	税源小额、零散的纳税单位

2．滞纳金征收制度

未按照规定期限缴纳税款的纳税人，以及未按照规定期限解缴税款的扣缴义务人，税务机关会责令其限期缴纳税款，并且从税款滞纳之日起，按日加收滞纳税款万分之五的滞纳金。

四、我国智慧化税控系统——金税工程

（一）金税工程的概念

金税工程是吸收国际先进经验，运用技术手段并结合我国增值税实际情况设计的管理系统。该系统由一个网络和四个子系统构成。一个网络是指覆盖全国国税系统的，由区县局、地市局、省局到总局的四级广域网络。四个子系统是指增值税防伪税控开票子系统、增值税防伪税控认证子系统、增值税稽核子系统和增值税发票协查子系统。实际上，金税工程就是利用覆盖全国税务机关的计算机网络对增值税专用发票和企业增值税纳税状况进行严密监控的一个体系。

（二）金税工程的发展进程

金税工程历经金税一期、金税二期、金税三期建设，目前已进入金税四期建设的新阶段。

金税一期聚焦增值税专用发票监管，推行应用增值税专用发票交叉稽核系统，探索“以票管税”的新做法。金税二期聚焦增值税发票开票、认证、报税和稽核等，探索实施全链条监管

体系，构建增值税“以票管税”新机制。金税三期聚焦税收征管主要业务、工作流程、岗位职责等，成为覆盖所有税费种类、支持税务人员在线业务操作、为纳税人提供涉税事项办理业务的信息系统。

金税四期是金税三期的升级版，它的企业信息联网核查系统与各部委（市场监督管理部门、公安部门等）、中国人民银行及各商业银行等参与机构之间搭建了信息共享与核查通道，能够实现数据共建、数据共享、数据协同、数据治理。与金税三期相比，金税四期增加了非税业务管控（如社会保险）和企业相关人员身份信息及信用的管控；增加了与中国人民银行的信息联网，以便进行严格的资金管控；还增加了“云化”服务，实现全流程智能办税。

涉税窗口

从“以票管税”走向“以数治税”

随着我国经济从信息化快步走向数字化，税收征管也从“以票管税”进一步走向“以数治税”。2021 年 3 月，中共中央办公厅、国务院办公厅印发了《关于进一步深化税收征管改革的意见》（以下简称《意见》）。《意见》提出，到 2025 年，深化税收征管制度改革取得显著成效，基本建成功能强大的智慧税务，形成国内一流的智能化行政应用系统，全方位提高税务执法、服务、监管能力。

基于此，税务机关以发票全领域、全环节、全要素电子化改革为突破口，持续拓展税收大数据资源，深入推进内外部涉税数据汇聚联通、线上线下数据有机贯通。

（三）金税工程的核查内容

金税工程主要核查的内容包括企业存在异常的收入、成本、费用、利润、银行账户、应纳税款等。金税工程在核查企业存在的异常数据时，不仅可以通过企业申报的财务数据来核查，还可以通过企业的银行账户、企业相关人员的银行账户、上下游企业的财务数据，以及同行业的收入、成本、利润等情况等来比对核查。

修身笃行

科技发展带来税收征管的新变革，打击税收犯罪行为是国家保证税源稳定的重要举措。涉税人员应该提升自身的职业素养，钻研业务并不断学习税收政策，培养敬业、精益、专注的工匠精神。

主税与附加税费
合并申报篇

项目一

增值税智慧化申报与管理

在学习本项目前，需要自问以下几个问题：

如何界定增值税的纳税人？

增值税的税率有哪些？

扫一扫右边的二维码，从相关法律法规中找到答案。

增值税的基本法律规范

素养目标

（1）培养爱岗敬业、诚实守信的职业道德。
（2）增强遵纪守法、诚信纳税的意识。

知识目标

（1）掌握增值税的税务规定。
（2）掌握增值税纳税人的登记方法。
（3）掌握增值税发票的管理方法。
（4）掌握增值税应纳税额的计算方法。
（5）掌握增值税智慧化申报的方法。
（6）掌握增值税纳税筹划的方法。

技能目标

（1）能正确计算增值税的销项税额、进项税额及应纳税额。
（2）能正确填制增值税的纳税申报表。
（3）能对增值税进行合法、合理的纳税筹划。

知识准备

增值税是指在中华人民共和国境内（简称“境内”或“中国境内”）销售货物或者加工、修理修配劳务（以下简称“劳务”），销售服务、无形资产、不动产（以下统称“应税销售行为”）及进口货物的单位和个人，就其应税销售行为的增值额和货物的进口金额为计税依据而课征的一种流转税。

增值税的特点

一、纳税人与扣缴义务人

（一）纳税人

在境内销售货物、劳务、服务、无形资产、不动产及进口货物的单位和个人，为增值税的纳税人。单位是指企业、行政单位、事业单位、军事单位、社会团体及其他单位；个人是指个体工商户和其他个人。其中，其他个人是指自然人，即“你、我、他”。

按经营规模和会计核算健全程度的不同，增值税纳税人可分为增值税一般纳税人（以下简称“一般纳税人”）和增值税小规模纳税人（以下简称“小规模纳税人”）。

（二）扣缴义务人

中华人民共和国境外（简称“境外”或“中国境外”）的单位或个人在境内销售劳务，在境内未设有经营机构的，以其境内代理人为增值税扣缴义务人；在境内没有代理人的，以购买方为增值税扣缴义务人。

境外单位或个人在境内销售服务、无形资产或不动产，在境内未设有经营机构的，以购买方为增值税扣缴义务人。财政部和国家税务总局另有规定的除外。

二、征税范围

（一）一般规定

1．销售货物与进口货物

销售货物是指有偿转让货物所有权的业务。其中，有偿是指从购买方处取得货币、货物或者其他经济利益；货物是指有形动产，包括电力、热力、气体。

进口货物是指将货物从我国境外移送至我国境内的行为。凡进入我国海关境内的货物，除享受免税政策的以外，均在进口环节缴纳增值税。

2．销售劳务

销售劳务是指有偿提供加工或修理修配劳务的业务。其中，加工是指受托加工货物，即委托方提供原料及主要材料，受托方按照委托方的要求，制造货物并收取加工费的业务；修理修配是指受托方对损伤和丧失功能的货物进行修复，使其恢复原状和功能的业务。

3. 销售服务

销售服务是指有偿提供交通运输服务、邮政服务、电信服务、建筑服务、金融服务、现代服务、生活服务等的业务。

销售服务的具体规定

4. 销售无形资产

销售无形资产是指有偿转让无形资产所有权或使用权的业务。无形资产包括技术、商标、著作权、商誉、自然资源使用权和其他权益性无形资产（如经营权、经销权、代理权、肖像权等）。

5. 销售不动产

销售不动产是指有偿转让不动产所有权的业务。不动产包括建筑物、构筑物等。其中，建筑物是指住宅、商业营业用房、办公楼等可供居住、工作或者进行其他活动的建造物；构筑物是指道路、桥梁、隧道、水坝等建造物。

转让建筑物有限产权或者永久使用权的，转让在建的建筑物或者构筑物所有权的，以及在转让建筑物或者构筑物时一并转让其所占土地的使用权的，按照销售不动产缴纳增值税。

涉税窗口

应税销售行为及境内的规定

应税销售行为及境内的规定如表 1-1 所示。

表 1-1　应税销售行为及境内的规定

应税销售行为	境内的规定
销售货物	货物的起运地或者所在地在境内
销售劳务	提供的应税劳务发生在境内
销售服务、无形资产、不动产	（1）服务（租赁不动产除外）、无形资产（自然资源使用权除外）的销售方或者购买方在境内（其中一方在境内） （2）销售或者租赁的不动产在境内（不动产坐落地在境内） （3）销售自然资源使用权的自然资源在境内 （4）其他情形

（二）特殊规定

除上述一般规定外，还有一些特殊行为属于增值税征税范围，具体包括视同销售行为、混合销售行为和兼营行为。

1. 视同销售行为

视同销售行为包括两种情形，一是视同销售货物行为，二是视同销售服务、无形资产或者不动产等行为。

（1）单位或者个体工商户的下列行为，视同销售货物行为。

① 将货物交付其他单位或者个人代销（即委托代销）。

② 销售代销货物（即受托代销）。

③ 设有两个以上机构并实行统一核算的纳税人，将货物从一个机构移送其他机构用于销售，但相关机构设在同一县（市）的除外。

④ 将自产、委托加工的货物用于非增值税应税项目。

⑤ 将自产、委托加工的货物用于集体福利或者个人消费。

⑥ 将自产、委托加工或者购进的货物作为投资，提供给其他单位或者个体工商户。

⑦ 将自产、委托加工或者购进的货物分配给股东或者投资者。

⑧ 将自产、委托加工或者购进的货物赠送给其他单位或者个人。

（2）下列情形，视同销售服务、无形资产或者不动产等行为。

① 单位或者个体工商户向其他单位或者个人无偿提供服务，但用于公益事业或者以社会公众为对象的除外。

涉税小助手

单位或者个体工商户为聘用的员工提供的服务，以及员工为本单位或雇主提供取得工资的服务均属于非经营活动，不征收增值税。

② 单位或者个人向其他单位或者个人无偿转让无形资产或者不动产，但用于公益事业或者以社会公众为对象的除外。

③ 财政部和国家税务总局规定的其他情形。

2. 混合销售行为

一项销售行为如果既涉及货物又涉及服务，为混合销售。从事货物生产、批发或者零售的单位和个体工商户的混合销售行为，按照销售货物缴纳增值税；其他单位和个体工商户的混合销售行为，按照销售服务缴纳增值税。

3. 兼营行为

兼营行为是指纳税人在经营期内，发生销售货物、劳务、服务、不动产等多种应税销售行为。根据规定，纳税人兼营不同税率的项目，应当分别核算不同税率项目的销售额；未分别核算销售额的，从高适用税率。

涉税窗口

不征收增值税项目（部分）

（1）根据国家指令无偿提供的铁路运输服务、航空运输服务。

（2）存款利息。

（3）被保险人获得的保险赔付。

（4）房地产主管部门或者其指定机构、公积金管理中心、开发企业及物业管理单位代收的住宅专项维修资金。

（5）纳税人在资产重组过程中，通过合并、分立、出售、置换等方式，将全部或者部分实物资产及与其相关联的债权、负债和劳动力转让给其他单位和个人时涉及的货物、不动产、土地使用权转让行为。

三、税率和征收率

增值税税率分为基本税率、低税率和零税率，适用于采用一般计税方法计税的一般纳税人。增值税征收率适用于小规模纳税人或按照规定采用简易计税方法计税的一般纳税人。

（一）税率

1．基本税率

一般纳税人销售货物、劳务、有形动产租赁服务或者进口货物，除按规定适用9%税率的货物以外，均适用13%的基本税率。

2．低税率

增值税的低税率分为9%和6%两档，具体适用情形如表1-2所示。

表1-2　增值税低税率的适用情形

低税率	适用情形
9%	（1）一般纳税人销售或者进口下列货物 ① 粮食等农产品、食用植物油、食用盐 ② 自来水、暖气、冷气、热水、煤气、石油液化气、天然气、二甲醚、沼气、居民用煤炭制品 ③ 图书、报纸、杂志、音像制品、电子出版物 ④ 饲料、化肥、农药、农机、农膜 ⑤ 国务院规定的其他货物 （2）一般纳税人销售交通运输服务、邮政服务、基础电信服务、建筑服务、不动产租赁服务，销售不动产，转让土地使用权
6%	一般纳税人销售增值电信服务、金融服务、现代服务（有形动产租赁服务和不动产租赁服务除外）、生活服务，销售无形资产（转让土地使用权除外）

3．零税率

（1）一般纳税人出口货物，适用增值税零税率，但国务院另有规定的除外。

（2）境内单位和个人销售的下列服务或者无形资产，适用增值税零税率。

① 国际运输服务，包括在境内载运旅客或者货物出境、在境外载运旅客或者货物入境、在境外载运旅客或者货物。

② 航天运输服务。

③ 向境外单位提供的完全在境外消费的下列服务：研发服务、合同能源管理服务、设计服务、广播影视节目（作品）的制作和发行服务、软件服务、电路设计及测试服务、信息系统服务、业务流程管理服务、离岸服务外包业务、转让技术。

④ 财政部和国家税务总局规定的其他服务。

（二）征收率

1．3%征收率

1）一般规定

纳税人发生按简易计税方法计税的情形，除按规定适用 5%征收率的以外，其应税销售行为均适用 3%征收率。

2）特殊规定

根据相关规定，适用 3%征收率的某些一般纳税人和小规模纳税人可以减按 2%计算缴纳增值税，具体情形如下。

（1）一般纳税人销售自己使用过的属于不得抵扣且未抵扣进项税额的固定资产（开具增值税普通发票）。

（2）小规模纳税人（其他个人除外）销售自己使用过的固定资产。

（3）纳税人销售旧货（二手车经销业务除外）。

2．5%征收率

1）一般规定

纳税人适用 5%征收率的具体情形如下。

（1）小规模纳税人销售自建或其取得的不动产，出租（经营租赁）其取得的不动产（个人出租住房除外）。

（2）一般纳税人销售或出租（经营租赁）其取得的不动产，选择按简易计税方法计税的。

（3）房地产开发企业中的小规模纳税人，销售自行开发的房地产项目。

（4）其他个人销售其取得的不动产（住房除外），出租（经营租赁）其取得的不动产（住房除外）。

涉税小助手

自 2023 年 1 月 1 日至 2027 年 12 月 31 日，小规模纳税人适用 3%征收率的应税销售收入，减按 1%征收率计算缴纳增值税；适用 3%征收率的预缴增值税项目，减按 1%征收率预缴增值税。

（5）纳税人提供劳务派遣服务，选择差额纳税的。

（6）纳税人转让 2016 年 4 月 30 日前取得的土地使用权，选择按简易计税方法计税的。

2）特殊规定

个人出租住房的，应按照 5%的征收率减按 1.5%计算缴纳增值税。

四、税收优惠

（一）免税优惠

《中华人民共和国增值税暂行条例》（以下简称《增值税暂行条例》）规定下列项目免征增值税。

（1）农业生产者销售的自产农产品。

（2）避孕药品和用具。

（3）古旧图书。

（4）直接用于科学研究、科学试验和教学的进口仪器、设备。

（5）外国政府、国际组织无偿援助的进口物资和设备。

（6）由残疾人组织直接进口的供残疾人专用的物品。

（7）销售的自己使用过的物品。

涉税小助手

纳税人发生应税销售行为适用免税规定的，可以放弃免税，并依照《增值税暂行条例》的规定缴纳增值税。放弃免税后，纳税人36个月内不得再申请免税。

（二）起征点优惠

纳税人发生应税行为的销售额未达到增值税起征点的，免征增值税；达到起征点的，全额计算缴纳增值税。增值税起征点的适用范围仅限于个人，不适用于登记为一般纳税人的个体工商户。增值税起征点的幅度规定如下。

（1）按期纳税的，增值税起征点为月销售额5 000～20 000元（含本数）。

（2）按次纳税的，增值税起征点为每次（日）销售额300～500元（含本数）。

省、自治区、直辖市财政厅（局）应在规定的幅度内，根据实际情况确定本地区适用的起征点，并报财政部、国家税务总局备案。

涉税小助手

自2023年1月1日至2027年12月31日，对月销售额未超过10万元（以1个季度为1个纳税期的，季度销售额未超过30万元）的小规模纳税人，免征增值税。

任务一 登记纳税人身份

任务导入

1．企业概况

M有限责任公司的基本情况如下。

企业名称：M有限责任公司。

法人代表：秦力。

企业地址：北京市昌平区××街118号。

统一社会信用代码：9141018475714417××。

经营范围：乳饮料、酸奶、奶粉、奶酪、奶油等奶制品的生产与销售。

注册资本：600万元。

成立时间：2022 年 1 月 1 日。

开户银行与账号：北京银行××支行，260608098883××××。

法定代表人：李望。

财务负责人：毛向阳。

2. 任务要求

根据业务需要，M 有限责任公司（以下简称“M 公司”）需要向主管税务机关登记一般纳税人身份。请准备并整理该公司在登记一般纳税人身份前的材料。

一、区分增值税纳税人

一般纳税人和小规模纳税人的有关规定具体如表 1-3 所示。

表 1-3　一般纳税人和小规模纳税人

纳税人	认定标准	特殊规定	计税方法	发票使用
一般纳税人	年应税销售额＞500 万元（即规定标准）	年应税销售额未超过规定标准的纳税人，会计核算健全，能够提供准确税务资料的，可以向主管税务机关申请登记为一般纳税人	一般计税方法，特殊情况可采用简易计税方法	可以使用增值税专用发票
小规模纳税人	年应税销售额≤500 万元	年应税销售额超过规定标准的其他个人，应当按照小规模纳税人纳税	简易计税方法，不得抵扣进项税额	（1）使用增值税普通发票 （2）小规模纳税人（其他个人除外）发生应税行为需要开具增值税专用发票的，可以自愿使用增值税发票管理系统自行开具
		非企业性单位、年应税销售额超过规定标准且不经常发生应税行为的单位和个体工商户，可以选择按照小规模纳税人纳税		

表 1-3 中，年应税销售额是指纳税人在连续不超过 12 个月或 4 个季度的经营期内累计应征增值税销售额，包括纳税申报销售额、稽查查补销售额及纳税评估调整销售额。会计核算健全是指能够按照国家统一的会计制度规定设置账簿，并能够根据合法、有效的凭证进行核算。

二、登记增值税纳税人

（一）登记一般纳税人

1. 登记的程序

纳税人登记一般纳税人身份时，应当向主管税务机关填报《增值税一般纳税人登记表》（见表 1-4），如实填写纳税人名称、法定代表人、生产经营地址等信息，并提供加载统一社会信用代码的营业执照。

表 1-4　增值税一般纳税人登记表

纳税人名称			社会信用代码 （纳税人识别号）		
法定代表人 （负责人、业主）		证件名称及号码		联系电话	
财务负责人		证件名称及号码		联系电话	
办税人员		证件名称及号码		联系电话	
税务登记日期					
生产经营地址					
注册地址					
纳税人类别：企业□　非企业性单位□　个体工商户□　其他□					
主营业务类别：工业□　商业□　服务业□　其他□					
会计核算健全：是□					
一般纳税人生效之日：当月 1 日□　　　次月 1 日□					
纳税人（代理人）承诺： 会计核算健全，能够提供准确税务资料，上述各项内容真实、可靠、完整。如有虚假，愿意承担相关法律责任。 经办人：　　法定代表人：　　代理人：　　（签章） 年　月　日					
以下由税务机关填写					
税务机关受理情况	受理人：　　受理税务机关（章） 年　月　日				

若纳税人填报的内容与税务登记的信息一致，主管税务机关会当场为其登记为一般纳税人。若纳税人填报的内容与税务登记的信息不一致，或者不符合填列要求，主管税务机关会当场告知纳税人需要补正的内容。

2. 登记的时限

纳税人在年应税销售额超过规定标准的月份（或季度）的所属申报期结束后 15 日内，按照规定办理相关手续。

未按照规定时限办理的，主管税务机关应当在规定时限结束后 5 日内制作《税务事项通

知书》，告知纳税人应当在5日内向主管税务机关办理相关手续。

逾期仍不办理的，次月起按销售额依照增值税税率计算应纳税额，不得抵扣进项税额，直至纳税人办理相关手续为止。

（二）登记小规模纳税人

纳税人登记小规模纳税人身份时，应当向主管税务机关提交《选择按小规模纳税人纳税的情况说明》（见表1-5）。

表1-5　选择按小规模纳税人纳税的情况说明

<table>
<tr><td>纳税人名称</td><td colspan="2"></td><td>社会信用代码
（纳税人识别号）</td><td></td></tr>
<tr><td colspan="3" rowspan="2">连续不超过12个月或四个季度的
经营期内累计应税销售额</td><td colspan="2">货物劳务：　　年　月至　　年　月共　　　元。</td></tr>
<tr><td colspan="2">应税行为：　　年　月至　　年　月共　　　元。</td></tr>
<tr><td>情况
说明</td><td colspan="4"></td></tr>
<tr><td colspan="5">纳税人（代理人）承诺：
上述各项内容真实、可靠、完整。如有虚假，愿意承担相关法律责任。

经办人：　　　法定代表人：　　　代理人：　　　　（签章）
年　月　日</td></tr>
<tr><td colspan="5">以下由税务机关填写</td></tr>
<tr><td>税务
机关
受理
情况</td><td colspan="4">受理人：　　　　　　　　受理税务机关（章）
年　月　日</td></tr>
</table>

涉税小助手

会计核算健全且能够提供准确税务资料的小规模纳税人，可以向主管税务机关办理一般纳税人资格登记，成为一般纳税人。但纳税人登记为一般纳税人后，不得转为小规模纳税人，国家税务总局另有规定的除外。

任务实施 »

M 公司在登记一般纳税人身份前需要准备加载统一社会信用代码的营业执照、本公司的基本信息及准确填写的《增值税一般纳税人登记表》(略)。

任务二 管理增值税发票

任务导入 »

（接本项目的任务一）M 公司需要根据纳税人身份及主营业务向主管税务机关申请领用增值税发票。请先区分增值税发票的类型，然后简述 M 公司领用增值税发票时需要办理的涉税事项。

一、区分增值税发票

（一）增值税专用发票

增值税专用发票是一般纳税人发生应税销售行为时开具的发票，是购买方支付增值税税额并按照规定据以抵扣增值税进项税额的凭证。

1. 增值税纸质专用发票

增值税纸质专用发票（以下简称“纸质专票”，见图 1-1）由基本联次或者基本联次附加其他联次构成。其中，基本联次为三联：第一联为记账联，是销售方核算销售收入和增值税销项税额的记账凭证；第二联为抵扣联，是购买方报送主管税务机关认证和留存备查的凭证；第三联为发票联，是购买方核算采购成本和增值税进项税额的记账凭证。

2. 增值税电子专用发票

为全面落实《优化营商环境条例》，深化税收领域“放管服”（简政放权、放管结合、优化服务改革的简称）改革，加大推广使用电子发票的力度，国家税务总局自 2020 年 12 月 21 日起在全国新设立登记的纳税人中分步推行了增值税电子专用发票（以下简称“电子专票”）。

电子专票（见图 1-2）由各省税务局监制，采用电子签名代替发票专用章，其法律效力、基本用途、基本使用规定等与纸质专票相同。

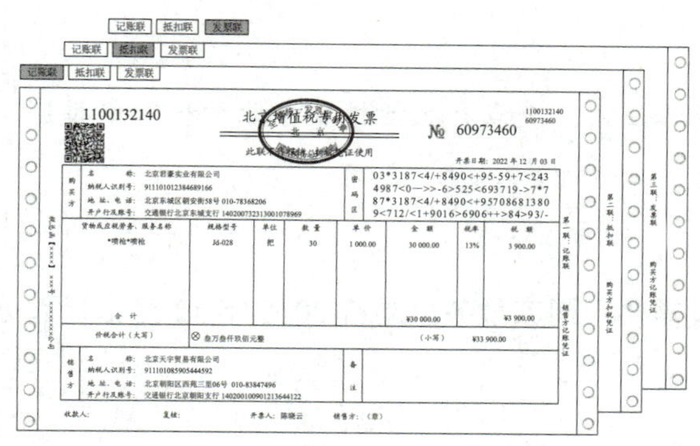

记账联 抵扣联 发票联

1100132140　北京增值税专用发票　№ 60973460

此联不作报销、扣税凭证使用　开票日期：2022 年 12 月 03 日

购买方　名称：北京君豪实业有限公司　纳税人识别号：911101012384689166　地址、电话：北京东城区朝安街58号 010-78368206　开户行及账号：交通银行北京东城支行 140200732313001078969

密码区　03*3187<4/+8490<+95-59+7<243 4987<0—>>-6>525<693719->7*7 87*3187<4/+8490<+95708681380 9<712/<1+9016>6906++>84>93/-

货物或应税劳务、服务名称	规格型号	单位	数量	单价	金额	税率	税额
*培柏*增柏	Jd-028	把	30	1 000.00	30 000.00	13%	3 900.00
合计					¥30 000.00		¥3 900.00

价税合计（大写）⊗叁万叁仟玖佰元整　（小写）¥33 900.00

销售方　名称：北京天宇贸易有限公司　纳税人识别号：911101085905444592　地址、电话：北京朝阳区西苑三里06号 010-83847496　开户行及账号：交通银行北京朝阳支行 140200100901213644122

收款人：　复核：　开票人：陈晓云　销售方：（章）

图 1-1　纸质专票

天津增值税电子专用发票

发票代码：012002300113　发票号码：421125201　开票日期：2023 年 03 月 25 日　校验码：89226 58771 68127 14258

机器编号：220126113502

购买方　名称：北京市东升实业有限责任公司　纳税人识别号：91110108MA10115572　地址、电话：北京市人民路158号 010-28965890　开户行及账号：中国银行北京市人民路支行 48976326922

密码区　1*6<+31+521+9*2+/>0-39063/* -*0/968*62282>91*3/*1<6*42 2477>*42**0+7-2</24-630-391 611+>:1251*124*5-+44<>9/362

项目名称	规格型号	单位	数量	单价	金额	税率	税额
钢管			20 000	100.00	2 000 000.00	13%	260 000.00
合计					¥2 000 000.00		¥260 000.00

价税合计（大写）⊗贰佰贰拾陆万元整　（小写）¥2 260 000.00

销售方　名称：天津市大明有限责任公司　纳税人识别号：91120223MA0652120N　地址、电话：天津市玉泉路45号 022-38006602　开户行及账号：中国工商银行天津市玉泉路支行 002557824300

收款人：张学风　复核：李娟　开票人：王红

图 1-2　电子专票

（二）增值税普通发票

增值税普通发票是指纳税人在购销商品、提供或接受服务及从事其他经营活动中所开具和收取的收付款凭证。

1. 增值税普通发票（折叠票）

增值税普通发票（折叠票）由基本联次或者基本联次附加其他联次构成，分为两联票（见图 1-3）和五联票两种。其中，基本联次为两联：第一联为记账联，印色为蓝色，是销售方的记账凭证；第二联为发票联，印色为橙色，是购买方的记账凭证。其他联次的用途由纳税人自行确定。

2. 增值税普通发票（卷票）

为满足纳税人发票使用需要，国家税务总局决定自 2017 年 1 月 1 日起启用增值税普通发票（卷票）。增值税普通发票（卷票）分为 76 mm×177.8 mm、57 mm×177.8 mm 两种规格，均为单联，票样如图 1-4 所示。

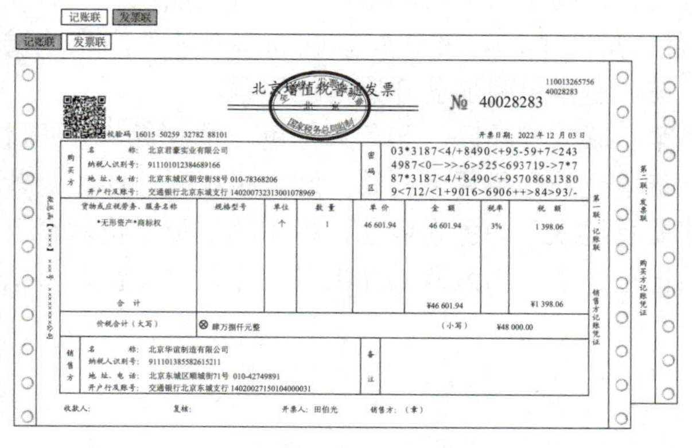

记账联 发票联

北京增值税普通发票　110013265756 40028283　№ 40028283

校验码 16015 50259 32782 88101　开票日期：2022 年 12 月 03 日

购买方　名称：北京君豪实业有限公司　纳税人识别号：911101012384689166　地址、电话：北京东城区朝安街58号 010-78368206　开户行及账号：交通银行北京东城支行 140200732313001078969

密码区　03*3187<4/+8490<+95-59+7<243 4987<0—>>-6>525<693719->7*7 87*3187<4/+8490<+95708681380 9<712/<1+9016>6906++>84>93/-

货物或应税劳务、服务名称	规格型号	单位	数量	单价	金额	税率	税额
*无形资产*商标权		个	1	46 601.94	46 601.94	3%	1 398.06
合计					¥46 601.94		¥1 398.06

价税合计（大写）⊗肆万捌仟元整　（小写）¥48 000.00

销售方　名称：北京华宸制造有限公司　纳税人识别号：911101385582615211　地址、电话：北京东城区晓城街71号 010-42749891　开户行及账号：交通银行北京东城支行 140200271501040000031

收款人：　复核：　开票人：田伯光　销售方：（章）

图 1-3　增值税普通发票（折叠票）两联票

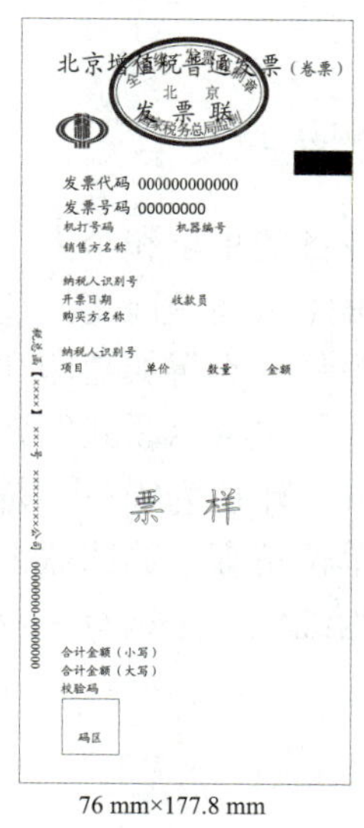

北京增值税普通发票（卷票）　发票联

发票代码 000000000000　发票号码 00000000　机打号码　机器编号　销售方名称　纳税人识别号　开票日期　收款员　购买方名称　纳税人识别号　项目　单价　数量　金额

票　样

合计金额（小写）　合计金额（大写）　校验码　码区

76 mm×177.8 mm

北京增值税普通发票（卷票）　发票联

发票代码 000000000000　发票号码 00000000　机打号码　机器编号　销售方名称　纳税人识别号　开票日期　收款员　购买方名称　纳税人识别号　项目　单价　数量　金额

票　样

合计金额（小写）　合计金额（大写）　校验码　码区

57 mm×177.8 mm

图 1-4　增值税普通发票（卷票）票样

涉税小助手

增值税普通发票（卷票）由纳税人自愿选择使用，重点在生活性服务业纳税人中推广使用。

3. 增值税电子普通发票

为适应经济社会发展和满足税收现代化建设需要，国家税务总局自 2015 年 12 月 1 日起分步推行了增值税电子普通发票（见图 1-5）。

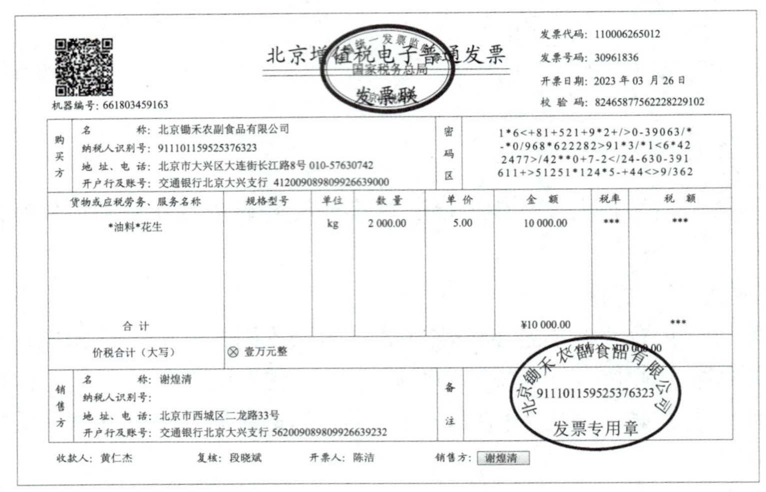

北京增值税电子普通发票

发票联

机器编号: 661803459163

发票代码: 110006265012
发票号码: 30961836
开票日期: 2023 年 03 月 26 日
校 验 码: 82465877562228229102

购买方	名 称: 北京锄禾农副食品有限公司 纳税人识别号: 91110115952537 6323 地 址、电 话: 北京市大兴区大连街长江路8号 010-57630742 开户行及账号: 交通银行北京大兴支行 41200908980992663900 0	密码区	1*6<+81+521+9*2+/>0-39063/* -*0/968*622282>91*3/*1<6*42 2477>/42**0+7-2</24-630-391 611+>51251*124*5-+44<>9/362

货物或应税劳务、服务名称	规格型号	单位	数 量	单 价	金 额	税率	税 额
*油料*花生		kg	2 000.00	5.00	10 000.00	***	***
合 计					¥10 000.00		***
价税合计（大写）	⊗ 壹万元整				（小写）¥10 000.00		

销售方	名 称: 谢煌清 纳税人识别号: 地 址、电 话: 北京市西城区二龙路33号 开户行及账号: 交通银行北京大兴支行 56200908980992663923 2	备注	北京锄禾农副食品有限公司 91110115952537 6323 发票专用章

收款人: 黄仁杰　　复核: 段晓斌　　开票人: 陈洁　　销售方: 谢煌清

图 1-5　增值税电子普通发票

增值税电子普通发票的法律效力、基本用途、基本使用规定等与税务机关监制的增值税纸质普通发票相同。增值税电子普通发票因开具便捷、保管便利、查验及时、节约成本等优点，越来越受纳税人的欢迎。

（三）机动车销售统一发票

凡从事机动车零售业务的单位和个人，在销售机动车（旧机动车除外）收取款项时，必须开具税务机关统一印制的机动车销售统一发票（见图 1-6），并在发票联加盖财务专用章或发票专用章，在抵扣联和报税联不得加盖印章，在注册登记联加盖开票单位印章。

机动车销售统一发票为电脑六联式发票：第一联为发票联，印色为棕色，是购货单位的付款凭证；第二联为抵扣联，印色为绿色，是购货单位的扣税凭证；第三联为报税联，印色为紫色，供车辆购置税征收单位留存；第四联为注册登记联，印色为蓝色，供车辆登记单位留存；第五联为记账联，印色为红色，是销货单位的记账凭证；第六联为存根联，印色为黑色，供销货单位留存。

（四）全面数字化的电子发票

为落实中共中央办公厅、国务院办公厅印发的《关于进一步深化税收征管改革的意见》要求，全面推进税收征管数字化升级和智能化改造，降低征纳成本，国家税务总局建设了全国统一的电子发票服务平台，并自 2021 年 12 月 1 日起在试点地区开始推行全面数字化的电子发票

（以下简称“数电票”，见图 1-7）。试点地区的纳税人自试点之日起，不再领用增值税电子专用发票及增值税电子普通发票。

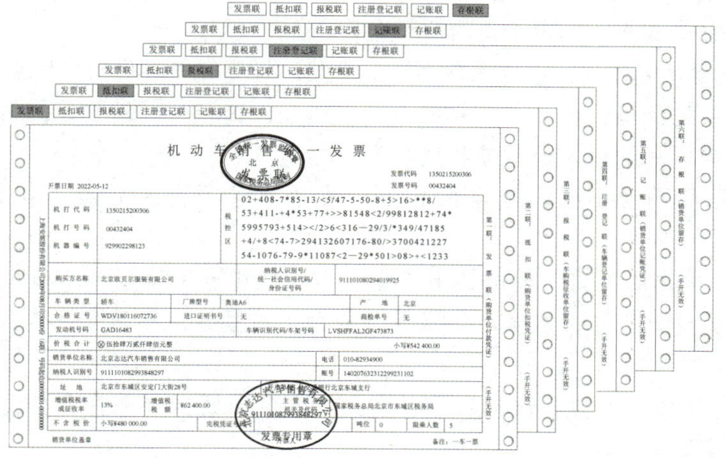

发票联 | 抵扣联 | 报税联 | 注册登记联 | 记账联 | 存根联

机动车销售统一发票

开票日期 2022-05-12　　发票代码 1350215200306　发票号码 00432404

机打代码	1350215200306	税控区	02+408-7*85-13/<5/47-5-50-8+5>16>**8/ 53+411-+4*53+77+>>81548<2/99812812+74* 5995793+514></2>6<316—29/3/*349/47185 +4/+8<74-7>294132607176-80/>3700421227 54-1076-79-9*11087<2—29*501>08>+<1233			
机打号码	00432404					
机器编号	929902298123					
购买方名称	北京欧贝尔服装有限公司	纳税人识别号/统一社会信用代码/身份证号码	911101080294019925			
车辆类型	轿车	厂牌型号	奥迪A6	产地	北京	
合格证号	WDV180116072736	进口证明书号	无	商检单号	无	
发动机号码	GAD16483	车辆识别代码/车架号码	LVSHFFAL2GF473873			
价税合计	⊗伍拾肆万贰仟肆佰元整			小写¥542 400.00		
销货单位名称	北京志达汽车销售有限公司	电话	010-82934900			
纳税人识别号	91110101082993848297	账号	140207632312299231102			
地址	北京市东城区安定门大街28号	开户银行	北京东城支行			
增值税税率或征收率	13%	增值税税额	¥62 400.00	主管税务机关及代码	国家税务总局北京市东城区税务局	
不含税价	小写¥480 000.00	完税凭证号码		吨位	0	限乘人数 5

销货单位盖章　　开票人　　备注：一车一票

第一联：发票联（购货单位付款凭证）（手开无效）

第二联：抵扣联（购货单位扣税凭证）（手开无效）

第三联：报税联（车购税征收单位留存）（手开无效）

第四联：注册登记联（车辆登记单位留存）（手开无效）

第五联：记账联（销货单位记账凭证）（手开无效）

第六联：存根联（销货单位留存）（手开无效）

图 1-6　机动车销售统一发票

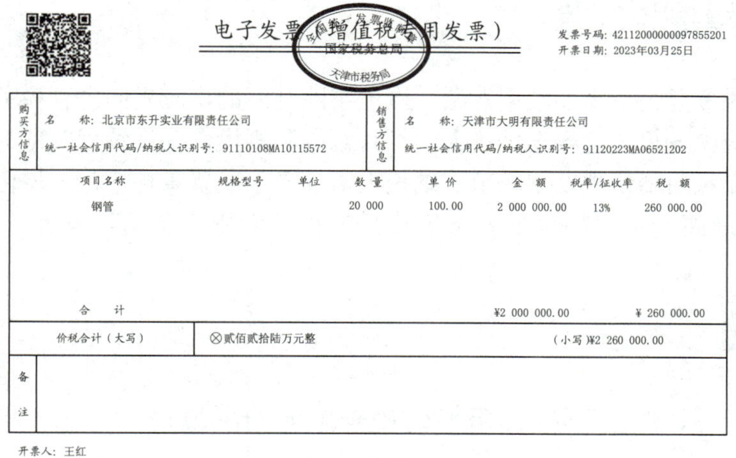

电子发票（增值税专用发票）

发票号码：42112000000097855201
开票日期：2023年03月25日

购买方信息	名称：北京市东升实业有限责任公司 统一社会信用代码/纳税人识别号：91110108MA10115572	销售方信息	名称：天津市大明有限责任公司 统一社会信用代码/纳税人识别号：91120223MA06521202

项目名称	规格型号	单位	数量	单价	金额	税率/征收率	税额
钢管			20 000	100.00	2 000 000.00	13%	260 000.00
合计					¥2 000 000.00		¥ 260 000.00
价税合计（大写）	⊗贰佰贰拾陆万元整				（小写）¥2 260 000.00		
备注							

开票人：王红

图 1-7　电子发票（增值税专用发票）

数电票与现有纸质、电子发票的法律效力、基本用途相同，但有明显的优点，具体包括以下几个方面。

（1）数电票的信息全面数字化，实现了发票全领域、全环节、全要素电子化。

（2）数电票的领票流程更简化，新设立登记的纳税人可实现“开业即可开票”。

（3）数电票的开具渠道更多元，纳税人不仅可以通过电脑网页端开具数电票，还可以通过客户端、移动端手机 App 随时随地开具数电票。

涉税窗口

数电票与电子发票的区别

数电票与电子发票的区别主要体现在以下几个方面。

（1）开票前置环节不同。开票前，数电票不再需要进行票种核定，不再需要进行税控设备（如税务 UKey）申领，也不再需要进行发票领用，实现开票“零前置”。

（2）发票开票限制不同。数电票采用“授信制”，纳税人可以在给定的总额度内开具任意额度与任意份数的发票，无须申请增版增量。

（3）票面展示内容不同。数电票票面更加简洁，将原有发票代码与发票号码合并为20位发票号码；取消了校验码、密文区、收款人、复核人、销售方（章）等；简化了购买方、销售方的信息，只需填写纳税人识别号和纳税人名称。

（4）发票开具平台不同。数电票在电子发票服务平台上开具，仅允许纳税人在线开票。

（5）发票种类构成不同。数电票不仅涵盖了增值税专用发票、增值税普通发票，也囊括了特定业务（如建筑服务、旅客运输服务、货物运输服务、不动产销售、不动产经营租赁等）的发票。

（6）发票交付手段不同。数电票开具后，发票电子数据文件将会自动发送至开票方和受票方的税务数字账户。

二、领用增值税发票

纳税人办理税务登记后需要领用发票（数电票除外）的，应当向主管税务机关申请办理发票领用手续。主管税务机关会根据纳税人的经营范围和规模，确认领用发票的种类、数量、开票限额等事宜。在领用增值税发票环节，纳税人需要办理发票票种核定、增值税专用发票（增值税税控系统）最高开票限额审批、增值税税控系统专用设备初始发行、发票领用等涉税事项。

涉税窗口

不得领用增值税专用发票的情形

一般纳税人有下列情形之一的，不得领用增值税专用发票。

（1）会计核算不健全，不能向税务机关准确提供增值税销项税额、进项税额、应纳税额数据及其他有关增值税税务资料的。

（2）有《中华人民共和国税收征收管理法》规定的税收违法行为，拒不接受税务机关处理的。

（3）有下列行为之一，经税务机关责令限期改正而仍未改正的：① 虚开增值税专用发票；② 私自印制增值税专用发票；③ 向税务机关以外的单位和个人买取增值税专用发票；④ 借用他人增值税专用发票；⑤ 未按规定开具增值税专用发票；⑥ 未按规定保管增值税专用发票和专用设备；⑦ 未按规定申请办理防伪税控系统变更发行；⑧ 未按规定接受税务机关检查。

（一）发票票种核定

在办理发票票种核定事项时，纳税人应当向主管税务机关提供以下材料。

（1）《纳税人领用发票票种核定表》一份，如表 1-6 所示。

（2）加载统一社会信用代码的营业执照原件一份（主管税务机关查验后将其退回）。

（3）经办人身份证件原件一份（主管税务机关查验后将其退回）。

表 1-6　纳税人领用发票票种核定表

<table>
<tr><td>纳税人识别号</td><td colspan="7"></td></tr>
<tr><td>纳税人名称</td><td colspan="7"></td></tr>
<tr><td>领票人</td><td colspan="3">联系电话</td><td colspan="2">身份证件类型</td><td colspan="2">身份证件号码</td></tr>
<tr><td></td><td colspan="3"></td><td colspan="2"></td><td colspan="2"></td></tr>
<tr><td></td><td colspan="3"></td><td colspan="2"></td><td colspan="2"></td></tr>
<tr><td>发票种类名称</td><td>发票票种核定操作类型</td><td>单位（数量）</td><td>每月最高领票数量</td><td>每次最高领票数量</td><td>持票最高数量</td><td>定额发票累计领票金额</td><td>领票方式</td></tr>
<tr><td></td><td></td><td></td><td></td><td></td><td></td><td></td><td></td></tr>
<tr><td></td><td></td><td></td><td></td><td></td><td></td><td></td><td></td></tr>
<tr><td></td><td></td><td></td><td></td><td></td><td></td><td></td><td></td></tr>
<tr><td></td><td></td><td></td><td></td><td></td><td></td><td></td><td></td></tr>
<tr><td></td><td></td><td></td><td></td><td></td><td></td><td></td><td></td></tr>
<tr><td></td><td></td><td></td><td></td><td></td><td></td><td></td><td></td></tr>
<tr><td colspan="8">纳税人（签章）
经办人：　　　　法定代表人（业主、负责人）：　　　　填表日期：　　　　年　月　日</td></tr>
<tr><td colspan="8">发票专用章印模：</td></tr>
</table>

涉税小助手

纳税人可以通过办税服务厅、电子税务局办理涉税事项，具体地点和网址可以在省、自治区、直辖市和计划单列市税务局网站的“纳税服务”栏目进行查询。

（二）增值税专用发票（增值税税控系统）最高开票限额审批

在初次申请使用增值税专用发票及变更增值税专用发票限额时，纳税人应当持以下办理材料向主管税务机关申请办理增值税专用发票（增值税税控系统）最高开票限额审批。

（1）《税务行政许可申请表》一份。

（2）《增值税专用发票最高开票限额申请单》两份，如表 1-7 所示。

（3）经办人身份证件原件一份（主管税务机关查验后退回）。

（4）委托代理人提出申请时还需要提供代理委托书一份，代理人身份证件原件一份（主管税务机关查验后将其退回）。

表 1-7　增值税专用发票最高开票限额申请单

<table>
<tr><td rowspan="8">申请事项（由纳税人填写）</td><td>纳税人名称</td><td></td><td>纳税人识别号</td><td></td></tr>
<tr><td>地　址</td><td></td><td>联系电话</td><td></td></tr>
<tr><td>购票人信息</td><td colspan="3"></td></tr>
<tr><td rowspan="2">申请增值税专用发票（增值税税控系统）最高开票限额</td><td colspan="3">□初次　□变更　（请选择一个项目并在□内打“√”）</td></tr>
<tr><td colspan="3">□一亿元　□一千万元　□一百万元
□十万元　□一万元　□一千元
（请选择一个项目并在□内打“√”）</td></tr>
<tr><td rowspan="2">申请货物运输业增值税专用发票（增值税税控系统）最高开票限额</td><td colspan="3">□初次　□变更　（请选择一个项目并在□内打“√”）</td></tr>
<tr><td colspan="3">□一亿元　□一千万元　□一百万元
□十万元　□一万元　□一千元
（请选择一个项目并在□内打“√”）</td></tr>
<tr><td colspan="4">申请理由：

经办人（签字）：　　　　纳税人（印章）：
年　月　日　　　　年　月　日</td></tr>
<tr><td rowspan="4">区县税务机关意见</td><td colspan="2">发票种类</td><td colspan="2">批准最高开票限额</td></tr>
<tr><td colspan="2">增值税专用发票（增值税税控系统）</td><td colspan="2"></td></tr>
<tr><td colspan="2">货物运输业增值税专用发票（增值税税控系统）</td><td colspan="2"></td></tr>
<tr><td colspan="4">经办人（签字）：　　批准人（签字）：　　税务机关（印章）：
年　月　日　　年　月　日　　年　月　日</td></tr>
</table>

注：本申请表一式两联，第一联由申请纳税人留存，第二联由区县税务机关留存。

（三）增值税税控系统专用设备初始发行

纳税人在初次使用或重新领购增值税税控系统专用设备开具发票前，税务机关会对增值税税控系统专用设备进行初始化发行，即将开票所需要的各种信息（如企业名称、统一社会信用代码、购票人员姓名等）载入增值税税控系统专用设备。

纳税人需要向主管税务机关提供以下办理材料。

（1）金税盘（税控盘）、报税盘或税务 UKey。纳税人可根据领购的税控系统专用设备进行报送。

（2）经办人身份证件原件一份（主管税务机关查验后将其退回）。

涉税小助手

金税盘（税控盘）与报税盘是纳税人开具增值税纸质发票所用到的税控系统专用设备。税务 UKey 是纳税人开具增值税电子发票所用到的税控系统专用设备。

（四）发票领用

纳税人应在发票票种核定的范围（发票种类、领用数量、开票限额）内领用发票。领用发票时，纳税人需要向主管税务机关提供以下办理材料。

（1）经办人身份证件原件一份（主管税务机关查验后将其退回）。

（2）有以下情形的，纳税人还应提供相应材料：① 领用增值税纸质专用发票、增值税电子专用发票、增值税纸质普通发票、增值税电子普通发票、机动车销售统一发票的，需要提供金税盘（税控盘）、报税盘或税务 UKey；② 领用税控收款机发票的，需要提供税控收款机用户卡。

涉税窗口

如何在电子税务局申领增值税发票？

纳税人可以通过电子税务局在线申请邮寄发票或领用电子发票，具体操作流程如下。

（1）打开国家税务总局电子税务局网站（以国家税务总局河南省电子税务局为例），在菜单栏中单击“我要办税”按钮。

（2）进入“统一身份认证”页面，在“企业业务”窗口下方输入“统一社会信用代码/纳税人识别号”“居民身份证号码/手机号码/用户名”“个人用户密码”，单击“登录”按钮后即可进入电子税务局。

（3）单击“发票领用”按钮，仔细阅读“操作说明及注意事项”后，根据实际需要单击“网上领用发票”或“网上领用增值税电子普通发票”按钮。

① 单击“网上领用发票”按钮，系统弹出邮政资费提示，选择后单击“办理”按钮，进入“发票领用信息填写”页面。填写相关信息后单击“保存”按钮，仔细阅读系统弹窗提示后再次单击“保存”按钮，确认弹窗信息后单击“提交”按钮。

② 单击“网上领用增值税电子普通发票”按钮，选择购票人、发票种类，填写“本次领用发票份数”，单击“保存”按钮，按页面校验及提示进行提交。

新开业纳税人可以选择进入“新办纳税人套餐”页面，填写完成相关税务信息报告后，根据系统提示，完成“发票票种核定”“增值税税控系统专用设备初始发行”“发票申领”等业务申请。经主管税务机关审批后，即可领用发票。

三、开具增值税发票

（一）一般规定

（1）一般纳税人在发生应税销售行为时，可以使用增值税发票管理新系统开具增值税专用发票、增值税普通发票、机动车销售统一发票。

（2）小规模纳税人在发生应税销售行为时，可以使用增值税发票管理新系统开具增值税普通发票、机动车销售统一发票。自 2020 年 2 月 1 日起，小规模纳税人（其他个人除外）需要开具增值税专用发票的，可以自愿使用增值税发票管理新系统自行开具。对于选择自行开具增值税专用发票的小规模纳税人，税务机关不再为其代开增值税专用发票。

涉税小助手

增值税发票管理新系统是指对增值税发票开票系统、货物运输业增值税专用发票开票系统、稽核系统及税务数字证书系统等进行整合升级的新系统。

（二）开具要求

在开具增值税发票时，纳税人应当按照规定的时限、顺序、栏目，全部联次一次性如实开具。具体的开具要求如下：① 项目齐全，与实际交易相符；② 字迹清楚，不得压线、错格；③ 发票联和抵扣联加盖财务专用章或者发票专用章；④ 按照增值税纳税义务的发生时间开具。

（三）不得开具增值税专用发票的情形

不得开具增值税专用发票的情形如下：① 应税销售行为的购买方为消费者个人的；② 发生应税销售行为适用免税规定的；③ 部分适用增值税简易征收政策规定的；④ 法律法规及国家税务总局规定的其他情形。

修身笃行

虚开发票是税务机关稽查的重点。涉税人员不仅要基于真实业务开具发票，避免偷逃税款，更要钻研业务，规范、审慎办税，防范任何发票犯罪的违法行为。

四、认证增值税发票

纳税人取得增值税专用发票、机动车销售统一发票、收费公路通行费增值税电子普通发票

后，若要用其申报抵扣增值税进项税额或申请出口退税、代办退税，则应登录省、自治区、直辖市或计划单列市增值税发票综合服务平台对发票信息进行用途确认。

任务实施

增值税发票分为增值税专用发票（纸质、电子）、增值税普通发票（纸质、电子）、机动车销售统一发票和数电票。M公司领用增值税专用发票时，需要办理发票票种核定、增值税专用发票（增值税税控系统）最高开票限额审批、增值税税控系统专用设备初始发行、发票领用等涉税事项。

任务三　计算增值税

任务导入

（接本项目的任务一）M公司适用的增值税税率为13%，并以1个月为一个纳税期。此外，该公司的存货采用实际成本计价，包装物单独核算。

1. 基本业务

2023年8月，M公司发生如下经济业务（假设每笔业务取得的扣税凭证均符合抵扣规定）。

（1）2日，购进一批原材料，取得的增值税专用发票上注明金额600 000元、税额78 000元；发生运输费（适用的增值税税率为9%），取得的增值税专用发票上注明运输费20 000元、税额1 800元。原材料已验收入库，款项已付。

（2）3日，购进一批纸箱，取得的增值税普通发票上注明金额5 150元。纸箱已验收入库，款项已付。

（3）5日，购进一台产品包装机，取得的增值税专用发票上注明金额120 000元、税额15 600元；发生运输费4 500元，取得增值税普通发票。机器已投入使用，款项已付。

（4）6日，从农场购进一批鲜牛奶，经税务机关批准的收购凭证上注明金额50 000元。鲜牛奶已验收入库并全部投入生产，款项已付。

（5）8日，委托某加工厂加工一批酸奶包装瓶，取得的增值税专用发票上注明加工费5 000元、税额450元。加工用材料上月已发出，加工费本月以银行存款支付。

（6）9日，购进20台电动车奖励给公司先进个人，取得的增值税专用发票上注明金额50 000元、税额6 500元。款项已付。

（7）11日，缴纳上月增值税57 500元。

（8）12日，销售一批多余材料，开具的增值税普通发票上注明金额33 900元。款项已收。

（9）13日，销售一批奶酪，开具的增值税专用发票上注明不含税销售额500 000元。款项已收。

（10）14 日，销售一批奶油，开具的增值税专用发票上注明不含税销售额 400 000 元。款项已收。

（11）15 日，取得某超市开具的代销清单。代销清单上注明销售酸奶 40 件，不含税单价为 5 000 元。对方按不含税价款的 5%收取手续费。开具增值税专用发票，款项已结算并存入银行。

（12）16 日，将一批奶油用于职工食堂，未开具发票。该批产品的实际成本为 6 000 元，经税务机关认定的计税价格为 6 600 元。

（13）23 日，将一批酸奶捐赠给某希望工程，未开具发票。该批产品的实际成本为 30 000 元，经税务机关认定的计税价格为 35 000 元。

（14）26 日，生产车间对外提供加工服务，收取含税劳务费 22 600 元，开具增值税普通发票。款项已收。

（15）月末，盘存发现因管理不善损失库存原材料 38 000 元。该批原材料已抵扣进项税额 4 940 元，经批准作为营业外支出处理。

2．任务要求

请计算 M 公司 2023 年 8 月应缴纳的增值税税额。

一、计算一般纳税人应纳税额

一般纳税人发生应税销售行为采取一般计税方法计算应纳税额的，应纳税额为当期销项税额抵扣当期进项税额后的余额。其计算公式如下。

应纳税额=当期销项税额−当期准予抵扣的进项税额

（一）销项税额的计算

销项税额是指纳税人发生应税销售行为，按照销售额和适用税率计算并向购买方收取的增值税税额。其计算公式如下。

销项税额=销售额×适用税率

从销项税额的计算公式中可知，正确确认销售额是计算增值税销项税额的关键。

1．一般销售方式下销售额的确定

销售额是指纳税人因发生应税销售行为而向购买方收取的全部价款和价外费用，但不包括收取的销项税额。

价外费用包括价外向购买方收取的手续费、补贴、基金、集资费、返还利润、奖励费、违约金、滞纳金、延期付款利息、赔偿金、代收款项、代垫款项、包装费、包装物租金、储备费、优质费、运输装卸费及其他各种性质的价外收费。上述价外费用无论会计制度规定如何核算，均应并入销售额计算销项税额。需要注意的是，价外费用一般为含税金额，在计算增值税时应按下列计算公式换算成不含税金额。

不含税金额=含税金额÷（1+增值税税率）

同步税务

【例 1-1】甲企业为一般纳税人，适用的增值税税率为 13%。2023 年 6 月，该企业发生如下经济业务。

（1）销售甲产品，开具增值税专用发票，取得不含税销售额 100 万元、运输费 6.54 万元。

（2）销售乙产品，开具增值税普通发票，取得含税销售额 33.9 万元。

请分别计算该企业销售甲产品和乙产品的销项税额。

解析：

销售甲产品的销项税额=100×13%+6.54÷（1+9%）×9%=13.54 万元

销售乙产品的销项税额=33.9÷（1+13%）×13%=3.9 万元

涉税小助手

下列项目不包括在销售额内。

（1）受托加工应征消费税的消费品所代收代缴的消费税。

（2）同时符合以下条件的代垫运输费用：承运部门的运输费用发票开具给购买方的；纳税人将该项发票转交给购买方。

（3）同时符合以下条件代为收取的政府性基金或者行政事业性收费：由国务院或者财政部批准设立的政府性基金；由国务院或者省级人民政府及其财政、价格主管部门批准设立的行政事业性收费；收取时开具省级以上财政部门印制的财政票据；所收款项全额上缴财政。

（4）销售货物的同时代办保险等向购买方收取的保险费，以及向购买方收取的代购买方缴纳的车辆购置税、车辆牌照费。

（5）以委托方名义开具发票代委托方收取的款项。

2．特殊销售方式下销售额的确定

1）折扣方式

纳税人采取的折扣方式一般有折扣销售、销售折扣和销售折让三种。不同折扣方式下，计税销售额的确定有所差别。

（1）折扣销售又称“商业折扣”，是指销货方在销售货物时，因购货方购货数量较大等原因而给予购货方的价格优惠。由于折扣是在实现销售时发生的，税法规定，销货方如果在同一张发票上的“金额”栏分别注明销售额和折扣额，可按折扣后的销售额计算增值税；销货方如果将折扣额另开发票，不论其在财务上如何处理，均不得从销售额中扣除折扣额。

涉税小助手

折扣销售仅限于货物价格的折扣。如果销货方将自产、委托加工和购买的货物用于实物折扣，则该实物款项不能从货物销售额中扣除，且该实物应按“视同销售货物”中的“赠送他人”计算缴纳增值税。

（2）销售折扣又称“现金折扣”，是指销货方在发生应税销售行为后，为了鼓励购货方及早支付货款而协议承诺给予购货方的一种折扣优惠。例如，如果购货方在 10 天内付款，货款折扣为 3%；如果购货方在 20 天内付款，货款折扣为 1%；如果购货方在 30 天内付款，货款无折扣。销售折扣发生在销货之后，是一种融资性质的理财费用，不得从销售额中扣除。

（3）销售折让是指货物销售后，由于货物品种、质量等不符合标准，购货方并未退货，但要求销货方在价格上给予一定的减让。虽然销售折让与销售折扣都是在货物销售后发生的，但销售折让是因货物的品种和质量等不符合标准引起的销售额减少。因此，销售折让的金额可以从销售额中扣除。

2）以旧换新方式

以旧换新是指销货方在销售货物时，有偿收回旧货物的一种销售方式。税法规定，销货方采取以旧换新方式销售货物的（金银首饰除外），应按新货物的同期销售价格确定销售额，不得扣除旧货物的收购价格；销货方采取以旧换新方式销售金银首饰的，可以按实际收取的不含增值税的全部价款确定销售额。

3）还本销售方式

还本销售是指销货方在销售货物后，到一定期限时将全部或部分货款一次或分次退还给购货方的一种销售方式。这种方式实际上是一种筹资行为，是以货物换取资金的使用价值，到期还本不付息的方法。税法规定，销货方采取还本销售方式销售货物的，应以货物的销售价格作为销售额，不得从销售额中扣除还本支出。

4）以物易物方式

以物易物是指购销双方不以货币结算，而是以同等价款的货物（包括劳务、服务、无形资产或不动产，下同）相互结算，以此实现货物购销的一种销售方式。以物易物的双方都应作购销处理，以各自发出的货物核算销售额并计算销项税额，以各自收到的货物核算购进金额并计算进项税额。在以物易物活动中，购销双方应当分别开具合法的票据，若收到的货物不能取得相应的增值税专用发票或其他合法票据的，则不能抵扣进项税额。

同步税务

【例 1-2】2023 年 7 月，A 公司用自己生产的甲产品与 B 公司生产的乙产品进行交换。已知甲产品、乙产品的成本分别为 16 万元、16.2 万元，公允价值均为 25 万元，适用的增值税税率分别为 13%、9%。双方均将换入的产品作为原材料，请计算双方当期的销项税额。

解析：

A 公司的销项税额=25×13%=3.25 万元

B 公司的销项税额=25×9%=2.25 万元

5）直销方式

直销即直接销售，是一种不需要中间商的介入，直接向消费者销售产品或提供服务的营销方式。销货方采取直销方式销售货物时，应当按照下列规定确定销售额：① 销货方先将货物销售给直销员，由直销员将货物销售给消费者的，销售额为其向直销员收取的全部价款和价外费用；② 销货方直接将货物销售给消费者的，销售额为其向消费者收取的全部价款和价外费用。

6）收取包装物押金方式

包装物是指用于包装货物的各种具有一定容积的物品，如桶、箱、罐、袋等。当销售有包装物的货物时，销货方一般会向购货方收取包装物押金，并要求购货方在规定时间内返还包装物，待收到包装物后将押金退还给购货方。

税法规定，销货方为销售货物而出租、出借包装物收取的押金，单独记账核算的，时间在1年以内又未过期的，不并入销售额计算销项税额；但对因逾期未收回包装物而不再退还的押金（含税收入），应按所包装货物的适用税率换算成不含税收入计算销项税额。

但是，对销售除啤酒、黄酒以外的其他酒类产品收取的包装物押金，无论是否退还及会计制度如何核算，均应并入当期销售额计算销项税额。

涉税小助手

包装物押金不同于包装物租金。包装物租金属于价外费用，在销售货物时一并计入销售额计算销项税额。

3. 视同销售方式下销售额的确定

纳税人发生视同销售行为而无销售额的，主管税务机关有权按照下列顺序核定销售额。

（1）按照纳税人最近时期销售同类货物、劳务、服务、无形资产或不动产的平均销售价格确定销售额。

（2）按照其他纳税人最近时期销售同类货物、劳务、服务、无形资产或不动产的平均销售价格确定销售额。

（3）按照组成计税价格确定销售额。组成计税价格的计算公式如下。

组成计税价格=成本×（1+成本利润率）

属于应征消费税的货物，其组成计税价格包含消费税税额，计算公式如下。

组成计税价格=成本×（1+成本利润率）+消费税税额

或

组成计税价格=成本×（1+成本利润率）÷（1−消费税税率）

涉税小助手

公式中的成本按照以下规定确定：① 纳税人销售自产货物的，成本为实际生产成本；② 纳税人销售外购货物的，成本为实际采购成本。

按照国家税务总局的规定，公式中的成本利润率为10%。但是，对于应按从价定率征收消费税的货物，成本利润率由国家税务总局颁布的《消费税若干具体问题的规定》确定。

4. 销售额确定的其他特殊规定

（1）贷款服务，以提供贷款服务取得的全部利息及利息性质的收入为销售额。

（2）直接收费金融服务，以提供直接收费金融服务收取的手续费、佣金、酬金、管理费、服务费、经手费、开户费、过户费、结算费、转托管费等各类费用为销售额。

（3）金融商品转让，以卖出价扣除买入价后的余额为销售额。转让金融商品出现的正负差，按盈亏相抵后的余额为销售额。若相抵后出现负差，可结转下一纳税期与下期转让金融商品销售额相抵，但年末仍为负差的，不得转入下一个会计年度。

（4）经纪代理服务，以取得的全部价款和价外费用，扣除向委托方收取并代为支付的政府性基金或行政事业性收费后的余额为销售额。

（5）经批准从事融资租赁业务的纳税人，提供融资租赁服务时，以取得的全部价款和价外费用，扣除支付的借款利息（包括外汇借款利息和人民币借款利息）、发行债券利息和车辆购置税后的余额为销售额。

（6）航空运输企业的销售额，不包括代收的机场建设费和代售其他航空运输企业客票而代收转付的价款。

（7）一般纳税人提供客运场站服务，以取得的全部价款和价外费用，扣除支付给承运方运费后的余额为销售额。

（8）纳税人提供旅游服务，以取得的全部价款和价外费用，扣除向旅游服务购买方收取并支付给其他单位或个人的住宿费、餐饮费、交通费、签证费、门票费和支付给其他接团旅游企业的旅游费用后的余额为销售额。

（9）提供建筑服务适用简易计税方法的，以取得的全部价款和价外费用，扣除支付的分包款后的余额为销售额。分包款是指支付给分包方的全部价款和价外费用。

（10）房地产开发企业中的一般纳税人销售其开发的房地产项目（选择简易计税方法的房地产项目除外），以取得的全部价款和价外费用，扣除受让土地时向政府部门支付的土地价款后的余额为销售额。

（二）进项税额的计算

进项税额是指纳税人购进货物、劳务、服务、无形资产、不动产所支付或者负担的增值税税额。进项税额是与销项税额相对应的概念。在开具增值税专用发票的情况下，销售方收取的销项税额就是购买方支付的进项税额。

从应纳税额的计算公式可知，纳税人当期收取的销项税额减去同期支付的进项税额后的余额为应纳税额，但并不是纳税人支付的所有进项税额都可以从销项税额中抵扣。

1．准予从销项税额中抵扣的进项税额

根据税法的规定，准予从销项税额中抵扣的进项税额，限于下列增值税扣税凭证上注明的增值税税额和按规定扣除率计算的进项税额。

（1）纳税人从销售方取得的增值税专用发票（含机动车销售统一发票，下同）上注明的增值税税额。

（2）纳税人从海关取得的海关进口增值税专用缴款书上注明的增值税税额。

（3）纳税人购进农产品，准予从销项税额中抵扣进项税额的具体规定如表 1-8 所示。

表 1-8　购进农产品准予抵扣进项税额的具体规定

情形	准予抵扣的进项税额
取得一般纳税人开具的增值税专用发票或海关进口增值税专用缴款书	增值税专用发票或海关进口增值税专用缴款书上注明的增值税税额
取得按照简易计税方法、3%征收率计算缴纳增值税的小规模纳税人开具的增值税专用发票	增值税专用发票上注明的金额×9%
取得（开具）农产品销售（收购）发票	发票上注明的农产品买价×9%
购进用于生产销售或者委托加工 13%税率货物的农产品，取得（开具）农产品销售（收购）发票	发票上注明的农产品买价×10%

（4）纳税人购进国内旅客运输服务未取得增值税专用发票的，暂按照表1-9中的规定确定准予抵扣的进项税额。

表1-9　准予抵扣进项税额的规定

情形	准予抵扣的进项税额
取得增值税电子普通发票	增值税电子普通发票上注明的增值税税额
取得注明旅客身份信息的航空运输电子客票行程单	（票价+燃油附加费）÷（1+9%）×9%
取得注明旅客身份信息的铁路车票	票面金额÷（1+9%）×9%
取得注明旅客身份信息的公路、水路等其他客票	票面金额÷（1+3%）×3%

同步税务

【例1-3】2023年5月，甲公司员工周某出差，发生如下事项：乘坐飞机取得的航空运输电子客票行程单上注明票价1 684元、燃油附加费60元；乘坐高铁取得的铁路车票上注明票价872元；乘坐网约车取得的国内旅客运输服务增值税电子普通发票上注明金额200元、税额6元。请计算准予抵扣的进项税额。

解析：

准予抵扣的进项税额=（1 684+60）÷（1+9%）×9%+872÷（1+9%）×9%+6=222元

（5）纳税人自境外单位或者个人购进劳务、服务、无形资产或者境内的不动产，从税务机关或者扣缴义务人处取得的代扣代缴完税凭证上注明的增值税税额。

（6）纳税人租入固定资产、不动产，既用于一般计税方法计税项目，又用于简易计税方法计税项目、免征增值税项目、集体福利或者个人消费的，其进项税额准予从销项税额中全额抵扣。

2. 不得从销项税额中抵扣的进项税额

下列项目的进项税额不得从销项税额中抵扣。

（1）用于简易计税方法计税项目、免征增值税项目、集体福利或者个人消费的购进货物、劳务、服务、无形资产和不动产。其中涉及的固定资产、无形资产、不动产，仅指专用于上述项目的固定资产、无形资产（不包括其他权益性无形资产）、不动产。

（2）非正常损失的购进货物，以及相关的劳务和交通运输服务。

（3）非正常损失的在产品、产成品所耗用的购进货物（不包括固定资产）、劳务和交通运输服务。

（4）非正常损失的不动产，以及该不动产所耗用的购进货物、设计服务和建筑服务。

（5）非正常损失的不动产在建工程所耗用的购进货物、设计服务和建筑服务。纳税人新建、改建、扩建、修缮、装饰不动产，均属于不动产在建工程。

涉税小助手

上述（2）（3）（4）（5）项所说的非正常损失，是指管理不善造成的货物被盗、丢失、霉烂变质，以及违反法律法规造成的货物或者不动产被依法没收、销毁、拆除的情形。

（6）购进的贷款服务、餐饮服务、居民日常服务和娱乐服务。

（7）因接受贷款服务向贷款方支付的与该笔贷款直接相关的投融资顾问费、手续费、咨询费等费用。

（8）提供保险服务的纳税人以现金赔付方式承担机动车辆保险责任的，将应付给被保险人的赔偿金直接支付给车辆修理劳务提供方，不属于保险公司购进车辆修理劳务。

（9）财政部和国家税务总局规定的其他情形。

二、计算小规模纳税人应纳税额

小规模纳税人发生应税销售行为按照简易计税方法计税，即按销售额和规定的征收率计算应纳税额，不得抵扣进项税额。其计算公式如下。

应纳税额=销售额×征收率

按照简易计税方法计税的销售额不包括应纳税额。纳税人采用销售额和应纳税额合并定价方法的，按照下列公式计算销售额。

销售额=含税销售额÷（1+征收率）

同步税务

【例 1-4】2023 年 7 月，某餐馆（小规模纳税人，适用的征收率为 3%）销售菜品取得含税收入 51 500 元。请计算该餐馆当月应缴纳的增值税税额。

解析：

销售额=51 500÷（1+3%）=50 000 元

应缴纳的增值税税额=50 000×3%=1 500 元

涉税小助手

一般纳税人发生财政部和国家税务总局规定的特定应税行为时，可以选择按照简易计税方法计税，但一经选择，36 个月内不得变更。

三、计算进口货物应纳税额

进口货物的收货人、办理报关手续的单位或个人为进口货物的增值税纳税人。无论是一般纳税人还是小规模纳税人，均应按照组成计税价格和规定的税率计算应纳税额。进口货物应纳税额的计算公式如下。

应纳税额=组成计税价格×税率

如果进口货物不需要缴纳消费税，则组成计税价格的计算公式如下。

组成计税价格=关税完税价格+关税

如果进口货物需要缴纳消费税，则组成计税价格的计算公式如下。

组成计税价格=关税完税价格+关税+消费税

在计算进口环节增值税应纳税额时，不得抵扣发生在我国境外的各种税金，但在计算国内

销售环节增值税应纳税额时，其进口环节缴纳的增值税税额可作为进项税额予以抵扣。

同步税务

【例 1-5】2023 年 7 月，某外贸公司进口一批货物。经海关核定，该批货物的关税完税价格为 60 万元。该公司按照规定缴纳关税 9 万元，并取得海关开具的完税凭证。已知该批货物不属于消费税应税消费品，适用的增值税税率为 13%。请计算该公司在进口环节应缴纳的增值税税额。

解析：

组成计税价格=60+9=69 万元

进口环节应缴纳的增值税税额=69×13%=8.97 万元

同步税务

【例 1-6】（接例 1-5）当月，该公司将进口的这批货物以不含税售价 80 万元全部售出。请计算该公司在国内销售环节应缴纳的增值税税额。

解析：

国内销售环节的销项税额=80×13%=10.4 万元

国内销售环节应缴纳的增值税税额=10.4−8.97=1.43 万元

任务实施

〔步骤 1〕分析并计算 M 公司 2023 年 8 月发生的进项税额。

（1）2 日，购进原材料及支付运输费均取得增值税专用发票，且已确认，则增值税专用发票上注明的税额可以抵扣。该笔经济业务允许抵扣的进项税额为 79 800 元（78 000+1 800）。

（2）3 日，购进纸箱取得增值税普通发票，其进项税额不得抵扣。

（3）5 日，购进产品包装机取得增值税专用发票，且已确认，则增值税专用发票上注明的税额可以抵扣。但支付运输费取得的是普通发票，其进项税额不得抵扣。该笔经济业务允许抵扣的进项税额为 15 600 元。

（4）6 日，从农场购进农产品用于加工增值税税率为 13%的货物，且收购凭证获得税务机关批准，则按农产品买价和 10%的扣除率计算可抵扣的进项税额。该笔经济业务允许抵扣的进项税额为 5 000 元（50 000×10%）。

（5）8 日，接受加工劳务取得增值税专用发票，且已确认，则增值税专用发票上注明的税额可以抵扣。该笔经济业务允许抵扣的进项税额为 450 元。

（6）9 日，购进电动车用于集体福利，其进项税额不得抵扣。

（7）计算当月可抵扣的进项税额合计。

当月可抵扣的进项税额合计=79 800+15 600+5 000+450=100 850 元

〔步骤 2〕分析并计算 M 公司 2023 年 8 月发生的销项税额。

（1）12 日，销售多余材料开具增值税普通发票，其销售额为含税销售额。该笔经济业务的销项税额为 3 900 元［33 900÷（1+13%）×13%］。

（2）13 日，销售奶酪开具增值税专用发票，其销售额为不含税销售额。该笔经济业务的销项税额为 65 000 元（500 000×13%）。

（3）14 日，销售奶油开具增值税专用发票，其销售额为不含税销售额。该笔经济业务的销项税额为 52 000 元（400 000×13%）。

（4）15 日，委托超市代销货物，于收到代销清单的当天确定销售额。该笔经济业务的销项税额为 26 000 元（40×5 000×13%）。

（5）16 日，将自产的奶油用于职工食堂，视同销售货物，按照税务机关认定的计税价格计算增值税税额。该笔经济业务的销项税额为 858 元（6 600×13%）。

（6）23 日，将自产的酸奶赠送他人，视同销售货物，按照税务机关认定的计税价格计算增值税税额。该笔经济业务的销项税额为 4 550 元（35 000×13%）。

（7）26 日，提供应税劳务开具增值税普通发票，其销售额为含税销售额。该笔经济业务的销项税额为 2 600 元［22 600÷（1+13%）×13%］。

（8）计算当月销项税额合计。

当月销项税额合计=3 900+65 000+52 000+26 000+858+4 550+2 600=154 908 元

〔步骤 3〕分析并计算 M 公司 2023 年 8 月发生的进项税额转出。

月末，发现购进的货物发生非正常损失，应当将该项购进货物的进项税额从当期进项税额中扣减，即进项税额转出为 4 940 元。

〔步骤 4〕计算 M 公司 2023 年 8 月应缴纳的增值税税额。

当月应缴纳的增值税税额=154 908−（100 850−4 940）=58 998 元

任务四 智慧化申报增值税

任务导入 »

（接本项目的任务三）2023 年 9 月 15 日，M 公司对增值税进行纳税申报，请填写相关纳税申报表。

一、判断纳税义务发生时间

纳税义务发生时间是指纳税人发生应税销售行为应当承担纳税义务的起始时间。

（一）一般规定

（1）纳税人发生应税销售行为，其纳税义务发生时间为收讫销售款或者取得索取销售款凭据的当天；先开具发票的，为开具发票的当天。

（2）纳税人进口货物，其纳税义务发生时间为报关进口的当天。

（3）增值税扣缴义务发生时间为纳税人增值税纳税义务发生的当天。

（二）具体规定

根据纳税人销售结算方式的不同，纳税义务发生时间的具体规定如下。

（1）纳税人采取直接收款方式销售货物，不论货物是否发出，其纳税义务发生时间均为收到销售款或者取得索取销售款凭据的当天。

（2）纳税人采取托收承付和委托收款方式销售货物，其纳税义务发生时间为发出货物并办妥托收手续的当天。

（3）纳税人采取赊销和分期收款方式销售货物，其纳税义务发生时间为书面合同约定的收款日期的当天；无书面合同的或者书面合同没有约定收款日期的，其纳税义务发生时间为发出货物的当天。

（4）纳税人采取预收货款方式销售货物，其纳税义务发生时间为发出货物的当天；但销售生产工期超过 12 个月的大型机械设备、船舶、飞机等货物，其纳税义务发生时间为收到预收款或者书面合同约定的收款日期的当天。

（5）纳税人委托其他纳税人代销货物，其纳税义务发生时间为收到代销单位开具的代销清单或者收到全部或者部分货款的当天；未收到代销清单及货款的，其纳税义务发生时间为发出代销货物满 180 天的当天。

（6）纳税人销售应税劳务，其纳税义务发生时间为提供劳务的同时收讫销售款或者取得索取销售款凭据的当天。

（7）纳税人采取预收款方式提供租赁服务，其纳税义务发生时间为收到预收款的当天。

（8）纳税人从事金融商品转让，其纳税义务发生时间为金融商品所有权转移的当天。

（9）纳税人发生视同销售货物行为（不包括代销行为），其纳税义务发生时间为货物移送的当天。纳税人发生视同销售服务、无形资产或不动产行为，其纳税义务发生时间为服务、无形资产转让完成的当天或者不动产权属变更的当天。

二、明确纳税期限

增值税的纳税期限分别为 1 日、3 日、5 日、10 日、15 日、1 个月或者 1 个季度。纳税人的具体纳税期限，由主管税务机关根据纳税人应纳税额的大小分别核定；不能按照固定期限纳税的，可以按次纳税。

纳税人以 1 个月或者 1 个季度为 1 个纳税期的，自期满之日起 15 日内申报纳税；以 1 日、3 日、5 日、10 日或者 15 日为 1 个纳税期的，自期满之日起 5 日内预缴税款，于次月 1 日起 15 日内申报纳税并结清上月应纳税款。

扣缴义务人解缴税款的期限，依照上述规定执行。

纳税人进口货物，应当自海关填发进口增值税专用缴款书之日起 15 日内缴纳税款。

涉税小助手

按固定期限纳税的小规模纳税人可以选择以 1 个月或者 1 个季度为纳税期限，一经选择，1 个会计年度内不得变更。

三、确定纳税地点

（1）固定业户应当向其机构所在地（纳税人的注册登记地）的主管税务机关申报纳税。总机构和分支机构不在同一县（市）的，应当分别向各自所在地的主管税务机关申报纳税；经国务院财政、税务主管部门或者其授权的财政、税务机关批准，可以由总机构汇总向总机构所在地的主管税务机关申报纳税。

（2）固定业户到外县（市）销售货物或者劳务，应当向其机构所在地的主管税务机关报告外出经营事项，并向其机构所在地的主管税务机关申报纳税；未报告的，应当向销售地或者劳务发生地的主管税务机关申报纳税；未向销售地或者劳务发生地的主管税务机关申报纳税的，由其机构所在地的主管税务机关补征税款。

（3）非固定业户销售货物或者劳务，应当向销售地或者劳务发生地的主管税务机关申报纳税；未向销售地或者劳务发生地的主管税务机关申报纳税的，由其机构所在地或者居住地的主管税务机关补征税款。

（4）纳税人进口货物，应当向报关地海关申报纳税。

（5）扣缴义务人应当向其机构所在地或者居住地的主管税务机关申报缴纳其扣缴的税款。

四、办理纳税申报

纳税人既可以通过办税服务厅进行纳税申报，又可以通过电子税务局进行纳税申报。两种纳税申报途径的主要区别在于纳税申报资料的填写方式与报送要求不同。

（一）通过办税服务厅办理纳税申报

纳税人通过办税服务厅办理纳税申报的，必须如实填写纳税申报资料，并报送纸质版纳税申报资料。

1. 一般纳税人

（1）纳税申报资料及其填写说明。

一般纳税人需要填写的纳税申报资料如下。

① 《增值税及附加税费申报表（一般纳税人适用）》（见表 1-10）。

② 《增值税及附加税费申报表附列资料（一）》（本期销售情况明细）。

③ 《增值税及附加税费申报表附列资料（二）》（本期进项税额明细）。

④ 《增值税及附加税费申报表附列资料（三）》（服务、不动产和无形资产扣除项目明细）。

⑤ 《增值税及附加税费申报表附列资料（四）》（税额抵减情况表）。

⑥ 《增值税及附加税费申报表附列资料（五）》（附加税费情况表）（详见项目三）。

⑦ 《增值税减免税申报明细表》。

表 1-10　增值税及附加税费申报表
（一般纳税人适用）

根据国家税收法律法规及增值税相关规定制定本表。纳税人不论有无销售额，均应按主管税务机关核定的纳税期限填报本表，并向当地税务机关申报。

税款所属时间：自　年　月　日至　年　月　日　填表日期：　年　月　日　金额单位：元（列至角分）

纳税人识别号（统一社会信用代码）：□□□□□□□□□□□□□□□□□□　所属行业：

纳税人名称		法定代表人姓名		注册地址		生产经营地址	
开户银行及账号			登记注册类型			电话号码	

	项目	栏次	一般项目		即征即退项目	
			本月数	本年累计	本月数	本年累计
销售额	（一）按适用税率计税销售额	1				
	其中：应税货物销售额	2				
	应税劳务销售额	3				
	纳税检查调整的销售额	4				
	（二）按简易办法计税销售额	5				
	其中：纳税检查调整的销售额	6				
	（三）免、抵、退办法出口销售额	7			—	—
	（四）免税销售额	8			—	—
	其中：免税货物销售额	9			—	—
	免税劳务销售额	10			—	—
税款计算	销项税额	11				
	进项税额	12				
	上期留抵税额	13				—
	进项税额转出	14				
	免、抵、退应退税额	15			—	—
	按适用税率计算的纳税检查应补缴税额	16			—	—
	应抵扣税额合计	17=12+13−14−15+16		—		—
	实际抵扣税额	18（如 17<11，则为 17，否则为 11）				
	应纳税额	19=11−18				
	期末留抵税额	20=17−18				—

（续表）

项目		栏次	一般项目		即征即退项目	
			本月数	本年累计	本月数	本年累计
税款计算	简易计税办法计算的应纳税额	21				
	按简易计税办法计算的纳税检查应补缴税额	22			—	—
	应纳税额减征额	23				
	应纳税额合计	24=19+21−23				
税款缴纳	期初未缴税额（多缴为负数）	25				
	实收出口开具专用缴款书退税额	26			—	—
	本期已缴税额	27=28+29+30+31				
	① 分次预缴税额	28		—		—
	② 出口开具专用缴款书预缴税额	29		—	—	—
	③ 本期缴纳上期应纳税额	30				
	④ 本期缴纳欠缴税额	31				
	期末未缴税额（多缴为负数）	32=24+25+26−27				
	其中：欠缴税额（≥0）	33=25+26−27		—		—
	本期应补（退）税额	34=24−28−29		—		—
	即征即退实际退税额	35	—	—		
	期初未缴查补税额	36			—	—
	本期入库查补税额	37			—	—
	期末未缴查补税额	38=16+22+36−37			—	—
附加税费	城市维护建设税本期应补（退）税额	39			—	—
	教育费附加本期应补（退）费额	40			—	—
	地方教育附加本期应补（退）费额	41			—	—

声明：此表是根据国家税收法律法规及相关规定填写的，本人（单位）对填报内容（及附带资料）的真实性、可靠性、完整性负责。

纳税人（签章）：　　年　月　日

经办人： 经办人身份证号： 代理机构签章： 代理机构统一社会信用代码：	受理人： 受理税务机关（章）：　　受理日期：　　年　月　日

表 1-10 的填写说明

（一般纳税人）附列资料（一）～（四）及其填写说明

《增值税减免税申报明细表》及其填写说明

（2）使用 Excel 设置纳税申报资料的计算公式。

为了提高填写效率和计算准确率，纳税人在填写各纳税申报表之前，可以使用 Excel 设置相关项目的计算公式（直接填写的除外，下同）。

根据《增值税及附加税费申报表（一般纳税人适用）》的填写说明，设置表内相关项目计算公式的操作步骤如下。

步骤 1▶ 打开“配套素材”/“《增值税及附加税费申报表（一般纳税人适用）》”工作簿，选择“主表”工作表。

步骤 2▶ 选择 S11:AN51 单元格区域并右击，在弹出的快捷菜单中选择“设置单元格格式”选项，弹出“设置单元格格式”对话框。在“分类”选项组中选择“会计专用”选项，然后在“小数位数”编辑框中输入“2”，在“货币符号（国家/地区）”下拉列表中选择“无”选项，如图 1-8 所示。单击“确定”按钮，关闭“设置单元格格式”对话框。

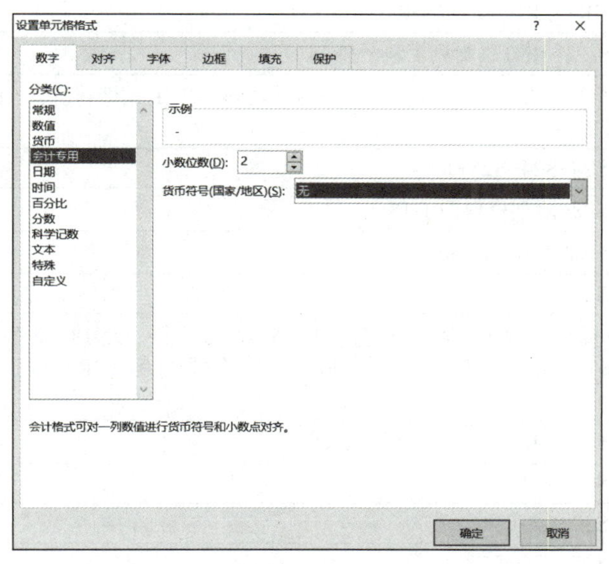

图 1-8　设置“会计专用”单元格格式

步骤 3▶ 选择 S11 单元格，在 S11 单元格中输入“=”，单击“附列资料一”工作表标签，切换到“附列资料一”工作表。单击 M8 单元格，输入“+”，单击 M9 单元格，输入“+”，单击 M10 单元格，输入“+”，单击 M11 单元格，输入“+”，单击 M12 单元格，输入“−”，单击 M13 单元格，输入“−”，单击 M14 单元格。按“Enter”键，界面自动切换到“主表”工作表，此时 S11 单元格的计算公式设置完毕。

步骤 4▶ 选择 S28 单元格，在 S28 单元格中输入“=IF(S27<S21,S27,S21)”，按“Enter”

键，S28 单元格的计算公式设置完毕。

涉税小助手

> 公式“=IF(S27<S21,S27,S21)”的含义如下：当 S27 单元格中的数据小于 S21 单元格中的数据时，S28 单元格显示 S27 单元格中的数据，否则显示 S21 单元格中的数据。

步骤 5▶ 参考上述操作步骤与表 1-11，设置主表其他单元格的计算公式。

表 1-11 主表（一般纳税人适用）其他单元格的计算公式

单元格	计算公式
AJ11	=附列资料一!M13+附列资料一!M14
S14	=附列资料一!K8+附列资料一!K9+附列资料一!K10+附列资料一!K11+附列资料一!K12
S15	=附列资料一!M15+附列资料一!M16+附列资料一!M17+附列资料一!M18+附列资料一!M19+附列资料一!M20+附列资料一!M21+附列资料一!M22−附列资料一!M24−附列资料一!M25
AJ15	=附列资料一!M24+附列资料一!M25
S17	=附列资料一!M26+附列资料一!M27
S18	=附列资料一!M28+附列资料一!M29
S21	=附列资料一!N8+附列资料一!N10−附列资料一!N13+附列资料一!R9+附列资料一!R11+附列资料一!R12−附列资料一!R14
AJ21	=附列资料一!N13+附列资料一!N14
S26	=附列资料一!L8+附列资料一!L9+附列资料一!L10+附列资料一!L11+附列资料一!L12+附列资料二!E29
S27	=S22+S23−S24−S25+1
S29	=S21−S28−附列资料四!G18
AJ29	=AJ21−AJ28−附列资料四!G18
S30	=S27−S28
S31	=附列资料一!N15+附列资料一!N16+附列资料一!N18+附列资料一!N19−附列资料一!N24+附列资料一!R17+附列资料一!R20+附列资料一!R21+附列资料一!R22−附列资料一!R25
AJ31	=附列资料一!N24+附列资料一!R25
S34	=S29+S31−S33
S37	=S38+S39+S40+S41
S42	=S34+S35+S36−S37
Z42	=S42
S43	=S35+S36−S37
S44	=S34−S38−S39
S48	=S26+S32+S46−S47
S49	=附列资料五!N8
S50	=附列资料五!N9
S51	=附列资料五!N10

2．小规模纳税人

（1）纳税申报资料及其填写说明。

小规模纳税人需要填写的纳税申报资料如下。

①《增值税及附加税费申报表（小规模纳税人适用）》（见表 1-12）。

②《增值税及附加税费申报表（小规模纳税人适用）附列资料（一）》（服务、不动产和无形资产扣除项目明细）。

③《增值税及附加税费申报表（小规模纳税人适用）附列资料（二）》（附加税费情况表）。

④《增值税减免税申报明细表》。

表 1-12 的填写说明

（小规模纳税人）附列资料（一）及其填写说明

表 1-12　增值税及附加税费申报表（小规模纳税人适用）

纳税人识别号（统一社会信用代码）：□□□□□□□□□□□□□□□□□□

纳税人名称：　　　　　　　　　　　　　　　　　　　金额单位：元（列至角分）

税款所属期：　　年　　月　　日至　　年　　月　　日　　　　　　填表日期：　　年　　月　　日

	项目	栏次	本期数		本年累计	
			货物及劳务	服务、不动产和无形资产	货物及劳务	服务、不动产和无形资产
一、计税依据	（一）应征增值税不含税销售额（3%征收率）	1				
	增值税专用发票不含税销售额	2				
	其他增值税发票不含税销售额	3				
	（二）应征增值税不含税销售额（5%征收率）	4	—		—	
	增值税专用发票不含税销售额	5	—		—	
	其他增值税发票不含税销售额	6	—		—	
	（三）销售使用过的固定资产不含税销售额	7（7≥8）		—		—
	其中：其他增值税发票不含税销售额	8		—		—

（续表）

	项目	栏次	本期数	本年累计	本期数	本年累计
			货物及劳务	服务、不动产和无形资产	货物及劳务	服务、不动产和无形资产
一、计税依据	（四）免税销售额	9=10+11+12				
	其中：小微企业免税销售额	10				
	未达起征点销售额	11				
	其他免税销售额	12				
	（五）出口免税销售额	13（13≥14）				
	其中：其他增值税发票不含税销售额	14				
二、税款计算	本期应纳税额	15				
	本期应纳税额减征额	16				
	本期免税额	17				
	其中：小微企业免税额	18				
	未达起征点免税额	19				
	应纳税额合计	20=15−16				
	本期预缴税额	21			—	—
	本期应补（退）税额	22=20−21			—	—
三、附加税费	城市维护建设税本期应补（退）税额	23				
	教育费附加本期应补（退）费额	24				
	地方教育附加本期应补（退）费额	25				

声明：此表是根据国家税收法律法规及相关规定填写的，本人（单位）对填报内容（及附带资料）的真实性、可靠性、完整性负责。

纳税人（签章）：　　　　年　月　日

经办人： 经办人身份证号： 代理机构签章： 代理机构统一社会信用代码：	受理人： 受理税务机关（章）： 受理日期：　　　　年　月　日

（2）使用 Excel 设置纳税申报资料的计算公式。

根据《增值税及附加税费申报表（小规模纳税人适用）》的填写说明，设置表内相关项目计算公式的操作步骤如下。

步骤 1▶ 打开"配套素材"/"《增值税及附加税费申报表（小规模纳税人适用）》"工作簿，选择"主表"工作表。

步骤 2▶ 选择 A1:N1 单元格区域并右击，在弹出的快捷菜单中选择"设置单元格格式"选项，弹出"设置单元格格式"对话框。在"分类"选项组中选择"会计专用"选项，然后在"小数位数"编辑框中输入"2"，在"货币符号（国家/地区）"下拉列表中选择"无"选项。单击"确定"按钮，关闭"设置单元格格式"对话框。

步骤 3▶ 选择 E21 单元格，在 E21 单元格中输入"=E22+E23+E24"，按"Enter"键，计算公式设置完毕。然后使用填充柄，将 E21 单元格采用的公式向右填充至 H21 单元格，F21、G21、H21 单元格即可得到计算公式。

步骤 4▶ 选择 E29 单元格，若征收率为 3%，则在 E29 单元格中输入"=E21*3%"；若征收率为 5%，则在 E29 单元格中输入"=E21*5%"，按"Enter"键，计算公式设置完毕。然后使用填充柄，将 E29 单元格采用的公式向右填充至 H29 单元格，F29、G29、H29 单元格即可得到计算公式。

步骤 5▶ 参考上述操作步骤与表 1-13，设置主表其他单元格的计算公式。

表 1-13　主表（小规模纳税人适用）其他单元格的计算公式

单元格	计算公式
E30	若征收率为 3%，则计算公式为"=E22*3%"；若征收率为 5%，则计算公式为"=E22*5%"
F30、G30、H30	在 E30 单元格基础上，使用填充柄填充其计算公式
E31	若征收率为 3%，则计算公式为"=E23*3%"；若征收率为 5%，则计算公式为"=E23*5%"
F31、G31、H31	在 E31 单元格基础上，使用填充柄填充其计算公式
E32	=E27−E28
F32、G32、H32	在 E32 单元格基础上，使用填充柄填充其计算公式
E34	=E32−E33
F34	在 E34 单元格基础上，使用填充柄填充其计算公式
E35	=附列资料二!J8
E36	=附列资料二!J9
E37	=附列资料二!J10

涉税交流帖

依法纳税是底线也是红线，"偷骗税必严打，违法者必严惩"。想一想，纳税人该如何增强依法纳税的意识？

（二）通过电子税务局办理纳税申报

纳税人通过电子税务局办理纳税申报的，必须在电子税务局系统中如实填写纳税申报资料，而无须报送纸质版纳税申报资料。纳税人（以一般纳税人为例）可以参考以下步骤在电子税务局办理纳税申报。

步骤 1▶ 打开电子税务局官网（以国家税务总局福建省电子税务局为例），单击“我要办税”按钮，进入“统一身份认证”页面。选择“企业业务”选项，填写企业身份信息，单击“登录”按钮，进入电子税务局。

步骤 2▶ 选择“我要办税”选项，单击“税费申报及缴纳”按钮，进入“申报”页面。

步骤 3▶ 在左侧菜单栏选择“申报税（费）清册”/“按期应申报”选项，进入“按期应申报”页面。单击“增值税及附加税费申报表（一般纳税人适用）”右侧的“填写申报表”按钮，进入“申报”页面。

步骤 4▶ 根据实际情况，准确填写报表列表所示的《增值税及附加税费申报表（一般纳税人适用）》及其附列资料，如图 1-9 所示，系统会自动生成附加税费的相关数据。

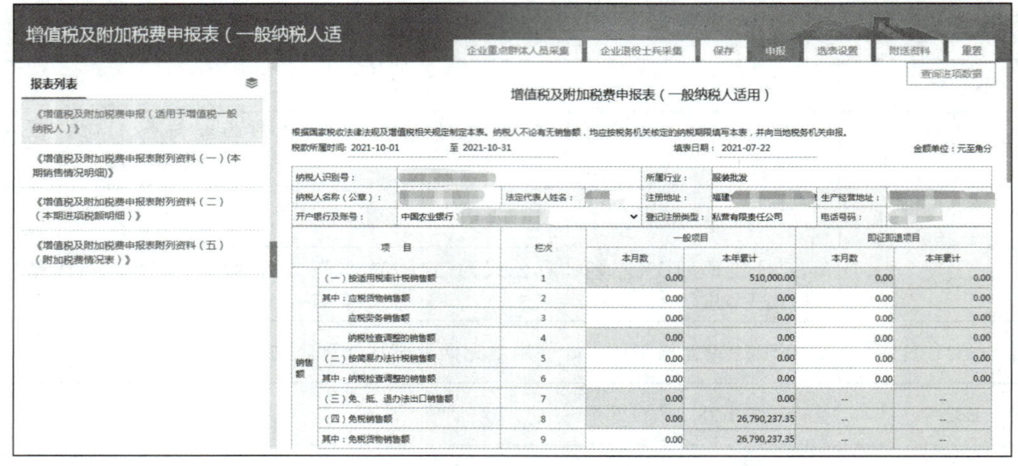

项目		栏次	一般项目 本月数	一般项目 本年累计	即征即退项目 本月数	即征即退项目 本年累计
销售额	（一）按适用税率计税销售额	1	0.00	510,000.00	0.00	0.00
	其中：应税货物销售额	2	0.00	0.00	0.00	0.00
	应税劳务销售额	3	0.00	0.00	0.00	0.00
	纳税检查调整的销售额	4	0.00	0.00	0.00	0.00
	（二）按简易办法计税销售额	5	0.00	0.00	0.00	0.00
	其中：纳税检查调整的销售额	6	0.00	0.00	0.00	0.00
	（三）免、抵、退办法出口销售额	7	0.00	0.00	--	--
	（四）免税销售额	8	0.00	26,790,237.35	--	--
	其中：免税货物销售额	9	0.00	26,790,237.35	--	--

图 1-9 报表列表所示的资料

（图片来源：国家税务总局福建省税务局官网）

步骤 5▶ 填写完毕并确认数据无误后，单击“申报”按钮，系统弹出“提示”对话框，如图 1-10（a）所示，单击“确定”按钮，系统再次弹出“提示”对话框，如图 1-10（b）所示。

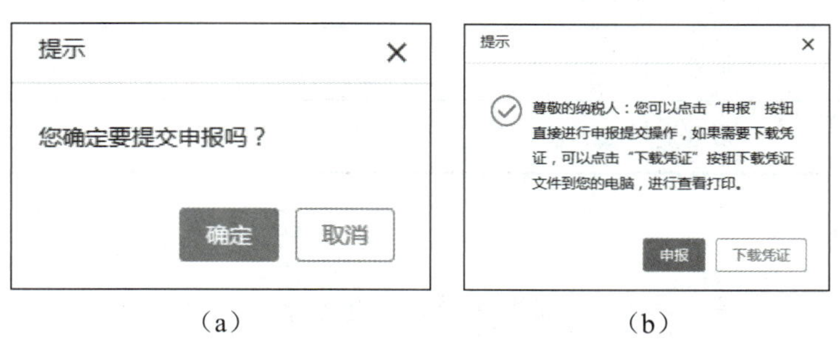

图 1-10 “提示”对话框

（图片来源：国家税务总局福建省税务局官网）

步骤 6▶ 单击“申报”按钮，系统弹出“申报成功”对话框，如图 1-11 所示，即表示增值税申报成功。

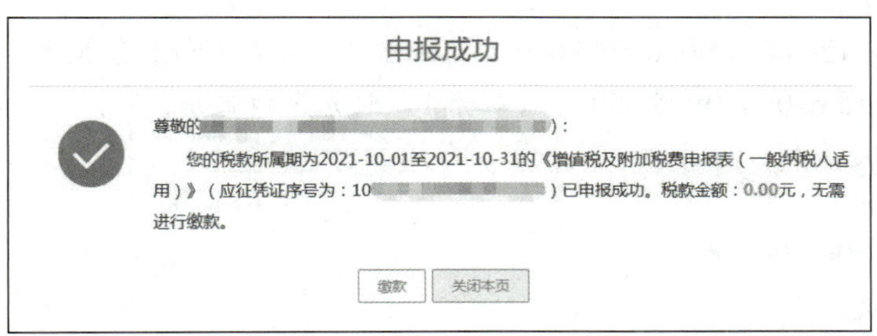

图 1-11　“申报成功”对话框

（图片来源：国家税务总局福建省税务局官网）

涉税小助手

一般纳税人如果不在上述页面申报附加税费，那么可以在“按期应申报”页面单独申报附加税费。

任务实施

〔步骤 1〕计算并填写《增值税及附加税费申报表附列资料（一）》（本期销售情况明细）相关项目的数额。

（1）第 1 栏次中第 1 列。

销售额=500 000+400 000+200 000=1 100 000 元（业务 9、业务 10 和业务 11）

（2）第 1 栏次中第 2 列。

销项（应纳）税额=65 000+52 000+26 000=143 000 元（业务 9、业务 10 和业务 11）

（3）第 1 栏次中第 3 列。

销售额=30 000+20 000=50 000 元（业务 8 和业务 14）

（4）第 1 栏次中第 4 列。

销项（应纳）税额=3 900+2 600=6 500 元（业务 8 和业务 14）

（5）第 1 栏次中第 5 列。

销售额=6 600+35 000=41 600 元（业务 12 和业务 13）

（6）第 1 栏次中第 6 列。

销项（应纳）税额=858+4 550=5 408 元（业务 12 和业务 13）

（7）第 1 栏次中第 9 列。

销售额=1 100 000+50 000+41 600=1 191 600 元

（8）第 1 栏次中第 10 列。

销项（应纳）税额=143 000+6 500+5 408=154 908 元

〔步骤 2〕计算并填写《增值税及附加税费申报表附列资料（二）》（本期进项税额明细）相关项目的数据。

（1）第 1 栏次。

金额=745 000 元

税额=95 850 元

（2）第 2 栏次。

金额=620 000+120 000+5 000=745 000 元（业务 1、业务 3 和业务 5）

税额=79 800+15 600+450=95 850 元（业务 1、业务 3 和业务 5）

（3）第 4 栏次。

金额=50 000 元

税额=4 500+500=5 000 元

（4）第 6 栏次。

金额=50 000 元

税额=50 000×9%=4 500 元（业务 4）

（5）第 8a 栏次。

税额=5 000×1%=500 元（业务 4）

（6）第 12 栏次。

金额=745 000+50 000=795 000 元

税额=95 850+5 000=100 850 元

（7）第 13 栏次。

税额=4 940 元

（8）第 16 栏次。

税额=4 940 元（业务 15）

（9）第 35 栏次。

金额=795 000 元

税额=100 850 元

增值税纳税申报表的填写示例

〔步骤 3〕根据《增值税及附加税费申报表附列资料（一）》（本期销售情况明细）和《增值税及附加税费申报表附列资料（二）》（本期进项税额明细），填写《增值税及附加税费申报表（一般纳税人适用）》。

任务五 筹划增值税

任务导入

1. 筹划案例

2023 年 10 月，M 公司准备进行促销活动，并列出以下三种促销方案。

方案一：8 折销售产品，即原价为 1 000 元的产品现价为 800 元。该产品可抵扣的进项税额为 80.53 元。

方案二：买一赠一，即售出原价为 800 元的产品的同时赠送原价为 200 元的小商品（适用

的增值税税率为 13%，单独开具发票）。该产品可抵扣的进项税额为 64.42 元，小商品的进价为 140 元。

方案三：按原价 1 000 元赊销产品且在 10 天内收到款项的，给予买方含税价款 20%的折扣。该产品可抵扣的进项税额为 80.53 元。

假设上述产品的价格均为含税价，购买小商品时取得了符合可抵扣规定的增值税专用发票。

2. 任务要求

不考虑其他因素，请对上述促销方案进行纳税筹划，选出增值税税负最低的促销方案（计算结果保留小数点后两位）。

涉税窗口

增值税纳税筹划的总体原则

增值税的纳税筹划必须遵循不违法原则和整体性原则，即纳税人在进行增值税纳税筹划时，不仅要以税收征管相关法律法规、《增值税暂行条例》及其实施细则、相关补充规定等为依据，还要考虑与之有关的其他税种（如消费税、城市维护建设税、教育费附加、地方教育附加、企业所得税等）的整体税负效应，防止顾此失彼。

一、增值税纳税人身份登记的纳税筹划

新设立企业登记增值税纳税人身份时，选择一般纳税人还是小规模纳税人，这直接影响企业所要承担的增值税税负，甚至影响企业主营业务的发展。因此，纳税人应当综合考虑各方面因素后，如税收负担率（应缴税款与销售收入的比值），选择增值税纳税人身份。

【具体案例】

C 公司是一家主要从事公路货物运输的小型运输企业，预计正常情况下年不含税销售额为 450 万元。该公司的相关费用情况如下所示。

（1）成本费用项目包括货运车辆修理费、汽油费、供暖费等，约占销售额的 20%，均可取得增值税专用发票。

（2）其他杂费包括办公费用、停车场租赁费、物业费、水电费、供暖费等，每年可取得 0.3 万元左右的可抵扣进项税额发票。

（3）人工成本、支付给个人房东的房租、部分管理费用暂不能取得增值税专用发票。

不考虑其他因素，请从税收负担率的角度考虑 C 公司应该作为一般纳税人经营还是作为小规模纳税人经营（计算结果保留小数点后两位）。

【筹划思路】

方案一：作为一般纳税人经营。

销项税额=450×9%=40.5 万元

准予抵扣的进项税额=450×20%×13%+0.3=12 万元

应缴纳的增值税税额=40.5−12=28.5 万元

C公司的税收负担率=28.5÷450×100%=6.33%

方案二：作为小规模纳税人经营。

应缴纳的增值税税额=450×3%=13.5万元

C公司的税收负担率=13.5÷450×100%=3%

【筹划结论】

根据计算结果，方案二与方案一相比，税收负担率更低（3%＜6.33%）。因此，作为小规模纳税人经营时，C公司的税收负担率较低，税收负担更轻。

二、供应商纳税人身份选择的纳税筹划

企业进行采购时，可以选择从一般纳税人处采购，也可以选择从小规模纳税人处采购。供应商纳税人身份的不同，对企业的增值税税负和税后净利润的影响也是不同的。

1．采购方是小规模纳税人

采购方是小规模纳税人时，不论从一般纳税人处购进货物还是从小规模纳税人处购进货物，即使取得相应的增值税专用发票，也不能抵扣进项税额。因此，小规模纳税人在采购货物时，只需要对比从不同供应商处采购货物的成本大小即可。

2．采购方是一般纳税人

采购方是一般纳税人时，从一般纳税人处采购货物取得增值税专用发票后，可以抵扣13%、9%或者6%的进项税额；从小规模纳税人处采购货物，如果取得小规模纳税人自行开具或找人代开的增值税专用发票，则可抵扣3%的进项税额，如果取得增值税普通发票，则不能抵扣进项税额。

【具体案例】

W公司（一般纳税人）主要生产蒸锅、炒锅等不锈钢厨房用品，适用的增值税税率为13%。年初，预计年含税销售额为1 000万元，需要采购不锈钢200吨。现有甲、乙、丙三家供应商可供选择。

（1）甲供应商：一般纳税人，每吨不锈钢含税价为3 390元，能够开具增值税专用发票，适用的增值税税率为13%。

（2）乙供应商：小规模纳税人，每吨不锈钢含税价为3 090元，可以自行开具增值税专用发票，适用的增值税税率为3%。

（3）丙供应商：小规模纳税人，每吨不锈钢含税价为2 900元，只能开具增值税普通发票。

假设W公司当年所购原材料均被耗用，所生产的产品均能售出，除原材料以外的其他成本费用为0元，其他可以抵扣的增值税进项税额约为15万元。

W公司适用的城市维护建设税税率、教育费附加征收率、地方教育附加征收率、企业所得税税率分别为7%、3%、2%、25%。不考虑其他因素，请从税后利润的角度考虑W公司应该选择哪一家供应商（计算结果保留小数点后两位）。

【筹划思路】

销项税额=［1 000÷（1+13%）］×13%=115.04 万元

方案一：选择甲供应商，取得增值税专用发票后，可以抵扣 13%的进项税额。

每吨钢材可抵扣的进项税额=3 390÷（1+13%）×13%=390 元

每吨钢材的采购成本=3 390−390=3 000 元

应缴纳的增值税税额=115.04−200×390÷10 000−15=92.24 万元

税后利润=［1 000÷（1+13%）−200×3 000÷10 000−92.24×（7%+3%+2%）］×（1−25%）=610.42 万元

方案二：选择乙供应商，取得增值税专用发票后，可以抵扣 3%的进项税额。

每吨钢材可抵扣的进项税额=3 090÷（1+3%）×3%=90 元

每吨钢材的采购成本=3 090−90=3 000 元

应缴纳的增值税税额=115.04−200×90÷10 000−15=98.24 万元

税后利润=［1 000÷（1+13%）−200×3 000÷10 000−98.24×（7%+3%+2%）］×（1−25%）=609.88 万元

方案三：选择丙供应商，取得增值税普通发票后，没有可抵扣的进项税额。

每吨钢材可抵扣的进项税额=0 元

每吨钢材的采购成本=2 900 元

应缴纳的增值税税额=115.04−15=100.04 万元

税后利润=［1 000÷（1+13%）−200×2 900÷10 000−100.04×（7%+3%+2%）］×（1−25%）=611.21 万元

【筹划结论】

根据计算结果，方案三的税后利润最大（611.21＞610.42＞609.88）。因此，若以实现税后利润最大化为纳税筹划目标，W 公司应选择方案三。

三、不同销售方式的纳税筹划

（一）折扣销售的纳税筹划

企业如果采取折扣销售方式销售货物，则应在同一张发票的“金额”栏分别注明销售额和折扣额，以便按扣除折扣额后的销售额计算缴纳增值税，降低增值税税负。

【具体案例】

甲公司是一般纳税人，适用的增值税税率为 13%。2023 年，为促销产品，甲公司给予客户以下优惠：一次性购买产品总价达 5 万元及以上的，享受 10%的价格折扣。1 月，甲公司一次性销售给某客户总价为 10 万元的产品。假设上述产品的价格均为不含税价。不考虑其他因素，请以降低增值税销项税额为目的，对上述业务进行纳税筹划。

【筹划思路】

方案一：在同一张发票的“金额”栏注明销售额，“备注”栏注明折扣额。此时，甲公司应按 10 万元全额计算增值税销项税额。

销项税额=10×13%=1.3 万元

方案二：在同一张发票的“金额”栏分别注明销售额和折扣额。此时，甲公司应按 10 万元扣除折扣额后的金额计算增值税销项税额。

销项税额=（10−10×10%）×13%=1.17 万元

【筹划结论】

根据计算结果，方案二比方案一节税 0.13 万元（1.3−1.17）。若以实现增值税税负最小化为纳税筹划目标，甲公司应选择方案二。

（二）销售折扣的纳税筹划

企业如果采取销售折扣方式销售货物，则不得从销售额中扣除折扣额，而应按销售额全额计算缴纳增值税。这种销售方式无疑会加重企业的税负。对此，企业可以修改销售合同规定，变销售折扣为折扣销售，以达到节税目的。

【具体案例】

甲公司为一般纳税人，适用的增值税税率为 13%。2023 年 1 月，甲公司与购货方签订金额为 500 万元（不含税）的销售合同。合同约定的付款期为 30 天，若购货方在 10 天内付款，则给予不含税金额 20%的销售折扣；若购货方在 30 天内付款，则不给予折扣。不考虑其他因素，请以降低增值税销项税额或延迟缴税为目的，对上述业务进行纳税筹划。

【筹划思路】

方案一：采取销售折扣方式。此时，折扣额不能从销售额中扣除，甲公司应按照合同金额 500 万元全额计算增值税销项税额。

销项税额=500×13%=65 万元

方案二：变销售折扣为折扣销售。在合同约定中，甲公司可将合同金额降为 400 万元（不含税，相当于给予对方 20%的折扣），并标明若购货方超过 10 天付款加收 113 万元的滞纳金。在这种情况下，甲公司的收入并没有受到实质影响。

（1）购货方在 10 天之内付款。此时，甲公司应按照合同金额 400 万元全额计算增值税销项税额。

销项税额=400×13%=52 万元

（2）购货方超过 10 天付款。此时，甲公司可向对方收取 113 万元滞纳金，并以收取的全部价款和价外费用计算增值税销项税额。

销项税额=［400+113÷（1+13%）］×13%=65 万元

【筹划结论】

根据计算结果，方案二与方案一相比，可以节税 13 万元（65−52）或延迟缴纳税款。因此，若以实现增值税税负最小化或涉税资金时间价值最大化为纳税筹划目标，甲公司应选择方案二。

（三）实物折扣的纳税筹划

企业如果将自产、委托加工或购进的货物用于实物折扣，则不得从销售额中扣除该货物的

金额，应按视同销售货物中的赠送其他单位或者个人计算缴纳增值税。一般情况下，企业应尽量不采取实物折扣方式销售货物。企业如果必须采取实物折扣方式，则可以在发票上做适当的调整，变实物折扣为折扣销售，以达到节税目的。

【具体案例】

甲公司为一般纳税人，适用的增值税税率为13%。2023年1月，为促销产品，甲公司举办买一赠一活动，即客户凡购买一件价格为90万元（不含税）的A产品，均能获赠一件价格为10万元（不含税）的B产品。不考虑其他因素，请以降低增值税销项税额为目的，对上述业务进行纳税筹划。

【筹划思路】

方案一：甲公司采取实物折扣方式销售货物。此时，对于赠送的B产品，视同销售，甲公司应单独开具发票。

A产品的销项税额=90×13%=11.7万元

B产品的销项税额=10×13%=1.3万元

销项税额合计=11.7+1.3=13万元

方案二：变实物折扣为折扣销售，即将原价合计100万元的产品打9折。此时，甲公司可以在同一张发票的“金额”栏分别注明销售额100万元（A产品90万元、B产品10万元）和折扣额10万元（A产品9万元、B产品1万元），并按扣除折扣额后的金额计算增值税销项税额。

销项税额=［（90−9）+（10−1）］×13%=11.7万元

【筹划结论】

根据计算结果，方案二比方案一节税1.3万元（13−11.7）。因此，若以实现增值税税负最小化为纳税筹划目标，甲公司应选择方案二。

任务实施

〔步骤1〕纳税筹划过程：计算每种促销方案应缴纳的增值税税额。

方案一：8折销售产品实际上为折扣销售。此时，M公司应在同一张发票的“金额”栏分别注明销售额和折扣额，并按实际销售额800元计算增值税销项税额。

应缴纳的增值税税额=800÷（1+13%）×13%−80.53=11.51元

方案二：买一赠一实际上为实物折扣。此时，对于原价为800元的产品，M公司应按800元换算为不含税价款后的价格计算增值税销项税额；对于赠送的原价为200元的小商品，视同销售，M公司应按200元换算为不含税价款后的价格计算增值税销项税额。

800元产品应缴纳的增值税税额=800÷（1+13%）×13%−64.42=27.62元

200元小商品应缴纳的增值税税额=200÷（1+13%）×13%−140÷（1+13%）×13%=6.90元

应缴纳的增值税税额=27.62+6.90=34.52元

方案三：客户接受原价赊购产品，在10天内付款并享受价款折扣，实际上为销售折扣。此时，折扣额不能从销售额中扣除，M公司应按照原价1 000元全额计算增值税销项税额。

应缴纳的增值税税额=1 000÷（1+13%）×13%−80.53=34.51元

〔步骤 2〕纳税筹划结果分析。

根据步骤 1 的计算结果，方案一应缴纳的增值税税额最少（11.51＜34.51＜34.52）。因此，若以实现增值税税负最小化为纳税筹划目标，M 公司应优先选择方案一。

〔步骤 3〕纳税筹划点评。

在实际工作中，纳税人在选择促销方案时不能盲从，应当全面权衡，综合筹划，选择最佳的促销方案，以便降低税负，获得最大的经济效益。

综合知识测试

一、单项选择题

1．根据增值税法律制度的有关规定，下列各项中，（　　）可作为销售额计算增值税。

A．以旧换新销售方式下的销售净额

B．在同一张发票上注明的折扣销售的净额

C．以物易物销售方式下的销售净额

D．还本销售方式下扣除还本支出后的销售净额

2．2023 年 9 月，某汽车销售公司采取还本销售方式销售 20 辆小轿车，并承诺 3 年后归还对方 60%的货款。已知小轿车的零售单价为 30 万元，与该小轿车同类轿车的市场价为 25 万元，则该公司当月的计税销售额是（　　）万元。

A．600　　B．240

C．500　　D．360

3．某企业因购进原材料取得的增值税专用发票上注明金额 100 000 元、税额 13 000 元；支付含税运费 2 180 元，取得运输部门开具的增值税专用发票。该企业可抵扣的增值税进项税额为（　　）元。

A．13 000　　B．13 180

C．180　　D．2 180

4．下列说法中，表述错误的是（　　）。

A．固定业户向其机构所在地的主管税务机关申报纳税

B．非固定业户向其居住地的主管税务机关申报纳税

C．纳税人进口货物向报关地海关申报纳税

D．总机构和分支机构不在同一县（市）的，分别向各自所在地的主管税务机关申报纳税

5．某小型工业企业为小规模纳税人，适用的征收率为 3%。2023 年 2 月，该企业取得含税销售收入 8.24 万元；购进原材料一批，支付含税货款 2.06 万元。则该企业当月应缴纳的增值税税额为（　　）万元。

A．0.24　　B．0.18

C．0.3　　D．0.06

二、多项选择题

1．根据增值税法律制度的有关规定，下列行为中，属于视同销售服务或无形资产的有（　　）。

A．企业向客户无偿转让专利技术使用权

B．企业向客户无偿提供运输服务

C．企业向本单位员工无偿提供搬家服务

D．企业向本单位员工无偿提供房屋装饰

2．纳税人销售货物向购买方收取的下列款项中，属于价外费用的有（　　）。

A．延期付款利息　　B．赔偿金

C．手续费　　D．包装物租金

3．纳税人发生视同销售行为，确定销售额的方法有（　　）。

A．纳税人当月销售同类货物的最高销售价格

B．纳税人最近时期销售同类货物的平均销售价格

C．其他纳税人最近时期销售同类货物的平均销售价格

D．组成计税价格

4．根据增值税法律制度的有关规定，对销售除（　　）以外的其他酒类产品收取的包装物押金，无论是否返还及会计制度如何核算，均应并入当期销售额计算销项税额。

A．啤酒　　B．黄酒　　C．白酒　　D．药酒

5．下列各项中，属于合法扣税凭证的有（　　）。

A．增值税专用发票

B．未注明旅客身份信息的航空运输电子客票行程单

C．注明旅客身份信息的铁路车票

D．注明旅客身份信息的水路客票

三、综合题

1．2023 年 5 月，甲机械制造厂（一般纳税人）发生如下经济业务。

（1）购进 A 材料用于应税项目，取得的增值税专用发票上注明金额 800 000 元。材料已验收入库，款项已付。

（2）从国外购进 B 材料用于应税项目。已知材料的关税完税价格为 1 000 000 元，适用的关税税率为 20%。材料已验收入库，款项已付。

（3）销售 20 台车床，开具的增值税专用发票上注明金额 4 000 000 元。

（4）用一台自产的专用车床对 A 公司进行投资。已知车床的成本为 300 000 元，成本利润率为 10%。本企业和其他企业均无同类车床在售。

（5）销售积压不用的原材料，取得含税收入 11 300 元。

（6）用两台车床（与业务 3 中的相同）与某钢铁公司的钢材进行交换，取得的增值税专用发票上注明金额 350 000 元、税额 45 500 元，并收到对方支付的差价 56 500 元。

要求：根据上述经济业务，计算当期应缴纳的增值税税额。

2．2023 年 11 月，乙商场准备进行促销活动，并列出以下三种促销方案。

方案一：8 折销售产品，即原价为 2 000 元的产品现价为 1 600 元。该产品可抵扣的进项税额为 156 元。

方案二：按原价 2 000 元赊销产品且在 10 天内收到款项的，给予买方含税价款 20%的折扣。该产品可抵扣的进项税额为 156 元。

方案三：买一赠一，即售出原价为 1 600 元的产品的同时赠送原价为 400 元的小商品（适用的增值税税率为 13%，单独开具发票）。该产品可抵扣的进项税额为 124.8 元，小商品的进价为 240 元。

假设上述产品的价格均为含税价，购买小商品时取得了符合可抵扣规定的增值税专用发票。

要求：不考虑其他因素，请对上述促销方案进行纳税筹划，选出增值税税负最低的促销方案（计算结果保留小数点后两位）。

综合能力评价

学生配合指导教师共同完成综合能力评价表（见表 1-14）。

表 1-14　综合能力评价表

班级		组号		日期		
姓名		学号		指导教师		
项目名称	增值税智慧化申报与管理					
评价维度	一级指标	二级指标	评价标准	分值	评分	
					自评	师评
知识评价（40 分）	重难点知识	掌握增值税的税务规定	能答对相关习题，并能用自己的话概括增值税的税务规定	2		
		掌握纳税人身份登记的规定	能用简洁的话概括一般纳税人与小规模纳税人的区别	3		
		掌握增值税发票的相关知识	能列举不同的发票，并能用简洁的话概括开具增值税发票的要求	3		
		掌握增值税的计算方法	能答对相关习题，并能用简洁的话概括增值税的计算方法	4		
		掌握增值税的智慧化申报方法	能列举不同纳税人需要填写的纳税申报资料，并能用自己的话概括纳税申报步骤	4		

（续表）

<table>
<tr><th rowspan="2">评价维度</th><th rowspan="2">一级指标</th><th rowspan="2">二级指标</th><th rowspan="2">评价标准</th><th rowspan="2">分值</th><th colspan="2">评分</th></tr>
<tr><th>自评</th><th>师评</th></tr>
<tr><td rowspan="6">知识评价
（40 分）</td><td>重难点知识</td><td>掌握增值税的纳税筹划方法</td><td>能答对相关习题，并能用简洁的话概括增值税的纳税筹划方法</td><td>4</td><td></td><td></td></tr>
<tr><td rowspan="5">操作技能</td><td colspan="2">能按照正确的程序登记增值税纳税人</td><td>4</td><td></td><td></td></tr>
<tr><td colspan="2">能正确领用、开具和认证增值税发票</td><td>4</td><td></td><td></td></tr>
<tr><td colspan="2">能正确计算增值税的应纳税额</td><td>4</td><td></td><td></td></tr>
<tr><td colspan="2">能按期申报和缴纳增值税</td><td>4</td><td></td><td></td></tr>
<tr><td colspan="2">能灵活运用纳税筹划方法，合理筹划增值税</td><td>4</td><td></td><td></td></tr>
<tr><td rowspan="5">能力评价
（30 分）</td><td rowspan="3">自主学习能力</td><td>预习能力</td><td>能概述本项目的主要知识点</td><td>6</td><td></td><td></td></tr>
<tr><td>课堂学习能力</td><td>认真听讲，积极参与课堂互动</td><td>6</td><td></td><td></td></tr>
<tr><td>反思改进能力</td><td>反思在预习和课堂学习中出现的问题，巩固所学知识，改进学习方法</td><td>6</td><td></td><td></td></tr>
<tr><td rowspan="2">人际交往能力</td><td>团队协作能力</td><td>积极参与活动，与小组成员配合默契</td><td>6</td><td></td><td></td></tr>
<tr><td>沟通协调能力</td><td>与小组成员沟通顺畅</td><td>6</td><td></td><td></td></tr>
<tr><td rowspan="3">素养评价
（30 分）</td><td rowspan="3">职业素养</td><td>主动意识</td><td>积极学习，按时完成任务</td><td>10</td><td></td><td></td></tr>
<tr><td>合作与竞争意识</td><td>能以平和的心态面对同学之间的合作与竞争</td><td>10</td><td></td><td></td></tr>
<tr><td>创新意识</td><td>能建立所学知识与实际应用场景的联系</td><td>10</td><td></td><td></td></tr>
<tr><td colspan="4">合计</td><td>100</td><td></td><td></td></tr>
<tr><td>总评</td><td colspan="3">自评（30%）+师评（70%）=</td><td colspan="3">教师（签名）：</td></tr>
</table>

项目二

消费税智慧化申报与管理

在学习本项目前，需要自问以下几个问题：

- 消费税是一个什么样的税种？
- 生活中哪些商品需要缴纳消费税？
- 消费税的纳税人是谁？

扫一扫右边的二维码，从相关法律法规中找到答案。

消费税的基本法律规范

素养目标

（1）增强节能环保、绿色低碳意识。
（2）树立科学、理性的消费观。

知识目标

（1）掌握消费税的税务规定。
（2）掌握消费税应纳税额的计算方法。
（3）掌握消费税智慧化申报的方法。
（4）掌握消费税纳税筹划的方法。

技能目标

（1）能正确计算消费税的应纳税额。
（2）能正确填制消费税的纳税申报表。
（3）能对消费税进行合法、合理的纳税筹划。

知识准备

消费税是指对特定消费品和消费行为征收的一种税。征收消费税有利于增加国家财政收入，同时有利于促进产业结构的合理化。

消费税的特点

一、纳税人

在中华人民共和国境内生产、委托加工和进口《中华人民共和国消费税暂行条例》（以下简称《消费税暂行条例》）规定的消费品的单位和个人，以及国务院确定的销售《消费税暂行条例》规定的消费品的其他单位和个人，均为消费税的纳税人。其中，在中华人民共和国境内是指生产、委托加工和进口应税消费品的起运地或者所在地在境内。

二、税目

依据《消费税暂行条例》及相关法规的规定，确定征收消费税的有烟、酒、高档化妆品等15个税目。其中，部分税目进一步划分为若干子目。

（一）烟

消费税和增值税的区别

凡是以烟叶为原料加工生产的产品，不论使用何种辅料，均属于本税目的征收范围，包括卷烟、雪茄烟、烟丝和电子烟。其中，卷烟又分为甲类卷烟和乙类卷烟：甲类卷烟是指每标准条（200支，下同）不含增值税的调拨价格在70元以上（含70元）的卷烟；乙类卷烟是指每标准条不含增值税的调拨价格在70元以下的卷烟。电子烟是指用于产生气溶胶供人抽吸等的电子传输系统，包括烟弹、烟具，以及烟弹与烟具组合销售的电子烟产品。

涉税交流帖

自2022年11月1日起，我国开始对电子烟征收消费税。想一想，对青少年来说，国家加强对电子烟的管理具有哪些意义？

（二）酒

酒是指酒精度在1度以上的各类酒类饮料。本税目征收范围包括白酒、黄酒、啤酒和其他酒。

（1）白酒。白酒是指以各种粮食或干鲜薯类为原料，经糖化、发酵、蒸馏酿制的酒，包括粮食白酒和薯类白酒。

（2）黄酒。黄酒是指以糯米、玉米、小麦、薯类等为原料，经加温、糖化、发酵、压榨酿制的酒。黄酒的征收范围包括以各种原料酿制的黄酒和酒精度超过 12 度（含 12 度）的土甜酒。

（3）啤酒。啤酒是指以大麦或其他粮食为原料，加入啤酒花，经糖化、发酵、过滤酿制的含有二氧化碳的酒，分为甲类啤酒和乙类啤酒。每吨出厂价（含包装物及包装物押金，下同）在 3 000 元（含 3 000 元，不含增值税）以上的啤酒是甲类啤酒；每吨出厂价在 3 000 元（不含增值税）以下的啤酒是乙类啤酒。对饮食业、商业、娱乐业举办的啤酒屋（啤酒坊）利用啤酒生产设备生产的啤酒，应当征收消费税。果啤属于啤酒，按照啤酒征收消费税。

（4）其他酒。其他酒是指除白酒、黄酒、啤酒以外，酒精度在 1 度以上的各种酒，包括土甜酒（酒精度不超过 12 度）、复制酒、果木酒、汽酒、药酒等。调味料酒不征收消费税。

（三）高档化妆品

本税目征收范围包括高档美容、修饰类化妆品，高档护肤类化妆品和成套化妆品。其中，高档美容、修饰类化妆品和高档护肤类化妆品是指生产（进口）环节销售（完税）价格（不含增值税）在 10 元/毫升（克）或 15 元/片（张）及以上的美容、修饰类化妆品和护肤类化妆品。舞台演员、戏剧演员、影视演员化妆用的上妆油、卸妆油、油彩，不属于本税目的征收范围。

（四）贵重首饰及珠宝玉石

本税目征收范围包括以金、银、白金、宝石、珍珠、钻石、翡翠、珊瑚、玛瑙等高贵稀有物质及其他金属、人造宝石等制作的各种纯金银首饰及镶嵌首饰，以及经采掘、打磨、加工的各种珠宝玉石。

（五）鞭炮、焰火

本税目征收范围包括各种鞭炮、焰火。体育上用的发令纸、鞭炮药引线，不按本税目征收消费税。

（六）成品油

本税目征收范围包括汽油、柴油、石脑油、溶剂油、航空煤油、润滑油和燃料油。其中，航空煤油暂缓征收消费税。

（七）摩托车

本税目征收范围包括气缸容量（排气量，下同）在 250 毫升以上（含 250 毫升）的摩托车。气缸容量在 250 毫升以下的小排量摩托车不征收消费税。

（八）小汽车

小汽车是指由动力驱动，具有 4 个或 4 个以上车轮的非轨道承载的车辆。本税目征收范围包括乘用车、中轻型商用客车和超豪华小汽车。

（1）乘用车。乘用车是指含驾驶员座位在内的座位数最多不超过 9 个的，在设计和技术特性上用于载运乘客和货物的汽车。

（2）中轻型商用客车。中轻型商用客车是指含驾驶员座位在内的座位数在 10～23 个

（含 23 个）的，在设计和技术特性上用于载运乘客和货物的汽车。含驾驶员人数（额定载客）为区间值（如 8～10 人、17～26 人）的小汽车，按其区间值下限人数确定征收范围。

涉税小助手

用乘用车或中轻型商用客车整车改装生产的汽车，按规定征收消费税。

（1）用排气量小于 1.5 升（含 1.5 升）的乘用车底盘（车架）改装、改制的车辆属于乘用车征收范围。

（2）用排气量大于 1.5 升的乘用车底盘（车架）或用中轻型商用客车底盘（车架）改装、改制的车辆属于中轻型商用客车征收范围。

（3）超豪华小汽车。超豪华小汽车是指每辆零售价格（不含增值税）在 130 万元以上（含 130 万元）的乘用车和中轻型商用客车。

涉税小助手

沙滩车、雪地车、卡丁车、高尔夫车等均不属于消费税征税范围。

（九）高尔夫球及球具

高尔夫球及球具是指从事高尔夫球运动所需的各种专用装备。本税目征收范围包括高尔夫球、高尔夫球杆及高尔夫球包（袋）。高尔夫球杆的杆头、杆身和握把属于本税目的征收范围。

（十）高档手表

高档手表是指每只销售价格（不含增值税）在 10 000 元以上（含 10 000 元）的各类手表。本税目征收范围包括符合以上标准的各类手表。

（十一）游艇

游艇是指长度大于 8 米（含 8 米，下同）小于 90 米（含 90 米，下同），船体由玻璃钢、钢、铝合金、塑料等多种材料制作，可以在水上移动的浮载体。按照动力划分，游艇分为无动力艇、帆艇和机动艇。本税目征收范围包括艇身长度大于 8 米小于 90 米，内置发动机，可以在水上移动，一般为私人或团体购置，主要用于水上运动和休闲娱乐等非牟利活动的各类机动艇。

（十二）木制一次性筷子

木制一次性筷子是指以木材为原料，经锯段、浸泡、旋切、刨切、烘干、筛选、打磨、倒角、包装等工序加工而成的各类一次性筷子。本税目征收范围包括各种规格的木制一次性筷子。未经打磨、倒角的木制一次性筷子属于本税目征收范围。

（十三）实木地板

实木地板是指以木材为原料，经锯割、干燥、刨光、截断、开榫、涂漆等工序加工而成的块状或条状的地面装饰材料。按照生产工艺划分，实木地板可分为独板（块）实木地板、实木指接地板和实木复合地板三类。本税目征收范围包括各类规格的实木地板、实木指接地板、实木复合地板，以及用于装饰墙壁、天棚的侧端面为榫、槽的实木装饰板。未经涂饰的素板也属于本税目征收范围。

（十四）电池

电池是一种将化学能、光能等直接转换为电能的装置，一般由电极、电解质、容器等组成。本税目征收范围包括原电池、蓄电池、燃料电池、太阳能电池和其他电池。

自 2015 年 2 月 1 日起，无汞原电池、金属氢化物镍蓄电池（又称“氢镍蓄电池”或“镍氢蓄电池”）、锂原电池、锂离子蓄电池、太阳能电池、燃料电池、全钒液流电池免征消费税。自 2016 年 1 月 1 日起，铅蓄电池按 4%的税率征收消费税。

（十五）涂料

涂料是指涂于物体表面能形成具有保护、装饰或特殊性能的固态涂膜的一类液体或固体材料的总称。施工状态下挥发性有机物含量不超过 420 克/升的涂料免征消费税。

涉税交流帖

确定消费税征收范围的原则大致可分为以下三条：① 引导消费，即将一些高档、奢侈的消费品纳入消费税征收范围，引导公民理性消费。② 保护环境，即将一些污染环境、高耗能的消费品纳入消费税征收范围。③ 持续发展，即将一些特殊的资源性消费品纳入消费税征收范围。

按照上述原则，你认为被列入消费税征收范围的消费品该如何归类？和同学讨论，说一说自己的看法。

三、税率

消费税实行比例税率、定额税率以及比例税率与定额税率相结合的复合税率，共设置了 20 余档不同的税率（税额）。我国现行的消费税税目、税率如表 2-1 所示。

表 2-1　消费税税目、税率

税目	税率
一、烟	
1. 卷烟	
（1）工业	
① 甲类卷烟	56%加 0.003 元/支（0.6 元/条，150 元/箱）
② 乙类卷烟	36%加 0.003 元/支（0.6 元/条，150 元/箱）
（2）商业批发	11%加 0.005 元/支（1 元/条，250 元/箱）
2. 雪茄烟	36%
3. 烟丝	30%
4. 电子烟	
（1）工业	36%
（2）商业批发	11%

（续表）

税目	税率
二、酒	
1．白酒	20%加 0.5 元/500 克（毫升）
2．黄酒	240 元/吨
3．啤酒	
（1）甲类啤酒	250 元/吨
（2）乙类啤酒	220 元/吨
4．其他酒	10%
三、高档化妆品	15%
四、贵重首饰及珠宝玉石	
1．金银首饰、铂金首饰、钻石及钻石饰品	5%
2．其他贵重首饰和珠宝玉石	10%
五、鞭炮、焰火	15%
六、成品油	
1．汽油	1.52 元/升
2．柴油	1.20 元/升
3．航空煤油	1.20 元/升
4．石脑油	1.52 元/升
5．溶剂油	1.52 元/升
6．润滑油	1.52 元/升
7．燃料油	1.20 元/升
七、摩托车	
1．气缸容量（排气量，下同）为 250 毫升的	3%
2．气缸容量在 250 毫升以上的	10%
八、小汽车	
1．乘用车	
（1）气缸容量（排气量，下同）在 1.0 升（含 1.0 升）以下的	1%
（2）气缸容量在 1.0 升以上至 1.5 升（含 1.5 升）的	3%
（3）气缸容量在 1.5 升以上至 2.0 升（含 2.0 升）的	5%
（4）气缸容量在 2.0 升以上至 2.5 升（含 2.5 升）的	9%
（5）气缸容量在 2.5 升以上至 3.0 升（含 3.0 升）的	12%
（6）气缸容量在 3.0 升以上至 4.0 升（含 4.0 升）的	25%
（7）气缸容量在 4.0 升以上的	40%
2．中轻型商用客车	5%
3．超豪华小汽车	10%

（续表）

税目	税率
九、高尔夫球及球具	10%
十、高档手表	20%
十一、游艇	10%
十二、木制一次性筷子	5%
十三、实木地板	5%
十四、电池	4%
十五、涂料	4%

同步税务

【例 2-1】下列经营行为中，应缴纳消费税的有（　　）。

A. 烟厂收购烟叶

B. 啤酒屋销售自酿扎啤

C. 地板厂进口一批未经涂饰的素板

D. 首饰厂生产并销售翡翠手镯

解析：

正确答案为 BCD。

四、纳税环节

消费税的纳税环节如表 2-2 所示。

表 2-2　消费税的纳税环节

应税消费品	纳税环节
烟	（1）卷烟和电子烟不仅在生产、进口、委托加工环节纳税，还在批发环节纳税 （2）雪茄烟和烟丝在生产、进口、委托加工环节纳税
贵重首饰及珠宝玉石	（1）金银首饰（包括金基、银基合金，以及金、银和金基、银基合金镶嵌首饰）、铂金首饰、钻石及钻石饰品仅在零售环节纳税 （2）其他贵重首饰和珠宝玉石在生产（出厂）、进口、委托加工环节纳税
超豪华小汽车	不仅在生产、进口、委托加工环节纳税，还在零售环节纳税
除上述消费品以外的其他应税消费品	在生产、进口、委托加工环节纳税

任务一 计算消费税

任务导入

1. 企业概况

W 公司（统一社会信用代码：915300005971210 8××）为一般纳税人，主要从事化妆品的生产和销售业务。已知高档化妆品适用的增值税税率为 13%，消费税税率为 15%，进口关税税率为 5%。

2. 基本业务

2023 年 11 月，W 公司发生如下经济业务。

（1）3 日，缴纳上月应缴未缴的消费税 730 000 元。

（2）7 日，销售自产的高档美容类化妆品，开具的增值税专用发票上注明金额 3 000 000 元、税额 390 000 元，另收取包装费 11 300 元。款项已收，均存入银行。

（3）8 日，购入一批高档保湿精华，取得的增值税专用发票上注明金额 600 000 元。产品已验收入库，款项已付。

（4）10 日，将 40%本月购入的高档保湿精华用于生产高档保湿粉底液，并将粉底液全部销售，取得不含增值税销售额 2 000 000 元。

（5）12 日，将 100 套自产的高档口红礼盒赠送给甲单位。当月同类口红礼盒的不含增值税售价为 1 500 元/套，这 100 套高档口红礼盒的成本为 105 000 元。

（6）16 日，用 80 套自产的成套化妆品抵偿乙公司货款 180 000 元，不足或多余部分不再结算。当月同类化妆品的单位售价在 1 800 元至 2 200 元之间浮动，平均售价为 2 000 元/套。

（7）25 日，进口一批成套化妆品，海关核定的关税完税价格为 85 000 元，取得海关进口增值税专用缴款书。款项已付。

3. 任务要求

请计算 W 公司 2023 年 11 月应缴纳的消费税税额。

一、计算生产销售环节的应纳税额

（一）直接对外销售应税消费品应纳税额的计算

直接对外销售应税消费品应纳税额的计算方法分为从价定率计算、从量定额计算以及从价定率和从量定额复合计算。

1. 从价定率计算

实行从价定率方法计税的，应纳税额的计算公式如下。

$$应纳税额=销售额\times比例税率$$

销售额为纳税人销售应税消费品时向购买方收取的全部价款和价外费用，但不包括向购买方收取的增值税税额。

其中，价外费用是指价外向购买方收取的手续费、补贴、基金、集资费、返还利润、奖励费、违约金、滞纳金、延期付款利息、赔偿金、代收款项、代垫款项、包装费、包装物租金、储备费、优质费、运输装卸费及其他各种性质的价外收费。但是，表 2-3 所列的款项不属于价外费用。

表 2-3 不属于价外费用的款项

款项	条件
代垫运输费用	同时符合以下条件： （1）承运部门的运输费用发票开具给购买方的 （2）纳税人将该项发票转交给购买方的
代为收取的政府性基金或者行政事业性收费	同时符合以下条件： （1）由国务院或者财政部批准设立的政府性基金，由国务院或者省级人民政府及其财政、价格主管部门批准设立的行政事业性收费 （2）收取时开具省级以上财政部门印制的财政票据 （3）所收款项全额上缴财政

同步税务

【例 2-2】某化妆品生产企业为一般纳税人。2023 年 8 月 15 日，该企业向某大型商场销售一批高档化妆品，开具增值税专用发票，取得销售额 60 万元、增值税税额 7.8 万元；8 月 20 日，向某单位销售一批高档化妆品，开具普通发票，取得含增值税销售额 9.04 万元。已知高档化妆品适用的消费税税率为 15%，请计算该企业当月应缴纳的消费税税额。

解析：

销售额=60+9.04÷（1+13%）=68 万元

应缴纳的消费税税额=68×15%=10.2 万元

涉税窗口

销售额的特殊规定

（1）包装物收入的处理规定具体如表 2-4 所示。

表 2-4 包装物收入的处理规定

情形	规定
包装物随同应税消费品销售的	不论包装物是否单独计价，也不论在会计上如何核算，包装物收入均并入销售额
包装物不作价随同产品销售，而是收取押金	此项押金不并入销售额。但因逾期未收回的包装物不再退还的或已收取的时间超过 12 个月的押金，应并入销售额
酒类产品生产企业销售除啤酒、黄酒以外的酒类产品而收取的包装物押金	不论押金是否返还及会计上如何核算，押金均应并入销售额

（2）纳税人兼营不同税率的应税消费品，应当分别核算不同税率应税消费品的销售额、销售数量。未分别核算销售额、销售数量，或者将不同税率的应税消费品组成成套消费品销售的，从高适用税率。

（3）纳税人通过自设的非独立核算门市部销售的自产消费品，应按照门市部对外销售额或者销售数量缴纳消费税。

（4）用于换取生产资料和消费资料、投资入股和抵偿债务等方面的应税消费品，应当以纳税人同类应税消费品的最高销售价格作为计算消费税的依据。

（5）纳税人销售的应税消费品，以人民币以外的货币结算销售额的，其销售额的人民币折合率可以选择销售额发生的当天或者当月 1 日的人民币汇率中间价。纳税人应在事先确定采用何种折合率，确定后 1 年内不得变更。

2. 从量定额计算

实行从量定额方法计税的，应纳税额的计算公式如下。

应纳税额=销售数量×定额税率

其中，销售数量是指纳税人生产销售应税消费品的数量。

同步税务

【例 2-3】2023 年 8 月，某啤酒厂销售 600 吨啤酒，每吨啤酒的出厂价格为 4 200 元（不含增值税）。请计算该啤酒厂当月应缴纳的消费税税额。

解析：

啤酒每吨出厂价在 3 000 元（含 3 000 元，不含增值税）以上的，适用的消费税税率为定额税率 250 元/吨。

应缴纳的消费税税额=600×250=150 000 元

涉税窗口

计量单位的换算

《消费税暂行条例》规定，黄酒、啤酒以吨为税额单位，成品油以升为税额单位。为了规范不同产品的计量单位，准确计算应纳税额，各应税消费品计量单位的换算如表 2-5 所示。

表 2-5　应税消费品计量单位的换算

编号	应税消费品	换算标准
1	黄酒	1 吨=962 升
2	啤酒	1 吨=988 升
3	汽油	1 吨=1 388 升
4	柴油	1 吨=1 176 升
5	航空煤油	1 吨=1 246 升

（续表）

编号	应税消费品	换算标准
6	石脑油	1 吨=1 385 升
7	溶剂油	1 吨=1 282 升
8	润滑油	1 吨=1 126 升
9	燃料油	1 吨=1 015 升

3. 从价定率和从量定额复合计算

在现行消费税的征收范围中，只有卷烟、白酒采用复合计税方法。其应纳税额的计算公式如下。

应纳税额=销售额×比例税率+销售数量×定额税率

同步税务

【例 2-4】某白酒生产企业为一般纳税人。2023 年 11 月，该企业销售 100 吨白酒，取得不含增值税销售额 300 万元，同时收取包装物押金 9.04 万元。请计算该企业当月应缴纳的消费税税额。

解析：

白酒采用复合计税方法，适用的消费税比例税率为 20%，定额税率为 0.5 元/500 克。此外，该企业收取的包装物押金也应缴纳消费税。

销售额=300+9.04÷（1+13%）=308 万元

应缴纳的消费税税额=100×2 000×0.5+3 080 000×20%=716 000 元

（二）自产自用应税消费品应纳税额的计算

1. 自产自用应税消费品应缴纳消费税的情形

所谓自产自用，就是纳税人生产的应税消费品不是用于直接对外销售，而是用于自己连续生产应税消费品或其他方面。

纳税人自产自用的应税消费品，用于连续生产应税消费品的，不缴纳消费税；用于其他方面的，于移送使用时，按视同销售依法缴纳消费税。

用于其他方面是指纳税人将自产自用应税消费品用于生产非应税消费品、在建工程、管理部门、非生产机构、提供劳务、馈赠、赞助、集资、广告、样品、职工福利、奖励等方面。

2. 自产自用应税消费品计税依据的确定

纳税人自产自用应税消费品，凡用于其他方面应当纳税的，其计税依据的确定顺序如下。

（1）按当月同类消费品的销售价格计算纳税。

（2）如果当月同类消费品各期销售价格高低不同，应按加权平均销售价格计算纳税。但销售的应税消费品有下列情况之一的，不得列入加权平均计算：① 销售价格明显偏低又无正当理由的；② 无销售价格的。

（3）如果当月无销售或者当月未完结，应按照同类消费品上月或者最近月份的销售价格计算纳税。

（4）没有同类消费品销售价格的，按照组成计税价格计算纳税。

① 实行从价定率方法计算纳税的，组成计税价格的计算公式如下。

组成计税价格=（成本+利润）÷（1−比例税率）

=成本×（1+成本利润率）÷（1−比例税率）

② 实行复合计税方法计算纳税的，组成计税价格的计算公式如下。

组成计税价格=（成本+利润+自产自用数量×定额税率）÷（1−比例税率）

=［成本×（1+成本利润率）+自产自用数量×定额税率］÷（1−比例税率）

其中，成本是指应税消费品的产品生产成本。利润是指根据应税消费品的全国平均成本利润率计算的利润。自产自用数量是指应税消费品的移送使用数量。应税消费品的全国平均成本利润率由国家税务总局确定，具体如表 2-6 所示。

表 2-6　应税消费品的全国平均成本利润率

编号	消费品	全国成本利润率	编号	消费品	全国成本利润率
1	甲类卷烟	10%	11	摩托车	6%
2	乙类卷烟	5%	12	高尔夫球及球具	10%
3	雪茄烟、烟丝	5%	13	高档手表	20%
4	电子烟	10%	14	游艇	10%
5	粮食白酒	10%	15	木制一次性筷子	5%
6	薯类白酒	5%	16	实木地板	5%
7	其他酒	5%	17	乘用车	8%
8	高档化妆品	5%	18	中轻型商用客车	5%
9	鞭炮、焰火	5%	19	电池	4%
10	贵重首饰及珠宝玉石	6%	20	涂料	7%

3．自产自用应税消费品应纳税额的计算

（1）实行从价定率方法计算纳税的，应纳税额的计算公式如下。

应纳税额=同类应税消费品销售额或组成计税价格×比例税率

（2）实行从量定额方法计算纳税的，应纳税额的计算公式如下。

应纳税额=自产自用数量×定额税率

（3）实行复合计税方法计算纳税的，应纳税额的计算公式如下。

应纳税额=同类应税消费品销售额或组成计税价格×比例税率+自产自用数量×定额税率

同步税务

【例 2-5】某化妆品公司将一批自产的高档化妆品用作职工福利。已知该批高档化妆品的成本为 10 000 元，无同类产品市场销售价格，其成本利润率为 5%。请计算该批高档化妆品应缴纳的消费税税额（计算结果保留小数点后两位）。

解析：

组成计税价格=10 000×（1+5%）÷（1−15%）=12 352.94 元

应缴纳的消费税税额=12 352.94×15%=1 852.94 元

二、计算委托加工环节的应纳税额

（一）委托加工应税消费品的确定

委托加工应税消费品是指由委托方提供主要材料，受托方只收取加工费和代垫部分辅助材料加工的应税消费品。对于由受托方提供原材料生产的应税消费品，或者受托方先将原材料卖给委托方，然后再接受委托加工的应税消费品，以及由受托方以委托方名义购进原材料生产的应税消费品，不论在会计上是否做销售处理，都不得作为委托加工应税消费品，而应当按照销售自产的应税消费品缴纳消费税。委托加工的应税消费品直接出售的，不再缴纳消费税。

（二）委托加工应税消费品计税依据的确定

委托加工的应税消费品，按照受托方生产的同类消费品的销售价格计算纳税；没有同类消费品销售价格的，按照组成计税价格计算纳税，具体可参考用于其他方面自产自销消费品的计税依据规定。

实行从价定率方法计算纳税的，组成计税价格的计算公式如下。

组成计税价格=（材料成本+加工费）÷（1−比例税率）

实行复合计税方法计算纳税的，组成计税价格的计算公式如下。

组成计税价格=（材料成本+加工费+委托加工数量×定额税率）÷（1−比例税率）

其中，材料成本是指委托方提供的加工材料的实际成本。加工费是指受托方向委托方收取的全部费用（包括代垫辅助材料的实际成本，但不包括增值税税额）。委托加工数量是指纳税人收回的应税消费品的数量。

涉税小助手

委托加工应税消费品的纳税人必须在委托加工合同上如实注明（或以其他方式提供）材料成本；凡未提供材料成本的，受托方所在地的主管税务机关有权核定其材料成本。

（三）委托加工应税消费品应纳税额的计算

（1）实行从价定率方法计算纳税的，应纳税额的计算公式如下。

应纳税额=同类应税消费品销售额或组成计税价格×比例税率

（2）实行从量定额方法计算纳税的，应纳税额的计算公式如下。

应纳税额=委托加工数量×定额税率

（3）实行复合计税方法计算纳税的，应纳税额的计算公式如下。

应纳税额=同类应税消费品销售额或组成计税价格×比例税率+委托加工数量×定额税率

同步税务

【例 2-6】2023 年 11 月，某鞭炮企业受托为甲企业加工一批鞭炮，收取甲企业不含增值税加工费 8 万元，该批鞭炮无同类产品市场销售价格。已知甲企业提供的原材料成本为 60 万元，鞭炮适用的消费税税率为 15%。请计算该鞭炮企业应代收代缴的消费税税额。

解析：

组成计税价格=（60+8）÷（1−15%）=80 万元

应代收代缴的消费税税额=80×15%=12 万元

三、计算进口环节的应纳税额

纳税人进口应税消费品，按照组成计税价格和规定的税率计算应纳税额。

（1）实行从价定率方法计算纳税的，应纳税额的计算公式如下。

应纳税额=组成计税价格×比例税率

式中，组成计税价格的计算公式如下。

组成计税价格=（关税完税价格+关税）÷（1−比例税率）

（2）实行从量定额方法计算纳税的，应纳税额的计算公式如下。

应纳税额=进口数量×定额税率

式中，进口数量是指海关核定的应税消费品的进口征税数量。

（3）实行复合计税方法计算纳税的，应纳税额的计算公式如下。

应纳税额=组成计税价格×比例税率+进口数量×定额税率

式中，组成计税价格的计算公式如下。

组成计税价格=（关税完税价格+关税+进口数量×定额税率）÷（1−比例税率）

同步税务

【例 2-7】2024 年 1 月，F 公司从国外进口一批应税消费品，按规定缴纳 36 万元关税。已知该批应税消费品的关税完税价格为 180 万元，适用的消费税税率为 10%。请计算该批消费品在进口环节应缴纳的消费税税额。

解析：

组成计税价格=（180+36）÷（1−10%）=240 万元

应缴纳的消费税税额=240×10%=24 万元

四、计算特殊环节的应纳税额

（一）批发环节应纳税额的计算

批发环节的应税消费品特指卷烟、电子烟。自 2015 年 5 月 10 日起，在我国境内从事卷烟批发业务的所有单位和个人，应就其批发销售的所有牌号、规格的卷烟，按 11%的比例税率、0.005 元/支的定额税率复合计算消费税。电子烟批发环节的消费税税率为 11%。

涉税小助手

电子烟批发环节消费税纳税人是指取得烟草专卖批发企业许可证并经营电子烟批发业务的企业。

计算批发环节卷烟消费税时，以下几点需要注意。

（1）纳税人应将卷烟销售额与其他产品销售额分开核算，未分开核算的应一并缴纳消费税。

（2）卷烟批发企业之间销售的卷烟不缴纳消费税，只有将卷烟销售给零售商等其他单位和个人时才缴纳消费税。

（3）卷烟批发企业在计算卷烟消费税时不得扣除卷烟生产环节已缴纳的消费税税额。

（二）零售环节应纳税额的计算

1. 金银首饰、铂金首饰、钻石及钻石饰品零售环节应纳税额的计算

金银首饰、铂金首饰、钻石及钻石饰品在零售环节按5%的比例税率计算消费税。其应纳税额的计算公式如下。

应纳税额=零售环节销售额（不含增值税）×5%

计算零售环节金银首饰、铂金首饰、钻石及钻石饰品消费税时，以下几点需要注意。

（1）既销售金银首饰，又销售非金银首饰的生产经营单位，应将两类产品划分清楚，分别核算销售额。凡划分不清楚或不能分别核算销售额的，若在生产环节销售，一律从高适用税率计算消费税；若在零售环节销售，一律按金银首饰计算消费税。

（2）金银首饰与其他产品组成成套消费品销售的，应按销售额全额计算消费税。

（3）纳税人采用以旧换新（含翻新改制）方式销售的金银首饰，应按实际收取的不含增值税的全部价款计算消费税。

（4）金银首饰连同包装物销售的，无论包装物是否单独计价，也无论会计上如何核算，均应并入金银首饰的销售额，计算消费税。

同步税务

【例 2-8】某珠宝店（一般纳税人）是一家经批准有权经营金银首饰的珠宝零售店。2024 年 2 月，该珠宝店零售额（含增值税，下同）共计 269 200 元。其中，金银首饰零售额为 125 410 元，钻石及钻石饰品零售额为 100 590 元，其他首饰零售额为 43 200 元。请计算该珠宝店当月应缴纳的消费税税额。

解析：

金银首饰、钻石及钻石饰品在零售环节缴纳消费税，其他首饰在生产、委托加工或进口环节缴纳消费税。

应缴纳的消费税税额=（125 410+100 590）÷（1+13%）×5%=10 000 元

2. 超豪华小汽车零售环节应纳税额的计算

超豪华小汽车不仅在生产（进口）环节按现行税率缴纳消费税，还在零售环节缴纳消费税（零售环节税率为 10%）。应纳税额的计算公式如下。

应纳税额=零售环节销售额（不含增值税）×10%

对于国内汽车生产企业直接将超豪华小汽车销售给消费者的，消费税税率按照生产环节税率和零售环节税率加总计算。应纳税额的计算公式如下。

应纳税额=销售额（不含增值税）×（生产环节税率+10%）

同步税务

【例 2-9】2024 年 2 月，某汽车厂（一般纳税人）向 4S 店销售自产的超豪华小汽车，取得不含增值税销售额 2 000 万元；向消费者销售自产的超豪华小汽车，取得含增值税销售额 339 万元。已知超豪华小汽车在生产环节适用的消费税税率为 40%，在零售环节适用的消费税税率为 10%。请计算该汽车厂当月应缴纳的消费税税额。

解析：

该汽车厂向 4S 店销售的自产超豪华小汽车应按照 40%的税率计算应纳税额；直接销售给消费者的超豪华小汽车应按照生产环节税率和零售环节税率加总计算应纳税额。

应缴纳的消费税税额=2 000×40%+339÷（1+13%）×（40%+10%）=950 万元

五、计算已纳消费税税额的扣除

（一）外购应税消费品已纳消费税税额的扣除

由于某些应税消费品是用外购已缴纳消费税的应税消费品连续生产出来的，在对这些连续生产出来的应税消费品计算纳税时，应按当期生产领用的外购应税消费品数量计算准予扣除的已纳消费税税额（含进口环节已纳消费税税额）。扣除范围包括以下情形。

（1）以外购已税烟丝为原料生产的卷烟。

（2）以外购已税高档化妆品为原料生产的高档化妆品。

（3）以外购已税珠宝玉石为原料生产的贵重首饰及珠宝玉石。

（4）以外购已税鞭炮、焰火为原料生产的鞭炮、焰火。

（5）以外购已税杆头、杆身和握把为原料生产的高尔夫球杆。

（6）以外购已税木制一次性筷子为原料生产的木制一次性筷子。

（7）以外购已税实木地板为原料生产的实木地板。

（8）以外购已税汽油、柴油、石脑油、燃料油、润滑油为原料生产的应税成品油。

（9）以外购已税葡萄酒为原料生产的应税葡萄酒。

上述当期准予扣除的外购应税消费品已纳消费税税额的计算公式如下。

$$\text{当期准予扣除的外购应税消费品已纳税额}=\frac{\text{当期准予扣除的}}{\text{外购应税消费品买价}}\times\frac{\text{外购应税消费品}}{\text{适用税率}}$$

$$\frac{\text{当期准予扣除的}}{\text{外购应税消费品买价}}=\frac{\text{期初库存的外购}}{\text{应税消费品的买价}}+\frac{\text{当期购进的应税}}{\text{消费品的买价}}-\frac{\text{期末库存的外购}}{\text{应税消费品的买价}}$$

同步税务

【例 2-10】2023 年 10 月，某卷烟生产企业月初库存外购已税烟丝的金额为 7.5 万元，当月外购已税烟丝的金额为 10 万元（不含增值税），月末库存外购已税烟丝的金额为 3.5 万元。当月，该企业用外购烟丝生产 30 个标准箱的乙类卷烟，并将卷烟全部销售，取得不含增值税销售额 30 万元。已知烟丝适用的消费税税率为 30%；乙类卷烟适用的消费税税率为比例税率36%，定额税率150元/箱。请计算该卷烟生产企业当月应缴纳的消费税税额。

解析：

当月领用的外购已税烟丝买价=7.5+10−3.5=14万元

当月准予扣除的外购烟丝已缴纳的消费税税额=14×30%=4.2万元

当月应缴纳的消费税税额=30×36%+30×150÷10 000−4.2=7.05万元

（二）委托加工收回的应税消费品已纳消费税税额的扣除

委托方收回货物后用于连续生产应税消费品的，其已纳消费税税额准予按规定扣除。委托方将收回的应税消费品，以不高于受托方的计税价格出售的，为直接出售，不再缴纳消费税；委托方以高于受托方的计税价格出售的，不属于直接出售，应按照规定缴纳消费税，在计税时准予扣除受托方已代收代缴的消费税。扣除范围包括以下情形。

（1）以委托加工收回的已税烟丝为原料生产的卷烟。

（2）以委托加工收回的已税高档化妆品为原料生产的高档化妆品。

（3）以委托加工收回的已税珠宝玉石为原料生产的贵重首饰及珠宝玉石。

（4）以委托加工收回的已税鞭炮、焰火为原料生产的鞭炮、焰火。

（5）以委托加工收回的已税杆头、杆身和握把为原料生产的高尔夫球杆。

（6）以委托加工收回的已税木制一次性筷子为原料生产的木制一次性筷子。

（7）以委托加工收回的已税实木地板为原料生产的实木地板。

（8）以委托加工收回的已税汽油、柴油、石脑油、燃料油、润滑油为原料生产的应税成品油。

上述当期准予扣除的委托加工应税消费品已纳消费税税额的计算公式如下。

$$\text{当期准予扣除的委托加工应税消费品已纳税额}=\text{期初库存的委托加工应税消费品已纳税额}+\text{当期收回的委托加工应税消费品已纳税额}-\text{期末库存的委托加工应税消费品已纳税额}$$

涉税小助手

纳税人用委托加工收回的已税珠宝玉石生产的，改在零售环节缴纳消费税的金银首饰，在计税时一律不得扣除已纳消费税税额。

任务实施

〔步骤1〕根据W公司2023年11月发生的经济业务，逐笔计算应纳税额。

（1）7日，销售自产的高档美容类化妆品。

计税销售额=3 000 000+11 300÷（1+13%）=3 010 000元

增值税销项税额=3 010 000×13%=391 300元

应缴纳的消费税税额=3 010 000×15%=451 500元

（2）8 日，购入高档保湿精华。

增值税进项税额=600 000×13%=78 000 元

（3）10 日，以 40%购入的高档保湿精华为原料生产高档保湿粉底液，并将粉底液全部销售。

外购应税化妆品可抵扣的消费税税额=600 000×40%×15%=36 000 元

计税销售额=2 000 000 元

增值税销项税额=2 000 000×13%=260 000 元

应缴纳的消费税税额=2 000 000×15%=300 000 元

（4）12 日，将自产的高档口红礼盒赠送给甲单位。

计税销售额=1 500×100=150 000 元

增值税销项税额=150 000×13%=19 500 元

应缴纳的消费税税额=150 000×15%=22 500 元

（5）16 日，用自产的成套化妆品抵偿乙公司货款。

增值税销项税额=2 000×80×13%=20 800 元

消费税计税销售额=2 200×80=176 000 元

应缴纳的消费税税额=176 000×15%=26 400 元

（6）25 日，进口一批成套化妆品。

组成计税价格=85 000×（1+5%）÷（1−15%）=105 000 元

海关代征进口环节增值税=105 000×13%=13 650 元

海关代征进口环节消费税=105 000×15%=15 750 元

〔步骤 2〕计算 W 公司 2023 年 11 月应缴纳的消费税总额。

本月应缴纳的消费税总额=451 500+（300 000−36 000）+22 500+26 400=764 400 元

海关代征的消费税税额=15 750 元

任务二　智慧化申报消费税

任务导入 »

（接本项目的任务一）2023 年 12 月 8 日，W 公司对消费税进行纳税申报，请填写相关纳税申报表。

一、判断纳税义务发生时间

消费税的纳税义务发生时间，根据货款结算方式或应税行为发生时间分别确定，具体如表 2-7 所示。

表 2-7 消费税纳税义务发生时间

应税行为		纳税义务发生时间
销售应税消费品	采取赊销和分期收款结算方式的	书面合同约定的收款日期的当天，书面合同没有约定收款日期或者无书面合同的，为发出应税消费品的当天
	采取预收货款结算方式的	发出应税消费品的当天
	采取托收承付和委托银行收款结算方式的	发出应税消费品并办妥托收手续的当天
	采取其他结算方式的	收讫销售款或者取得索取销售款凭据的当天
自产自用应税消费品		移送使用的当天
委托加工应税消费品		提货的当天
进口应税消费品		报关进口的当天

二、明确纳税期限

消费税的纳税期限分别为 1 日、3 日、5 日、10 日、15 日、1 个月或者 1 个季度。纳税人的具体纳税期限，由主管税务机关根据纳税人应纳税额的大小分别核定；不能按照固定期限纳税的，可以按次纳税。

纳税人以 1 个月或者 1 个季度为 1 个纳税期的，自期满之日起 15 日内申报纳税；以 1 日、3 日、5 日、10 日或者 15 日为 1 个纳税期的，自期满之日起 5 日内预缴税款，于次月 1 日起至 15 日内申报纳税并结清上月应纳税款。

纳税人进口应税消费品，应当自海关填发海关进口消费税专用缴款书之日起 15 日内缴纳税款。

三、确定纳税地点

（1）纳税人销售应税消费品以及自产自用应税消费品，除国务院财政、税务主管部门另有规定外，应当向机构所在地或者居住地的主管税务机关申报纳税。

（2）纳税人委托加工应税消费品，除受托方为个人外，由受托方向其机构所在地或者居住地的主管税务机关申报纳税。受托方为个人的，由委托方向其机构所在地的主管税务机关申报纳税。

（3）纳税人进口应税消费品，由进口人或者代理人向报关地海关申报纳税。

（4）纳税人到外县（市）销售或者委托外县（市）代销自产应税消费品，于应税消费品销售后，向机构所在地或者居住地的主管税务机关申报纳税。

纳税人的总机构与分支机构不在同一县（市），但在同一省（自治区、直辖市）范围内，经省（自治区、直辖市）财政厅（局）、税务局审批同意，可以由总机构汇总向总机构所在地的主管税务机关申报纳税。

四、办理纳税申报

（一）通过办税服务厅办理纳税申报

表 2-8 的填写说明

纳税人通过办税服务厅办理纳税申报时，应如实填写《消费税及附加税费申报表》（见表 2-8）。

表 2-8　消费税及附加税费申报表

税款所属期：自　　年　　月　　日至　　年　　月　　日

纳税人识别号（统一社会信用代码）：□□□□□□□□□□□□□□□□□□

纳税人名称：　　　　　　　　　　　　　　　　　金额单位：人民币元（列至角分）

项目 应税消费品名称	适用税率		计量单位	本期销售数量	本期销售额	本期应纳税额
	定额税率	比例税率				
	1	2	3	4	5	6=1×4+2×5
合计	—	—	—	—	—	

	栏次	本期税费额
本期减（免）税额	7	
期初留抵税额	8	
本期准予扣除税额	9	
本期应扣除税额	10=8+9	
本期实际扣除税额	11［10<（6−7），则为 10，否则为 6−7］	
期末留抵税额	12=10−11	
本期预缴税额	13	
本期应补（退）税额	14=6−7−11−13	
城市维护建设税本期应补（退）税额	15	
教育费附加本期应补（退）费额	16	
地方教育附加本期应补（退）费额	17	

声明：此表是根据国家税收法律法规及相关规定填写的，本人（单位）对填报内容（及附带资料）的真实性、可靠性、完整性负责。

纳税人（签章）：　　　　　年　　月　　日

经办人： 经办人身份证号： 代理机构签章： 代理机构统一社会信用代码：	受理人： 受理税务机关（章）： 受理日期：　　　　年　　月　　日

注：本表第 15、16、17 栏的填写说明详见项目三。

（二）通过电子税务局办理纳税申报

纳税人可以参考以下步骤在电子税务局办理纳税申报。

步骤 1▶ 打开电子税务局官网（以国家税务总局福建省电子税务局为例），单击“我要办税”按钮，进入“统一身份认证”页面。选择“企业业务”选项，填写企业身份信息，单击“登录”按钮，进入电子税务局。

步骤 2▶ 选择“我要办税”选项，单击“税费申报及缴纳”按钮，进入“申报”页面。

步骤 3▶ 在左侧菜单栏选择“申报税（费）清册”/“按期应申报”选项，进入“按期应申报”页面。单击“消费税及附加税费申报表”右侧的“填写申报表”按钮，进入“申报”页面。

步骤 4▶ 根据实际情况准确填写报表列表所示的《消费税及附加税费申报表》及其附列资料，如图 2-1 所示，系统会自动生成附加税费的相关数据。

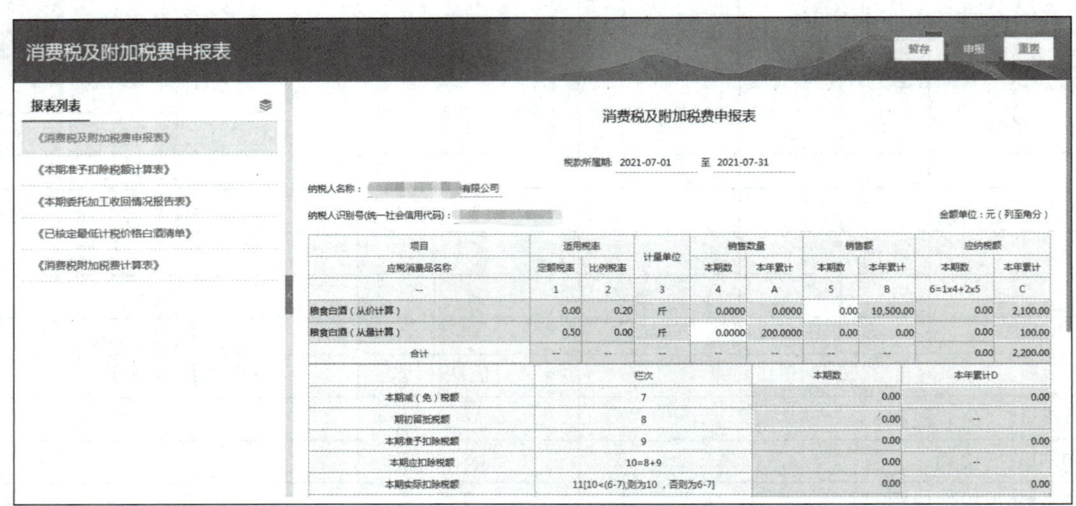

消费税及附加税费申报表

税款所属期：2021-07-01 至 2021-07-31

纳税人名称：有限公司

纳税人识别号(统一社会信用代码)：

金额单位：元（列至角分）

项目	适用税率		计量单位	销售数量		销售额		应纳税额	
应税消费品名称	定额税率	比例税率		本期数	本年累计	本期数	本年累计	本期数	本年累计
--	1	2	3	4	A	5	B	6=1x4+2x5	C
粮食白酒（从价计算）	0.00	0.20	斤	0.0000	0.0000	0.00	10,500.00	0.00	2,100.00
粮食白酒（从量计算）	0.50	0.00	斤	0.0000	200.0000	0.00	0.00	0.00	100.00
合计	--	--	--	--	--	--	--	0.00	2,200.00

	栏次	本期数	本年累计D
本期减（免）税额	7	0.00	0.00
期初留抵税额	8	0.00	--
本期准予扣除税额	9	0.00	0.00
本期应扣除税额	10=8+9	0.00	--
本期实际扣除税额	11[10<(6-7),则为10，否则为6-7]	0.00	0.00

图 2-1 报表列表所示的资料

（图片来源：国家税务总局福建省税务局官网）

步骤 5▶ 填写完毕并确认数据无误后，单击“申报”按钮，系统弹出“提示”对话框，单击“确定”/“申报”按钮，系统弹出“申报成功”对话框，即表示消费税申报成功。

任务实施 »

〔步骤 1〕填写《消费税及附加税费申报表》的附表《本期准予扣除税额计算表》。

（1）第 7 栏。

本期购进应税消费品买价=600 000 元（业务 3）

（2）第 8 栏。

期末库存外购应税消费品买价=600 000×（1−40%）=360 000 元（业务 3 和业务 4）

（3）第 11 栏。

本期准予扣除外购应税消费品已纳税款=（600 000−360 000）×15% =36 000 元

消费税纳税申报表的填写示例

〔步骤2〕填写《消费税及附加税费申报表》。

（1）第5栏。

本期销售额=3 010 000+2 000 000+150 000+176 000=5 336 000元（业务2、业务4、业务5和业务6）

（2）第6栏。

本期应纳税额=5 336 000×15%=800 400元

（3）第9栏。

本期准予扣除税额=36 000元（附表《本期准予扣除税额计算表》）

（4）第14栏。

本期应补（退）税额=800 400−36 000=764 400元

任务三　筹划消费税

任务导入

1．筹划案例

A化妆品厂将自产的高档化妆品、普通洗发护发品等组成成套化妆品销售。每套化妆品由下列产品组成：1支200元的口红、1瓶500元的香水、1瓶20元的洗发露、1瓶20元的护发素。已知高档化妆品适用的消费税税率为15%。假设上述产品的价格均不含增值税。

2．任务要求

不考虑其他因素，请对上述业务进行纳税筹划，帮助A化妆品厂制订消费税税负最低的销售方案。

一、销售方式的纳税筹划

企业若要达到节税的目的，可以将销售折扣和实物折扣变为折扣销售，一方面可以降低产品单价，使产品适用较低的消费税税率，进而降低消费税税负；另一方面可以避免发生视同销售行为，进而降低增值税税负。

【具体案例】

甲公司是一家啤酒生产企业（一般纳税人）。2024年1月，甲公司准备开展“买4吨送1吨”的啤酒促销活动，预计销售啤酒200吨，赠送啤酒50吨。已知每吨啤酒的原价为3 500元（不含增值税）。不考虑其他因素，请以降低消费税税负和增值税税负为目的，对上述业务进行纳税筹划。

【筹划思路】

方案一：若选择实物折扣的销售方式，则赠送的啤酒视同销售计税。由于每吨啤酒的售价高于3 000元，所以啤酒适用的消费税定额税率为250元/吨。

应缴纳的消费税税额=（200+50）×250=62 500 元

应缴纳的增值税税额=（200+50）×3 500×13%=113 750 元

方案二：若将实物折扣改为折扣销售（8 折销售啤酒）的销售方式，则每吨啤酒的售价为 2 800 元（3 500×80%）。在这种情况下，甲公司的收入并没有受到实质影响。由于每吨啤酒的售价低于 3 000 元，所以啤酒适用的消费税定额税率为 220 元/吨。

应缴纳的消费税税额=（200+50）×220=55 000 元

应缴纳的增值税税额=（200+50）×2 800×13%=91 000 元

【筹划结论】

根据计算结果，方案二与方案一相比，在消费税方面可以节税 7 500 元（62 500−55 000），在增值税方面可以节税 22 750 元（113 750−91 000）。因此，若以实现消费税税负和增值税税负最小化为纳税筹划目标，甲公司应选择方案二。

二、成套消费品的纳税筹划

税法规定，将不同税率的应税消费品组成成套消费品销售的，从高适用税率。因此，企业应认真考虑是否有必要将不同税率的应税消费品组成成套消费品。对于有必要组成成套消费品的情况，企业可以采取变“先组合后销售”为“先销售后组合”的方式降低消费税税负，增加企业的经济收益。具体的操作方法如下：企业将各种产品分类销售给零售商，再由零售商将各种产品组成成套消费品对外销售。

【具体案例】

乙公司是一家酒类生产企业（一般纳税人）。为进一步扩大销售规模，乙公司将生产的白酒与果木酒组成礼品套装进行销售。每个礼品套装包含 1 瓶 500 克的白酒和 1 瓶 500 克的果木酒，不含增值税的单价为 100 元（白酒 40 元、果木酒 60 元）。

2024 年 2 月，乙公司对外销售 700 套礼品套装。已知白酒适用的消费税比例税率为 20%，消费税定额税率为 0.5 元/500 克；果木酒适用的消费税比例税率为 10%。假设礼品套装的包装属于简易包装，包装费忽略不计。不考虑其他因素，请以降低消费税税负为目的，对上述业务进行纳税筹划。

【筹划思路】

方案一：采取“先组合后销售”的方式。果木酒不仅要按 20%的高比例税率从价计税，而且要按每 500 克 0.5 元的定额税率从量计税。

应缴纳的消费税税额=（40+60）×700×20%+700×2×0.5=14 700 元

方案二：采取“先销售后组合”的方式，即先将白酒和果木酒分别销售给零售商，然后由零售商将其组成礼品套装对外销售。在这种情况下，果木酒不仅可以按 10%的低比例税率从价计税，而且不必按每 500 克 0.5 元的定额税率从量计税。

应缴纳的消费税税额=40×700×20%+700×0.5+60×700×10%=10 150 元

【筹划结论】

根据计算结果，方案二比方案一节税 4 550 元（14 700−10 150）。因此，若以实现消费税税负最小化为纳税筹划目标，乙公司应选择方案二。

任务实施

〔步骤 1〕纳税筹划过程：计算每种方案应缴纳的消费税税额。

方案一：采取“先组合后销售”的方式。

应缴纳的消费税税额=（200+500+20+20）×15%=111 元

方案二：采取“先销售后组合”的方式。

应缴纳的消费税税额=（200+500）×15%=105 元

〔步骤 2〕纳税筹划结果分析。

根据计算结果，方案二比方案一节税 6 元（111−105）。因此，若以实现消费税税负最小化为纳税筹划目标，A 化妆品厂应选择方案二。

〔步骤 3〕纳税筹划点评。

在实际生活中，很多工业企业销售应税消费品时，为图方便而习惯采用“先组合后销售”的方式，增加不必要的税负。因此，企业在制订应税消费品的销售方案时，应充分考虑税收因素，通过优化产品组合方案，降低税负，提高盈利能力和竞争力。

综合知识测试

一、单项选择题

1．进口的应税消费品，适用从价定率方法计税的，其计税依据为（　　）。

A．关税完税价格　　B．组成计税价格

C．市场销售价格　　D．同类商品价格

2．某厂将一批自产的高档化妆品用作职工福利。已知该批高档化妆品无同类产品市场销售价格，其生产成本为 10 000 元，成本利润率为 5%，适用的消费税税率为 15%。则该批高档化妆品应缴纳的消费税税额为（　　）元。

A．0　　B．1 852.94　　C．1 500　　D．1 575

3．下列各项中，在零售环节加征消费税的是（　　）。

A．高档化妆品　　B．鞭炮、焰火

C．超豪华小汽车　　D．成本油

4．纳税人将不同税率的应税消费品组成成套消费品销售的，应按应税消费品的（　　）计算纳税。

A．平均税率　　B．最高税率

C．不同税率分别　　D．最低税率

5．下列对外销售的成品油中，目前暂缓征收消费税的是（　　）。

A．航空煤油　　B．溶剂油

C．润滑油　　D．燃料油

二、多项选择题

1．下列各项中，符合消费税纳税义务发生时间规定的有（　　）。

A．进口应税消费品的，纳税义务发生时间为取得进口货物的当天

B．自产自用应税消费品的，纳税义务发生时间为移送使用的当天

C．委托加工应税消费品的，纳税义务发生时间为支付加工费的当天

D．销售应税消费品并采取预收货款结算方式的，纳税义务发生时间为发出应税消费品的当天

2．纳税人自产的应税消费品，用于（　　）的应缴纳消费税。

A．连续生产应税消费品　　B．对外投资

C．在建工程　　D．职工福利

3．某酒厂销售白酒，收取的下列款项中，应并入销售额缴纳消费税的有（　　）。

A．运输装卸费　　B．优质费

C．包装物租金　　D．储备费

4．某高尔夫球生产企业是一般纳税人。10 月，企业用 5 箱自产的高尔夫球换取一批生产材料。已知，当月高尔夫球不含增值税的平均销售单价为 25 000 元，最高销售单价为 26 000 元，适用的增值税税率为 13%，适用的消费税税率为 10%。下列各项中，计算正确的有（　　）。

A．应缴纳的增值税税额=25 000×5×13%=16 250 元

B．应缴纳的增值税税额=26 000×5×13%=16 900 元

C．应缴纳的消费税税额=25 000×5×10%=12 500 元

D．应缴纳的消费税税额=26 000×5×10%=13 000 元

5．根据消费税的现行规定，下列车辆属于“小汽车”税目征收范围的有（　　）。

A．中轻型商用客车　　B．雪地车

C．乘用车　　D．高尔夫球场摆渡车

三、综合题

甲公司为一般纳税人，主要从事酒及卷烟的生产和销售业务。已知，粮食白酒适用的消费税税率为比例税率 20%，定额税率 0.5 元/500 克；甲类卷烟适用的消费税税率为比例税率 56%，定额税率 150 元/箱；烟丝适用的消费税税率为 30%；各产品适用的增值税税率为 13%。

2023 年 8 月，甲公司发生如下经济业务（假设取得的扣税凭证均符合抵扣规定）。

（1）3 日，向某大型商场销售 14 吨自产的粮食白酒，开具增值税专用发票，取得不含增值税销售额 200 000 元，增值税税额 26 000 元，款项已收。

（2）9 日，向某单位销售 7 吨自产的粮食白酒，开具普通发票，取得含增值税销售额 113 000 元，款项已收。

（3）13 日，将 1 吨自产的粮食白酒用作职工福利。该批粮食白酒的总成本为 2 700 元，无同类产品市场销售价格，成本利润率为 5%。

（4）16 日，收回 3 吨委托丁加工厂加工的粮食白酒。甲公司提供的原材料成本为 139 480 元（上月已发出），支付不含增值税的加工费 30 000 元。该批粮食白酒无同类产品市

场销售价格。甲公司将粮食白酒收回后直接不加价销售。

（5）月初库存的外购烟丝的买价为 300 000 元，月末库存的外购烟丝的买价为 500 000 元。本月从乙生产企业购进烟丝，取得的增值税专用发票上注明金额 2 000 000 元、税额 260 000 元。本月领用的外购烟丝全部用来生产甲类卷烟。25 日，将生产的 160 箱甲类卷烟全部销售，取得不含增值税销售额 4 000 000 元，款项已收。

要求：根据上述经济业务，计算甲公司本月应缴纳的消费税税额。

综合能力评价

学生配合指导教师共同完成综合能力评价表（见表 2-9）。

表 2-9　综合能力评价表

<table>
<tr><td>班级</td><td colspan="2"></td><td>组号</td><td></td><td>日期</td><td colspan="2"></td></tr>
<tr><td>姓名</td><td colspan="2"></td><td>学号</td><td></td><td>指导教师</td><td colspan="2"></td></tr>
<tr><td>项目名称</td><td colspan="7">消费税智慧化申报与管理</td></tr>
<tr><td rowspan="2">评价维度</td><td rowspan="2">一级指标</td><td colspan="2" rowspan="2">二级指标</td><td rowspan="2">评价标准</td><td rowspan="2">分值</td><td colspan="2">评分</td></tr>
<tr><td>自评</td><td>师评</td></tr>
<tr><td rowspan="6">知识评价（40 分）</td><td rowspan="3">重难点知识</td><td colspan="2">掌握消费税的税务规定</td><td>能答对相关习题，并能用自己的话概括消费税的税务规定</td><td>5</td><td></td><td></td></tr>
<tr><td colspan="2">掌握消费税的计算方法和纳税筹划方法</td><td>能答对相关习题，并能用简洁的话概括消费税的计算方法和纳税筹划方法</td><td>7</td><td></td><td></td></tr>
<tr><td colspan="2">掌握消费税的智慧化申报方法</td><td>能列举纳税人需要填写的纳税申报资料，并能用自己的话概括纳税申报步骤</td><td>7</td><td></td><td></td></tr>
<tr><td rowspan="3">操作技能</td><td colspan="3">能正确计算消费税的应纳税额</td><td>8</td><td></td><td></td></tr>
<tr><td colspan="3">能按期申报和缴纳消费税</td><td>8</td><td></td><td></td></tr>
<tr><td colspan="3">能灵活运用纳税筹划方法，合理筹划消费税</td><td>5</td><td></td><td></td></tr>
<tr><td rowspan="5">能力评价（30 分）</td><td rowspan="3">自主学习能力</td><td colspan="2">预习能力</td><td>能概述本项目的主要知识点</td><td>6</td><td></td><td></td></tr>
<tr><td colspan="2">课堂学习能力</td><td>认真听讲，积极参与课堂互动</td><td>6</td><td></td><td></td></tr>
<tr><td colspan="2">反思改进能力</td><td>反思在预习和课堂学习中出现的问题，巩固所学知识，改进学习方法</td><td>6</td><td></td><td></td></tr>
<tr><td rowspan="2">人际交往能力</td><td colspan="2">团队协作能力</td><td>积极参与活动，与小组成员配合默契</td><td>6</td><td></td><td></td></tr>
<tr><td colspan="2">沟通协调能力</td><td>与小组成员沟通顺畅</td><td>6</td><td></td><td></td></tr>
</table>

（续表）

评价维度	一级指标	二级指标	评价标准	分值	评分	
					自评	师评
素养评价（30 分）	职业素养	主动意识	积极学习，按时完成任务	10		
		合作与竞争意识	能以平和的心态面对同学之间的合作与竞争	10		
		创新意识	能建立所学知识与实际应用场景的联系	10		
合计				100		
总评	自评（30%）+师评（70%）=			教师（签名）：		

项目三

城市维护建设税、教育费附加和地方教育附加智慧化申报与管理

在学习本项目前，需要自问以下几个问题：

"两税税额"是什么？

城市维护建设税的税率是多少？

扫一扫右边的二维码，从相关法律法规中找到答案。

城市维护建设税的基本法律规范

素养目标

培养一丝不苟、求真务实的工作作风。

知识目标

（1）掌握城市维护建设税、教育费附加和地方教育附加的税务规定。
（2）掌握城市维护建设税、教育费附加和地方教育附加应纳税额的计算方法。
（3）掌握附加税费智慧化申报的方法。
（4）掌握城市维护建设税纳税筹划的方法。

技能目标

（1）能正确计算城市维护建设税、教育费附加和地方教育附加的应纳税额。
（2）能正确填制附加税费申报表。
（3）能对城市维护建设税进行合理、合法的纳税筹划。

知识准备

一、城市维护建设税

城市维护建设税是以纳税人实际缴纳的增值税、消费税（以下简称“两税”）的税额为计税依据而征收的一种税。征收城市维护建设税的主要目的是筹集城镇设施建设和维护的资金。

城市维护建设税的特点

（一）纳税人与扣缴义务人

在中华人民共和国境内缴纳增值税、消费税的单位和个人，为城市维护建设税的纳税人。城市维护建设税的扣缴义务人为负有增值税、消费税扣缴义务的单位和个人。

（二）征税范围

城市维护建设税的征税范围较广，具体包括城市、县城、建制镇，以及税法规定的其他地方。对进口货物或境外单位和个人向境内销售劳务、服务、无形资产缴纳的增值税税额和消费税税额（以下简称“两税税额”），不征收城市维护建设税。

（三）税率

城市维护建设税实行差别比例税率。按照纳税人所在地的不同，城市维护建设税税率共分为三档比例税率，具体如下所示。

（1）纳税人所在地为市区的，税率为7%。

（2）纳税人所在地为县城、镇的，税率为5%。

（3）纳税人所在地不在市区、县城或者镇的，税率为1%。

涉税小助手

纳税人所在地是指纳税人住所地或者与纳税人生产经营活动相关的其他地点，具体地点由省、自治区、直辖市确定。

（四）税收优惠

（1）对黄金交易所会员单位通过黄金交易所销售且发生实物交割（一种期货交割方式）的标准黄金，免征城市维护建设税。

（2）对上海期货交易所会员和客户通过上海期货交易所销售且发生实物交割并已出库的标准黄金，免征城市维护建设税。

（3）对国家重大水利工程建设基金，免征城市维护建设税。

（4）自2022年1月1日至2027年12月31日，对增值税小规模纳税人、小型微利企业和个体工商户可以在50%的税额幅度内减征城市维护建设税。

（5）自 2019 年 1 月 1 日至 2025 年 12 月 31 日，对重点群体从事个体经营的，减免城市维护建设税。

二、教育费附加和地方教育附加

教育费附加和地方教育附加是对缴纳增值税、消费税的单位和个人，就其实际缴纳的两税税额为计税依据征收的费用。教育费附加和地方教育附加是国家为了加快教育事业发展，增加教育经费而征收的专用基金。

（一）纳税人

教育费附加和地方教育附加的纳税人是在中华人民共和国境内缴纳增值税、消费税的单位和个人。

（二）征收率

现行教育费附加的征收率为 3%，地方教育附加的征收率为 2%。

（三）税收优惠

（1）对国家重大水利工程建设基金，免征教育费附加。

（2）自 2016 年 2 月 1 日起，对按月纳税的月销售额不超过 10 万元（按季度纳税的季度销售额不超过 30 万元）的纳税人，免征教育费附加和地方教育附加。

任务一　城市维护建设税智慧化申报与管理

任务导入 »

1. 基本情况

位于市区的 D 公司为一般纳税人。2023 年 11 月，D 公司的涉税资料如下：实际缴纳的增值税销项税额为 289 200 元，允许抵扣的增值税进项税额为 105 860 元，发生进项税额转出 5 200 元；实际缴纳的消费税税额为 135 460 元。

2. 任务要求

请计算 D 公司应缴纳的城市维护建设税税额。

一、计算城市维护建设税

（一）确定计税依据

城市维护建设税以纳税人依法实际缴纳的增值税税额和消费税税额为计税依据。其计算公式如下。

计税依据=依法实际缴纳的增值税税额+依法实际缴纳的消费税税额

其中，依法实际缴纳的增值税税额是指纳税人依照增值税相关法律法规和税收政策规定计算应当缴纳的增值税税额，加上增值税免抵税额，减去直接减免的增值税税额，减去期末留抵退税退还的增值税税额（以下简称“留抵退税额”）后的余额。

涉税小助手

（1）纳税人应在税务机关核准免抵税额的下一个纳税申报期内，向主管税务机关申报缴纳城市维护建设税。

（2）城市维护建设税计税依据中允许扣除的留抵退税额是指纳税人按照增值税一般计税方法确定的留抵退税额。纳税人自收到留抵退税额之日起，应当在下一个纳税申报期将其从城市维护建设税计税依据中扣除。当期未扣除完的余额，在以后纳税申报期按规定继续扣除。

（3）对于增值税小规模纳税人更正、查补此前按照一般计税方法确定的城市维护建设税计税依据，允许扣除尚未扣除完的留抵退税额。

依法实际缴纳的消费税税额是指纳税人依照消费税相关法律法规和税收政策规定计算应当缴纳的消费税税额，减去直接减免的消费税税额后的余额。

直接减免的两税税额是指依照增值税、消费税相关法律法规和税收政策规定，直接减征或免征的两税税额，不包括实行先征后返、先征后退、即征即退办法退还的两税税额。

涉税小助手

纳税人因违反增值税、消费税相关法律法规和税收政策有关规定而被加收的滞纳金和罚款，不作为城市维护建设税的计税依据。

（二）计算应纳税额

城市维护建设税应纳税额的计算公式如下。

应纳税额=计税依据×适用税率

同步税务

【例 3-1】丙企业位于某市市区。2023 年 9 月，收到增值税留抵退税额 10 万元，经税务机关核准的增值税免抵税额为 20 万元；10 月，依法缴纳的增值税税额为 100 万元。请计算丙企业 10 月应缴纳的城市维护建设税税额。

解析：

丙企业 10 月应缴纳的城市维护建设税税额=（100+20−10）×7%=7.7 万元

二、智慧化申报城市维护建设税

（一）征收管理

城市维护建设税的纳税义务发生时间与增值税、消费税的纳税义务发生时间一致，分别与

增值税、消费税同时缴纳。同时缴纳是指在缴纳两税时，应当在同一缴纳地点、同一缴纳期限内，一并缴纳对应的城市维护建设税。

采用委托代征、代扣代缴、代收代缴、预缴、补缴等方式缴纳两税的，应当同时缴纳城市维护建设税。

涉税小助手

代扣代缴不含因境外单位和个人向境内销售劳务、服务、无形资产代扣代缴增值税情形。

因纳税人多缴发生的两税退税，应同时退还已缴纳的城市维护建设税。对两税实行先征后返、先征后退、即征即退的，除另有规定外，不退还与两税同时缴纳的城市维护建设税。对出口货物退还两税的，不退还已缴纳的城市维护建设税。

（二）纳税申报

1．通过办税服务厅办理纳税申报

自 2021 年 8 月 1 日起，增值税、消费税分别与附加税费（指城市维护建设税、教育费附加、地方教育附加）申报表整合。因此，纳税人在办税服务厅申报缴纳增值税和消费税时，还需要填写《增值税及附加税费申报表附列资料（五）》（附加税费情况表）（见表 3-1）和《消费税附加税费计算表》（见表 3-2）。

涉税交流帖

增值税、消费税分别与附加税费申报表整合，实现了多税费“一张报表、一次申报、一次缴款、一张凭证”。你认为这对纳税人来说具有哪些意义？和同学讨论，说一说自己的看法。

表 3-1　增值税及附加税费申报表附列资料（五）

（附加税费情况表）

税（费）款所属时间：　　　年　月　日至　　年　月　日

纳税人名称：（公章）　　　　　　　　　　　　　金额单位：元（列至角分）

本期是否适用小微企业“六税两费”减免政策	□是　□否	减免政策适用主体	□个体工商户　□小型微利企业
		适用减免政策起止时间	年　月至　年　月

税（费）种		计税（费）依据			税（费）率（%）	本期应纳税（费）额	本期减免税（费）额		小微企业“六税两费”减免政策		试点建设培育产教融合型企业		本期已缴税（费）额	本期应补（退）税（费）额
		增值税税额	增值税免抵税额	留抵退税本期扣除额			减免性质代码	减免税（费）额	减征比例（%）	减征额	减免性质代码	本期抵免金额		
		1	2	3	4	5=（1+2−3）×4	6	7	8	9=（5−7）×8	10	11	12	13=5−7−9−11−12
城市维护建设税	1										—	—		
教育费附加	2													

（续表）

税（费）种		计税（费）依据			税（费）率（%）	本期应纳税（费）额	本期减免税（费）额		小微企业“六税两费”减免政策		试点建设培育产教融合型企业		本期已缴税（费）额	本期应补（退）税（费）额
		增值税税额	增值税免抵税额	留抵退税本期扣除额			减免性质代码	减免税（费）额	减征比例（%）	减征额	减免性质代码	本期抵免金额		
		1	2	3	4	5=（1+2−3）×4	6	7	8	9=（5−7）×8	10	11	12	13=5−7−9−11−12
地方教育附加	3													
合计	4	—	—	—	—				—		—			

本期是否适用试点建设培育产教融合型企业抵免政策	□是　□否	当期新增投资额	5	
		上期留抵可抵免金额	6	
		结转下期可抵免金额	7	
可用于扣除的增值税留抵退税额使用情况		当期新增可用于扣除的留抵退税额	8	
		上期结存可用于扣除的留抵退税额	9	
		结转下期可用于扣除的留抵退税额	10	

注：根据《关于进一步实施小微企业“六税两费”减免政策的公告》（财政部 税务总局公告 2022 年第 10 号）的规定，本表的适用期限为 2022 年 1 月 1 日至 2024 年 12 月 31 日。

表 3-2　消费税附加税费计算表

金额单位：元（列至角分）

本期是否适用小微企业“六税两费”减免政策	□是　□否	减免政策适用主体	增值税小规模纳税人：□是　□否
			增值税一般纳税人：□个体工商户　□小型微利企业
		适用减免政策起止时间	年　月至　年　月

税（费）种	计税（费）依据	税（费）率（%）	本期应纳税（费）额	本期减免税（费）额		小微企业“六税两费”减免政策		本期已缴税（费）额	本期应补（退）税（费）额
	消费税税额			减免性质代码	减免税（费）额	减征比例（%）	减征额		
	1	2	3=1×2	4	5	6	7=（3−5）×6	8	9=3−5−7−8
城市维护建设税									
教育费附加									
地方教育附加									
合计	—	—		—		—			

注：根据《关于进一步实施小微企业“六税两费”减免政策的公告》（财政部 税务总局公告 2022 年第 10 号）的规定，本表的适用期限为 2022 年 1 月 1 日至 2024 年 12 月 31 日。

表 3-1 的填写说明

表 3-2 的填写说明

2. 通过电子税务局办理纳税申报

纳税人在电子税务局填写增值税、消费税相关申报信息后，系统会将相关数据自动带入附加税费附列资料，具体操作步骤如下。

步骤 1▶ 打开电子税务局官网（以国家税务总局福建省电子税务局为例），单击“我要办税”按钮，进入“统一身份认证”页面。选择“企业业务”选项，填写企业身份信息，单击“登录”按钮，进入电子税务局。

步骤 2▶ 参考消费税的纳税申报步骤，在“消费税及附加税费申报表”页面准确填写《消费税及附加税费申报表》（以下简称“主表”）及其附列资料。

步骤 3▶ 在左侧菜单栏选择“《消费税附加税费计算表》”选项，进入“消费税附加税费计算表”页面，此时主表第 14 栏显示的“本期应补（退）税额”数据会自动带入《消费税附加税费计算表》第 1 列“计税依据”。

步骤 4▶ 系统会自动判断企业本期是否适用增值税小规模纳税人“六税两费”减征政策。若企业符合该政策，则第 6、7、8 列会自动带出相关数据。

步骤 5▶ 《消费税附加税费计算表》相关数据填写完毕后，系统会自动计算出第 10 列“本期应补（退）税”数据，如图 3-1 所示。系统会将“本期应补（退）税”数据分别带入主表第 15—17 栏，如图 3-2 所示。

消费税及附加税费申报表　暂存　申报　重置

消费税附加税费计算表

金额单位：元（列至角分）

）（%）	本期应纳税（费）额	本期减免税（费）额		本期是否适用增值税小规模纳税人“六税两费”减征政策：○是 ◉否			本期已缴税（费）	本期应补（退）税
		减免性质代码	减免税（费）额	小规模减征减免性质	小规模减征比例（%）	小规模减征额		
	3=1*2	4	5	6	7	8=(3-5)×7	9	10=3-5-8-9
0.070000	49.00		0.00		0.00	0.00	0.00	49.00
0.030000	21.00		0.00		0.00	0.00	0.00	21.00
0.020000	14.00		0.00		0.00	0.00	0.00	14.00
	84.00	--	0.00	--	--	0.00	0.00	84.00

图 3-1　第 10 列数据

（图片来源：国家税务总局福建省税务局官网）

步骤 6▶ 填写完毕并确认数据无误后，单击“申报”按钮，系统弹出“提示”对话框，单击“确定”/“申报”按钮，系统弹出“申报成功”对话框，即表示消费税及附加税费申报成功。

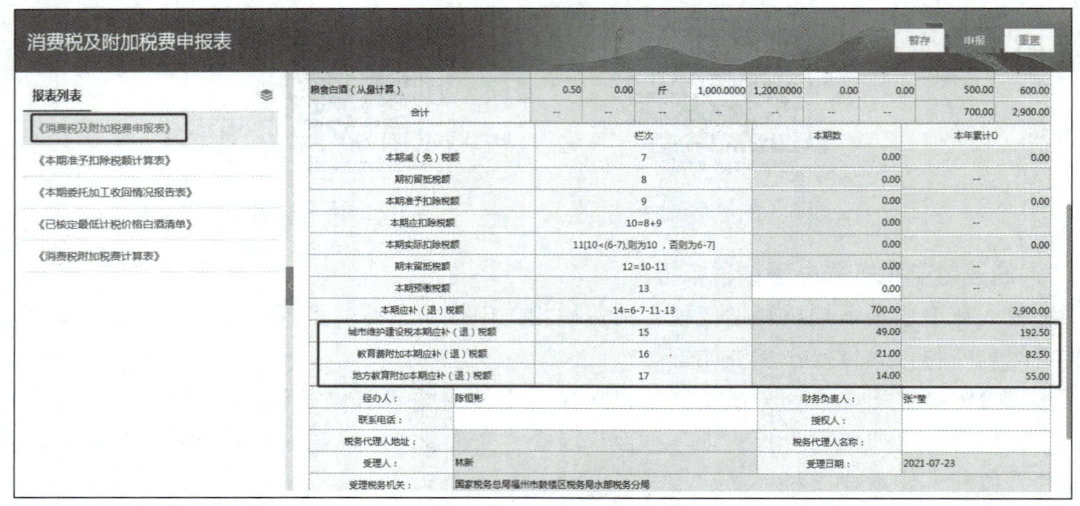

消费税及附加税费申报表

暂存 申报 重置

报表列表

《消费税及附加税费申报表》

《本期准予扣除税额计算表》

《本期委托加工收回情况报告表》

《已核定最低计税价格白酒清单》

《消费税附加税费计算表》

粮食白酒（从量计算）	0.50	0.00	斤	1,000.0000	1,200.0000	0.00	0.00	500.00	600.00
合计	--	--	--	--	--	--	--	700.00	2,900.00

	栏次	本期数	本年累计D
本期减（免）税额	7	0.00	0.00
期初留抵税额	8	0.00	--
本期准予扣除税额	9	0.00	0.00
本期应扣除税额	10=8+9	0.00	--
本期实际扣除税额	11[10<(6-7),则为10，否则为6-7]	0.00	0.00
期末留抵税额	12=10-11	0.00	--
本期预缴税额	13	0.00	--
本期应补（退）税额	14=6-7-11-13	700.00	2,900.00
城市维护建设税本期应补（退）税额	15	49.00	192.50
教育费附加本期应补（退）税额	16	21.00	82.50
地方教育附加本期应补（退）税额	17	14.00	55.00

经办人：	陈恒彬	财务负责人：	张*莹
联系电话：		授权人：	
税务代理人地址：		税务代理人名称：	
受理人：	林新	受理日期：	2021-07-23
受理税务机关：	国家税务总局福州市鼓楼区税务局水部税务分局		

图 3-2　主表第 15—17 栏数据

（图片来源：国家税务总局福建省税务局官网）

涉税小助手

小微企业“六税两费”减免政策是指，自 2022 年 1 月 1 日至 2024 年 12 月 31 日，由省、自治区、直辖市人民政府根据本地区实际情况，以及宏观调控需要确定，对小规模纳税人、小型微利企业和个体工商户可以在 50%的税额幅度内减征资源税、城市维护建设税、房产税、城镇土地使用税、印花税（不含证券交易印花税）、耕地占用税、教育费附加、地方教育附加。

小规模纳税人、小型微利企业和个体工商户已依法享受资源税、城市维护建设税、房产税、城镇土地使用税、印花税、耕地占用税、教育费附加、地方教育附加等其他优惠政策的，可叠加享受上述规定的优惠政策。

三、筹划城市维护建设税

不同地区的城市维护建设税适用不同的税率，因此，企业可以根据自身的实际情况，在不影响经济效益的前提下，选择在城市维护建设税适用税率较低的区域设立企业，以降低城市维护建设税税负。

【具体案例】

甲公司在设立之初有两个地方可供选择：一是市区；二是县城。假设无论选择哪种方案，都不会影响甲公司的经济效益，且当期甲公司应缴纳的增值税税额和消费税税额合计为 100 万元。不考虑其他因素，请以降低城市维护建设税税负为目的，对上述业务进行纳税筹划。

【筹划思路】

方案一：将公司设在市区。

应缴纳的城市维护建设税税额=100×7%=7 万元

方案二：将公司设在县城。

应缴纳的城市维护建设税税额=100×5%=5 万元

【筹划结论】

根据计算结果，方案二比方案一节税 2 万元（7−5）。因此，若以实现城市维护建设税税负最小化为纳税筹划目标，甲公司应选择方案二。

任务实施

计算 D 公司应缴纳的城市维护建设税税额。

实际缴纳的增值税税额=289 200−（105 860−5 200）=188 540 元

城市维护建设税的计税依据=188 540+135 460=324 000 元

应缴纳的城市维护建设税税额=324 000×7%=22 680 元

任务二　教育费附加和地方教育附加智慧化申报与管理

任务导入

（接本项目任务一）

（1）请计算 D 公司应缴纳的教育费附加和地方教育附加。

（2）2023 年 12 月 10 日，D 公司办理增值税、消费税的纳税申报，请填写《增值税及附加税费申报表附列资料（五）》（附加税费情况表）和《消费税附加税费计算表》。

一、计算教育费附加和地方教育附加

（一）确定计税依据

教育费附加、地方教育附加的计税依据与城市维护建设税的计税依据一致。

（二）计算应纳税额

教育费附加应纳税额、地方教育附加应纳税额的计算公式如下。

教育费附加应纳税额=计税依据×征收率（3%）

地方教育附加应纳税额=计税依据×征收率（2%）

二、智慧化申报教育费附加和地方教育附加

教育费附加和地方教育附加的征收管理同城市维护建设税。纳税人应按照税法的有关规定及时办理纳税申报（可以参考城市维护建设税纳税申报的方法），并正确填写《增值税及附加税费申报表附列资料（五）》（附加税费情况表）和《消费税附加税费计算表》。

修身笃行

涉税人员应当遵守法律、行政法规、部门规章及规范性文件的要求，不得歪曲解读税收政策，不得有任何损害职业声誉的行为。

任务实施

〔步骤1〕计算D公司应缴纳的教育费附加和地方教育附加。

教育费附加和地方教育附加的计税依据与城市维护建设税的计税依据相同，为324 000元。

应缴纳的教育费附加=324 000×3%=9 720元

应缴纳的地方教育附加=324 000×2%=6 480元

〔步骤2〕填写《增值税及附加税费申报表附列资料（五）》（附加税费情况表）和《消费税附加税费计算表》。

纳税申报表的填写示例

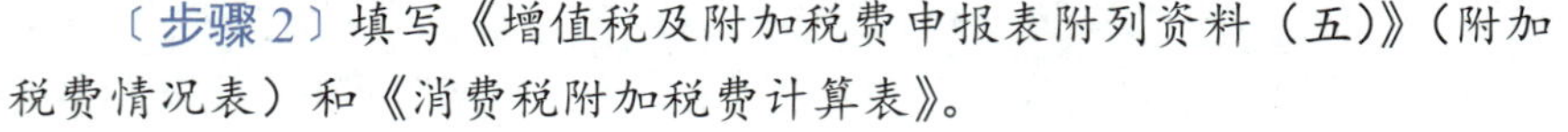

综合知识测试

一、单项选择题

1．企业缴纳的下列税费中，应作为城市维护建设税计税依据的是（　　）。

A．当期实际缴纳的增值税税额

B．当期免征和减征的增值税税额

C．补缴增值税、消费税时缴纳的罚款

D．进口货物缴纳的消费税税额

2．2022年12月，位于市区的甲企业之前由于纳税申报错误未享受优惠政策，申请退还多缴的增值税税额和消费税税额共计150万元；同时当月申请的增值税即征即退税额为100万元。当月该企业应申请退还城市维护建设税（　　）万元。

A．17.5　　B．12.5　　C．10.5　　D．7.5

3．2022年10月，位于市区的甲企业申报缴纳增值税100万元，其中因进口货物申报缴纳增值税50万元。当月该企业应缴纳城市维护建设税（　　）万元。

A．7　　B．5　　C．3.5　　D．2.5

4．2022 年 10 月，位于县城的乙企业申报缴纳增值税 90 万元，申报缴纳消费税 30 万元。当月该企业应缴纳城市维护建设税（　　）万元。

A．8.4　　B．6　　C．4.5　　D．1.2

5．下列各项中，不符合教育费附加和地方教育附加规定的是（　　）。

A．纳税人缴纳消费税的地点就是该纳税人缴纳教育费附加和地方教育附加的地点

B．对国家重大水利工程建设基金，免征教育费附加

C．教育费附加和地方教育附加的纳税义务发生时间与增值税的纳税义务发生时间一致

D．纳税人因延迟缴纳增值税而被加收的滞纳金，需要补缴教育费附加和地方教育附加

二、多项选择题

1．计算城市维护建设税计税依据时，准予直接减免的两税税额不包括实行（　　）办法退还的两税税额。

A．直接减征　　B．先征后返　　C．先征后退　　D．即征即退

2．城市维护建设税税率按照纳税人所在地的不同，共设置了（　　）三栏比例税率。

A．7%　　B．5%　　C．3%　　D．1%

3．教育费附加和地方教育附加以纳税人实际缴纳的（　　）税额为计税依据。

A．增值税　　B．关税

C．消费税　　D．城市维护建设税

4．下列关于教育费附加的规定，说法正确的有（　　）。

A．纳税人因进口货物缴纳的增值税税额、消费税税额，不作为教育费附加的计税依据

B．对出口货物退还增值税、消费税的，可同时退还已缴纳的教育费附加

C．现行教育费附加的征收率为 3%

D．教育费附加单独缴纳，不与增值税、消费税同时缴纳

5．下列关于城市维护建设税的规定，说法正确的有（　　）。

A．对出口货物退还增值税的，可同时退还已缴纳的城市维护建设税

B．纳税人因进口货物或境外单位和个人向境内销售劳务、服务、无形资产缴纳增值税、消费税的，不需要缴纳城市维护建设税

C．对两税实行先征后退办法的，除另有规定外，不退还与两税同时缴纳的城市维护建设税

D．对两税实行即征即退办法的，除另有规定外，不退还与两税同时缴纳的城市维护建设税

三、综合题

位于市区的乙实业有限责任公司（以下简称“乙公司”）为一般纳税人。2023 年 10 月，乙公司的涉税资料如下：缴纳的增值税销项税额为 550 000 元，因国内采购货物允许抵扣的增值税进项税额为 150 000 元，因进口货物缴纳增值税 50 000 元，缴纳消费税 130 000 元（含进口环节缴纳的消费税 70 000 元），另外缴纳进口关税 160 000 元。

要求：请计算乙公司 10 月应缴纳的城市维护建设税税额、教育费附加和地方教育附加。

综合能力评价

学生配合指导教师共同完成综合能力评价表（见表 3-3）。

表 3-3　综合能力评价表

<table>
<tr><td>班级</td><td></td><td colspan="2">组号</td><td></td><td colspan="2">日期</td><td></td></tr>
<tr><td>姓名</td><td></td><td colspan="2">学号</td><td></td><td colspan="2">指导教师</td><td></td></tr>
<tr><td>项目名称</td><td colspan="7">城市维护建设税、教育费附加和地方教育附加智慧化申报与管理</td></tr>
<tr><td rowspan="2">评价维度</td><td rowspan="2">一级指标</td><td rowspan="2">二级指标</td><td rowspan="2">评价标准</td><td rowspan="2">分值</td><td colspan="2">评分</td></tr>
<tr><td>自评</td><td>师评</td></tr>
<tr><td rowspan="6">知识评价（40 分）</td><td rowspan="3">重难点知识</td><td>掌握城市维护建设税、教育费附加和地方教育附加的税务规定</td><td>能答对相关习题，并能用自己的话概括城市维护建设税、教育费附加和地方教育附加的税务规定</td><td>5</td><td></td><td></td></tr>
<tr><td>掌握城市维护建设税、教育费附加、地方教育附加的计算方法和纳税筹划方法</td><td>能答对相关习题，并能用简洁的话概括城市维护建设税、教育费附加、地方教育附加的计算方法和纳税筹划方法</td><td>7</td><td></td><td></td></tr>
<tr><td>掌握城市维护建设税、教育费附加和地方教育附加的智慧化申报方法</td><td>能列举纳税人需要填写的纳税申报资料，并能用自己的话概括纳税申报步骤</td><td>7</td><td></td><td></td></tr>
<tr><td rowspan="3">操作技能</td><td colspan="2">能正确计算城市维护建设税、教育费附加、地方教育附加的应纳税额</td><td>8</td><td></td><td></td></tr>
<tr><td colspan="2">能按期申报和缴纳城市维护建设税、教育费附加和地方教育附加</td><td>8</td><td></td><td></td></tr>
<tr><td colspan="2">能合理筹划城市维护建设税</td><td>5</td><td></td><td></td></tr>
<tr><td rowspan="5">能力评价（30 分）</td><td rowspan="3">自主学习能力</td><td>预习能力</td><td>能概述本项目的主要知识点</td><td>6</td><td></td><td></td></tr>
<tr><td>课堂学习能力</td><td>认真听讲，积极参与课堂互动</td><td>6</td><td></td><td></td></tr>
<tr><td>反思改进能力</td><td>反思在预习和课堂学习中出现的问题，巩固所学知识，改进学习方法</td><td>6</td><td></td><td></td></tr>
<tr><td rowspan="2">人际交往能力</td><td>团队协作能力</td><td>积极参与活动，与小组成员配合默契</td><td>6</td><td></td><td></td></tr>
<tr><td>沟通协调能力</td><td>与小组成员沟通顺畅</td><td>6</td><td></td><td></td></tr>
<tr><td rowspan="3">素养评价（30 分）</td><td rowspan="3">职业素养</td><td>主动意识</td><td>积极学习，按时完成任务</td><td>10</td><td></td><td></td></tr>
<tr><td>合作与竞争意识</td><td>能以平和的心态面对同学之间的合作与竞争</td><td>10</td><td></td><td></td></tr>
<tr><td>创新意识</td><td>能建立所学知识与实际应用场景的联系</td><td>10</td><td></td><td></td></tr>
<tr><td colspan="4">合计</td><td>100</td><td></td><td></td></tr>
<tr><td>总评</td><td colspan="3">自评（30%）+师评（70%）=</td><td colspan="3">教师（签名）：</td></tr>
</table>

单税申报篇

项目四

企业所得税智慧化申报与管理

在学习本项目前，需要自问以下几个问题：

企业所得税的纳税人是谁？

不同的企业适用的企业所得税税率是否相同？

扫一扫右边的二维码，从相关法律法规中找到答案。

企业所得税的基本法律规范

素养目标

（1）坚持原则、廉洁奉公。

（2）依法、合规地维护企业的正当权益。

知识目标

（1）掌握企业所得税的税务规定。

（2）掌握企业所得税应纳税额的计算方法。

（3）掌握企业所得税智慧化申报的方法。

（4）掌握企业所得税纳税筹划的方法。

技能目标

（1）能正确计算企业所得税的应纳税额。

（2）能正确填制企业所得税的纳税申报表。

（3）能对企业所得税进行合法、合理的纳税筹划。

知识准备

企业所得税是对中华人民共和国境内的企业（不包括个人独资企业、合伙企业）和其他取得收入的组织，以其生产经营所得和其他所得为征税对象而征收的一种税。征收企业所得税不仅有利于企业改善经营管理活动，提升企业的盈利能力，还有利于国家调整产业结构，促进经济发展，并为国家建设筹集财政资金。

一、纳税人

在中国境内的企业和其他取得收入的组织（以下统称“企业”）为企业所得税的纳税人。《中华人民共和国企业所得税法》（以下简称《企业所得税法》）采取地域管辖权和居民管辖权相结合的双重管辖权，把企业分为居民企业和非居民企业。

（一）居民企业

居民企业是指依法在中国境内成立的，或者依照外国（地区）法律成立但实际管理机构在中国境内的企业。其中，实际管理机构是指对企业的生产经营、人员、账务、财产等实施实质性全面管理和控制的机构。

（二）非居民企业

非居民企业是指依照外国（地区）法律成立且实际管理机构不在中国境内，但在中国境内设立机构、场所的，或者在中国境内未设立机构、场所，但有来源于中国境内所得的企业。

上述所称“机构、场所”，是指在中国境内从事生产经营活动的机构、场所，具体包括以下几项：① 管理机构、营业机构、办事机构；② 工厂、农场、开采自然资源的场所；③ 提供劳务的场所；④ 从事建筑、安装、装配、修理、勘探等工程作业的场所；⑤ 其他从事生产经营活动的机构、场所。

非居民企业委托营业代理人在中国境内从事生产经营活动的，包括委托单位或者个人经常代其签订合同，或者储存、交付货物等，该营业代理人视为非居民企业在中国境内设立的机构、场所。

二、征税对象

企业所得税的征税对象是指企业的生产经营所得、其他所得和清算所得。

（一）居民企业的征税对象

居民企业应当就其来源于中国境内、境外的所得缴纳企业所得税。所得包括销售货物所得，提供劳务所得，转让财产所得，股息、红利等权益性投资所得，利息所得，租金所得，特许权使用费所得，接受捐赠所得和其他所得。

（二）非居民企业的征税对象

非居民企业在中国境内设立机构、场所的，应当就其所设机构、场所取得的来源于中国境内的所得，以及发生在中国境外但与其所设机构、场所有实际联系的所得，缴纳企业所得税。

非居民企业在中国境内未设立机构、场所的，或者虽设立机构、场所但取得的所得与其所设机构、场所没有实际联系的，应当就其来源于中国境内的所得缴纳企业所得税。

上述所称“实际联系”，是指非居民企业在中国境内设立的机构、场所拥有的据以取得所得的股权、债权，以及拥有、管理、控制据以取得所得的财产。

涉税窗口

所得来源的确定

来源于中国境内、境外的所得，按照表 4-1 所示的规定进行确定。

表 4-1　所得来源的确定

情形		规定
销售货物所得		按照交易活动发生地确定
提供劳务所得		按照劳务发生地确定
转让财产所得	转让不动产所得	按照不动产所在地确定
	转让动产所得	按照转让动产的企业或者机构、场所所在地确定
	转让权益性投资资产所得	按照被投资企业所在地确定
股息、红利等权益性投资所得		按照分配所得的企业所在地确定
利息所得、租金所得、特许权使用费所得		按照负担、支付所得的企业或者机构、场所所在地确定，或者按照负担、支付所得的个人的住所地确定
其他所得		由国务院财政、税务主管部门确定

三、税率

企业所得税实行比例税率，具体如表 4-2 所示。

表 4-2　企业所得税的税率

税率		适用对象
基本税率	25%	居民企业
		在中国境内设有机构、场所且所得与其所设机构、场所有关联的非居民企业
优惠税率	20%	符合条件的小型微利企业（应纳税所得额还有额外减计规定）
	15%	（1）国家重点扶持的高新技术企业 （2）经认定的技术先进型服务企业 （3）享有地域性税率优惠政策的企业（如设在西部地区的鼓励类企业）
低税率	20%（实际减按 10%）	在中国境内未设立机构、场所的，或者虽设立机构、场所但所得与其所设机构、场所没有实际联系的非居民企业

四、税收优惠

企业所得税的税收优惠方式

企业所得税的税收优惠方式包括免征与减征、加计扣除、加速折旧、减计收入、税额抵免等。

任务一 计算企业所得税

任务导入

1. 企业概况

甲公司（非制造业企业）为我国居民企业，适用的企业所得税税率为25%。甲公司分别在A国和B国设有分支机构，其中A国适用的企业所得税税率为30%，B国适用的企业所得税税率为20%。甲公司的企业所得税按年计算，分月预缴，年终汇算清缴。

2. 2023年度收支情况

（1）取得销售收入6 000万元。

（2）发生销售成本3 000万元。

（3）发生销售费用1 320万元，含广告费和业务宣传费1 000万元；发生管理费用1 200万元，含业务招待费40万元、新产品研究开发费用75万元；发生财务费用100万元（均为利息支出）。

（4）发生各种税金400万元，含增值税税额300万元。

（5）计提固定资产减值准备35万元，计提无形资产减值准备45万元。

（6）取得营业外收入200万元；发生营业外支出154万元，其中通过公益性社会团体向山区捐款80万元，支付行政性罚款70万元，发生其他支出4万元。

（7）取得直接投资于其他居民企业连续12个月以上的权益性投资收益80万元。

（8）计入成本、费用中的实发工资总额为850万元，工会经费为17万元，职工福利费为125万元，职工教育经费为73万元，按规定缴纳的各类基本社会保险费为120万元、住房公积金为80万元。

（9）A国机构的税后所得为70万元，B国机构的税后所得为64万元。甲公司在A、B两国已分别缴纳企业所得税30万元、16万元。假设A、B两国的应纳税所得额的计算方法与我国税法规定相同，且甲公司选择按“分国（地区）不分项”的方法来计算抵免境外所得税税额。

（10）2023年预缴企业所得税76.25万元。

3. 任务要求

假设甲公司2023年度无以前年度亏损，请计算甲公司2023年度汇算清缴应补（退）的企业所得税税额。

一、计算居民企业应纳税额

居民企业应纳税额的基本计算公式如下。

应纳税额=应纳税所得额×适用税率−减免税额−抵免税额

其中，应纳税所得额是指企业每一纳税年度的收入总额，减去不征税收入、免税收入、各项扣除及允许弥补的以前年度亏损后的余额。减免税额和抵免税额是指依照《企业所得税法》和国务院的税收优惠规定予以减征、免征和抵免的应纳税额。

根据应纳税额的计算公式可以看出，计算应纳税额的关键在于应纳税所得额。应纳税所得额的计算方法一般有直接计算法和间接计算法两种。

（一）直接计算法

在直接计算法下，应纳税所得额的计算公式如下。

应纳税所得额=收入总额−不征税收入−免税收入−各项扣除−允许弥补的以前年度亏损

1. 收入总额

收入总额是指企业以货币形式和非货币形式从各种来源取得的收入。货币形式包括现金、存款、应收账款、应收票据、准备持有至到期的债券投资等；非货币形式包括固定资产、生物资产、无形资产、股权投资、存货、不准备持有至到期的债券投资等。通常情况下，企业的收入总额包括以下几项。

（1）销售货物收入。销售货物收入是指企业销售商品、产品、原材料、包装物、低值易耗品及其他存货取得的收入。

（2）提供劳务收入。提供劳务收入是指企业从事建筑安装、修理修配、交通运输、仓储租赁、金融保险、邮电通信、咨询经纪、文化体育、科学研究、技术服务、教育培训、餐饮住宿、中介代理、卫生保健、社区服务、旅游、娱乐、加工及其他劳务服务活动取得的收入。

（3）转让财产收入。转让财产收入是指企业转让固定资产、生物资产、无形资产、股权、债权等财产取得的收入。企业转让股权取得的收入，应于转让协议生效且完成股权变更手续时，确认收入的实现。

（4）股息、红利等权益性投资收益。股息、红利等权益性投资收益是指企业因权益性投资从被投资方处取得的收入。股息、红利等权益性投资收益，除国务院财政、税务主管部门另有规定外，按照被投资方做出利润分配决定的日期确认收入的实现。

（5）利息收入。利息收入是指企业将资金提供给他人使用但不构成权益性投资，或者因他人占用本企业资金取得的收入，包括存款利息、贷款利息、债券利息、欠款利息等。利息收入按照合同约定的债务人应付利息的日期确认收入的实现。

（6）租金收入。租金收入是指企业提供固定资产、包装物或者其他有形资产的使用权取得的收入。租金收入按照合同约定的承租人应付租金的日期确认收入的实现。

（7）特许权使用费收入。特许权使用费收入是指企业提供专利权、非专利技术、商标权、著作权及其他特许权的使用权取得的收入。特许权使用费收入按照合同约定的特许权使用人应付特许权使用费的日期确认收入的实现。

（8）接受捐赠收入。接受捐赠收入是指企业接受的来自其他企业、组织或者个人无偿给

予的货币性资产、非货币性资产。接受捐赠收入按照实际收到捐赠资产的日期确认收入的实现。

（9）其他收入。其他收入是指企业取得的除以上收入外的其他收入，包括企业资产溢余收入、逾期未退包装物押金收入、确实无法偿付的应付款项、已作坏账损失处理后又收回的应收款项、债务重组收入、补贴收入、违约金收入、汇兑收益等。

涉税窗口

特殊收入的确认

（1）企业以分期收款方式销售货物的，按照合同约定的收款日期确认收入的实现。

（2）企业受托加工制造大型机械设备、船舶、飞机，以及从事建筑、安装、装配工程业务或者提供其他劳务等，持续时间超过12个月的，按照纳税年度内完工进度或者完成的工作量确认收入的实现。

（3）企业采取产品分成方式取得收入的，按照企业分得产品的日期确认收入的实现，其收入额按照产品的公允价值确定。

（4）企业发生非货币性资产交换，以及将货物、财产、劳务用于捐赠、偿债、赞助、集资、广告、样品、职工福利或者利润分配等用途的，应当视同销售货物、转让财产或者提供劳务，但国务院财政、税务主管部门另有规定的除外。

2. 不征税收入

不征税收入是指从性质和根源上不属于企业营利性活动带来的经济利益，不作为应纳税所得额组成部分的收入，具体如表4-3所示。

表4-3　不征税收入

<table>
<tr><th colspan="2">项目</th><th>内容</th></tr>
<tr><td colspan="2">财政拨款</td><td>各级人民政府对纳入预算管理的事业单位、社会团体等组织拨付的财政资金，但国务院和国务院财政、税务主管部门另有规定的除外</td></tr>
<tr><td rowspan="2">依法收取并纳入财政管理的</td><td>行政事业性收费</td><td>依照法律法规等有关规定，按照国务院规定程序批准，在实施社会公共管理，以及在向公民、法人或者其他组织提供特定公共服务过程中，向特定对象收取并纳入财政管理的费用</td></tr>
<tr><td>政府性基金</td><td>企业依照法律、行政法规等有关规定，代政府收取的具有专项用途的财政资金</td></tr>
<tr><td colspan="2">国务院规定的其他不征税收入</td><td>企业取得的，由国务院财政、税务主管部门规定专项用途并经国务院批准的财政性资金</td></tr>
</table>

3. 免税收入

免税收入是指属于企业的应税所得但按照规定免于征收企业所得税的收入。企业的下列收入为免税收入。

（1）国债利息收入，即企业持有国务院财政部门发行的国债取得的利息收入。

（2）符合条件的居民企业之间的股息、红利等权益性投资收益，即居民企业直接投资于其他居民企业取得的投资收益。

（3）在中国境内设立机构、场所的非居民企业从居民企业处取得与该机构、场所有实际联系的股息、红利等权益性投资收益。股息、红利等权益性投资收益，不包括连续持有居民企业公开发行并上市流通的股票不足12个月取得的投资收益。

（4）符合条件的非营利组织的收入。符合条件的非营利组织的收入不包括非营利组织从事营利性活动取得的收入，但国务院财政、税务主管部门另有规定的除外。

4. 各项扣除

各项扣除是指企业实际发生的与取得收入有关的、合理的支出，包括成本、费用、税金、损失和其他支出。下列项目可按实际发生额或规定的标准扣除。

1）工资、薪金

企业发生的合理的工资、薪金支出准予据实扣除。工资、薪金是指企业每一纳税年度支付给在本企业任职或受雇的员工的所有现金形式和非现金形式的劳动报酬，包括基本工资、奖金、津贴、补贴、年终加薪、加班工资，以及与员工任职或受雇有关的其他支出。

2）职工福利费、工会经费、职工教育经费

（1）企业发生的职工福利费支出，不超过工资、薪金总额14%的部分准予扣除。

（2）企业拨缴的工会经费，不超过工资、薪金总额2%的部分准予扣除。

（3）除国务院财政、税务主管部门另有规定外，企业发生的职工教育经费支出，不超过工资、薪金总额8%的部分准予扣除；超过部分准予结转以后纳税年度扣除。

同步税务

【例4-1】2023年，某企业计入成本、费用的实发职工薪酬总额为200万元，职工福利费为30万元，工会经费为3万元，职工教育经费为17万元。请计算三项经费准予税前扣除的总额。

解析：

（1）职工福利费的实际发生额30万元大于扣除限额28万元（200×14%）。因此，税前准予扣除的职工福利费为28万元。

（2）工会经费的实际发生额3万元小于扣除限额4万元（200×2%）。因此，税前准予扣除的工会经费为3万元。

（3）职工教育经费的实际发生额17万元大于扣除限额16万元（200×8%）。因此，税前准予扣除的职工教育经费为16万元。

三项经费准予税前扣除的总额=28+3+16=47万元

3）社会保险费

（1）企业依照国务院有关主管部门或者省级人民政府规定的范围和标准为职工缴纳的“五险一金”，即基本养老保险费、基本医疗保险费、失业保险费、工伤保险费、生育保险费等基本社会保险费和住房公积金，准予扣除。

（2）企业为投资者或者职工支付的补充养老保险费、补充医疗保险费，在国务院财政、税务主管部门规定的范围和标准内，准予扣除。

（3）企业依照国家有关规定为特殊工种职工支付的人身安全保险费和符合国务院财政、税务主管部门规定可以扣除的商业保险费，准予扣除。

（4）企业职工因公出差乘坐交通工具发生的人身意外保险费支出，准予扣除。

4）利息支出

企业在生产经营活动中发生的下列利息支出，可按规定准予扣除。

（1）非金融企业向金融企业借款的利息支出、金融企业的各项存款利息支出和同业拆借利息支出、企业经批准发行债券的利息支出。

（2）非金融企业向非金融企业借款的利息支出，不超过按照金融企业同期同类贷款利率计算的数额的部分。

（3）企业向除股东或其他与企业有关联关系的自然人以外的内部职工或其他人员借款（符合规定条件）的利息支出，不超过按照金融企业同期同类贷款利率计算的数额的部分。

5）借款费用

（1）企业在生产经营活动中发生的合理的不需要资本化的借款费用，准予扣除。

（2）企业为购置、建造固定资产、无形资产和经过 12 个月以上的建造才能达到预定可销售状态的存货发生借款的，在有关资产购置、建造期间发生的合理的借款费用，应当作为资本性支出计入有关资产的成本，并依照有关规定扣除。

6）汇兑损失

企业在货币交易中，以及纳税年度终了时，将人民币以外的货币性资产、负债按照期末即期人民币汇率中间价折算为人民币时产生的汇兑损失，除已经计入有关资产成本及向所有者进行利润分配相关的部分外，准予扣除。

7）业务招待费

企业发生的与生产经营活动有关的业务招待费支出，按照发生额的 60%扣除，但最高不得超过当年销售（营业）收入的 5‰。

8）广告费和业务宣传费

企业发生的符合条件的广告费和业务宣传费支出，除国务院财政、税务主管部门另有规定外，不超过当年销售（营业）收入 15%的部分，准予扣除；超过部分，准予结转以后纳税年度扣除。

涉税小助手

烟草企业发生的烟草广告费和业务宣传费支出，一律不得在计算应纳税所得额时扣除。自 2021 年 1 月 1 日起至 2025 年 12 月 31 日止，对化妆品制造或销售、医药制造和饮料制造（不含酒类制造）企业发生的广告费和业务宣传费支出，不超过当年销售（营业）收入 30%的部分，准予扣除；超过部分，准予结转以后纳税年度扣除。

9）环境保护专项资金

企业依照法律、行政法规有关规定提取的用于环境保护、生态恢复等方面的专项资金，准予扣除。上述专项资金提取后改变用途的，不得扣除。

10）保险费

企业参加财产保险，按照规定缴纳的保险费，准予扣除。

11）租赁费

企业根据生产经营活动的需要租入固定资产支付的租赁费，按照以下方法扣除。

（1）以经营租赁方式租入固定资产发生的租赁费支出，按照租赁期限均匀扣除。

（2）以融资租赁方式租入固定资产发生的租赁费支出，按照规定构成融资租入固定资产价值的部分应当提取折旧费用，分期扣除。

12）劳动保护支出

企业发生的合理的劳动保护支出，准予扣除。

13）公益性捐赠支出

企业当年发生的及以前年度结转的公益性捐赠支出，不超过年度利润总额 12%的部分，准予扣除；超过年度利润总额 12%的部分，准予结转以后 3 年内在计算应纳税所得额时扣除。

涉税小助手

公益性捐赠是指企业通过公益性社会组织或者县级（含县级）以上人民政府及其部门，用于符合法律规定的慈善活动、公益事业的捐赠。年度利润总额是指企业依照国家统一会计制度的规定计算的年度会计利润。

14）有关资产的费用

（1）企业转让各类固定资产发生的费用，准予扣除。

（2）企业按税法规定计算的固定资产折旧费、无形资产和长期待摊费用的摊销费，准予扣除。

15）其他项目

依照有关法律、行政法规和国家有关税法规定准予扣除的其他项目包括会员费、合理的会议费、差旅费、违约金和诉讼费用等。

涉税窗口

不得扣除的项目

在计算应纳税所得额时，下列项目不得扣除。

（1）向投资者支付的股息、红利等权益性投资收益款项。

（2）企业所得税税款。

（3）税收滞纳金。

（4）罚金、罚款和被没收财物的损失。需要注意的是，以下两项不属于行政性罚款，允许在税前扣除：① 因纳税人逾期归还银行贷款，银行按规定加收的罚息；② 企业间的违约罚款。

（5）超过规定标准的捐赠支出。

（6）赞助支出，即企业发生的与生产经营活动无关的各种非广告性质的支出。

（7）未经核定的准备金支出。

（8）企业之间支付的管理费、企业内营业机构之间支付的租金和特许权使用费，以及非银行企业内营业机构之间支付的利息。

（9）与取得收入无关的其他支出。

5．亏损弥补

企业纳税年度发生的亏损，准予向以后年度结转，用以后年度的所得弥补，但结转年限最长不得超过 5 年。

自 2018 年 1 月 1 日起，当年具备高新技术企业或科技型中小企业资格（以下统称“资格”）的企业，其具备资格年度之前 5 个年度发生的尚未弥补完的亏损，准予结转以后年度弥补，最长结转年限由 5 年延长至 10 年。

（二）间接计算法

在间接计算法下，应纳税所得额的计算公式如下。

应纳税所得额=会计利润总额±纳税调整项目金额

纳税调整项目金额是指税法规定的范围及扣除标准与会计准则规定不一致时应予以调整的金额。常见的需要进行纳税调整的项目包括以下几项。

1. 固定资产

企业以各种方式取得的固定资产，在初始确认时，其入账价值一般等于计税基础；在后续计量过程中，由于会计准则规定与税法规定在累计折旧及减值准备的计提等方面的处理方式不同，其账面价值和计税基础会产生差异。

固定资产在后续计量过程中账面价值与计税基础产生差异的原因具体如表 4-4 所示。

表 4-4 固定资产在后续计量过程中账面价值与计税基础产生差异的原因

原因	会计准则规定	税法规定
折旧方法	企业可以根据与固定资产有关的经济利益的预期实现方式合理选择折旧方法，如直线法、双倍余额递减法、年数总和法等	除某些按照规定可以加速折旧的情况外，只有按照直线法计提的折旧允许税前扣除
折旧年限	企业可以根据固定资产的性质和使用情况合理确定折旧年限	除国务院财政、税务主管部门另有规定外，固定资产计算折旧的最低年限如下： （1）房屋、建筑物为 20 年 （2）飞机、火车、轮船、机器、机械和其他生产设备为 10 年 （3）与生产经营活动有关的器具、工具、家具等为 5 年 （4）飞机、火车、轮船以外的运输工具为 4 年 （5）电子设备为 3 年
计提减值准备	企业可以计提固定资产减值准备，计提减值准备后的固定资产账面价值减少	计提的减值准备不允许税前扣除，计税基础不会随减值准备的计提发生变化

2. 无形资产

1）初始确认

企业外购的无形资产，初始确认时的入账价值一般等于计税基础；企业内部研发的无形资产，初始确认时的入账价值与计税基础存在一定差异，具体原因如表 4-5 所示。

表 4-5 企业内部研发无形资产的初始确认

项目	具体规定
会计准则规定	研究阶段的支出应当费用化，计入当期损益
	开发阶段符合资本化条件以后的支出应当资本化，计入无形资产成本

（续表）

项目		具体规定
税法规定	一般规定	企业内部研发的无形资产，以开发过程中符合资本化条件后至达到预定用途前发生的支出为计税基础
	研发费用加计扣除规定	企业为开发新技术、新产品和新工艺发生的研究开发费用，未形成无形资产计入当期损益的，在按照规定据实扣除的基础上，按照研发费用的 100%加计扣除；形成无形资产的，按照无形资产成本的 200%摊销

2）后续计量

无形资产在后续计量过程中，由于会计准则规定与税法规定在累计摊销及减值准备的计提等方面的处理方式不同，其账面价值与计税基础会产生差异。无形资产在后续计量过程中账面价值与计税基础产生差异的原因具体如表 4-6 所示。

表 4-6　无形资产在后续计量过程中账面价值与计税基础产生差异的原因

原因	会计准则规定	税法规定
累计摊销	对使用寿命有限的无形资产，企业应当在使用寿命内合理摊销 摊销方法应当反映与该项无形资产有关经济利益的预期实现方式	（1）无形资产按照直线法计算的摊销费用，准予扣除 （2）无形资产的摊销年限不得低于 10 年 （3）作为投资或者受让的无形资产，有关法律规定或者合同约定了使用年限的，可以按照规定或者约定的使用年限分期摊销 （4）外购商誉的支出，在企业整体转让或者清算时，准予扣除
	对使用寿命不确定的无形资产，企业可以不进行摊销，但在会计期末应进行减值测试	
计提减值准备	企业可以计提无形资产减值准备，计提减值准备后的无形资产账面价值减少	计提的减值准备不允许税前扣除，计税基础不会随减值准备的计提发生变化

3. 以公允价值计量且变动计入当期损益的金融资产

会计准则规定，对于以公允价值计量且变动计入当期损益的金融资产，其在某一会计期末的账面价值为公允价值。税法规定，按照会计准则确认的公允价值变动损益在计税时不予考虑，即有关金融资产在某一会计期末的计税基础为其取得成本。

4. 因提供售后服务等原因确认的预计负债

会计准则规定，企业应将因预计提供售后服务发生的支出在销售当期确认为费用，同时确认预计负债。如果税法规定，有关的支出在实际发生时可以全部税前扣除，则该事项产生的预计负债在期末的计税基础（账面价值减去未来期间可以扣除的金额）为零。

企业因或有事项确认的预计负债，应按照税法规定确认其计税基础。某些情况下，对于因有些事项确认的预计负债，如果税法规定其支出无论是否实际发生均不允许税前扣除，即未来期间按照税法规定可予抵扣的金额为零，则其账面价值与计税基础相同。

涉税小助手

纳税人具有下列情形之一的，税务机关可核定征收企业所得税。

（1）依照法律、行政法规的规定可以不设置账簿的。

（2）依照法律、行政法规的规定应当设置但未设置账簿的。

（3）擅自销毁账簿或者拒不提供纳税资料的。

(4) 虽设置账簿，但账目混乱或者成本资料、收入凭证、费用凭证残缺不全，难以查账的。

(5) 发生纳税义务，未按照规定的期限办理纳税申报，经税务机关责令限期申报，逾期仍不申报的。

(6) 申报的计税依据明显偏低，又无正当理由的。

二、计算非居民企业应纳税额

(1) 对于在中国境内未设立机构、场所的，或者虽设立机构、场所但取得的所得与其所设立机构、场所没有实际联系的非居民企业，应纳税额的计算公式如下。

应纳税额=应纳税所得额×适用税率（减按10%）

非居民企业取得的所得，按照下列方法确定应纳税所得额：① 股息、红利等权益性投资收益和利息、租金、特许使用费所得，以收入全额为应纳税所得额；② 转让财产所得，以收入全额减去财产净值后的余额为应纳税所得额；③ 其他所得，参照前两项规定的方法确定应纳税所得额。

(2) 对于在中国境内设立机构、场所的，且取得的所得与其所设立机构、场所有实际联系的非居民企业，应纳税额的计算公式如下。

应纳税额=应纳税所得额×适用税率（25%）

涉税小助手

非居民企业在中国境内设立的机构、场所，就其中国境外总机构发生的与该机构、场所生产经营有关的费用，能够提供总机构出具的费用汇集范围、定额、分配依据和方法等证明文件，并合理分摊的，准予扣除。

三、计算抵免税额

居民企业及非居民企业取得的下列所得，已在中国境外缴纳的所得税税额，可以从其当期应纳税额中抵免：① 居民企业来源于中国境外的应税所得；② 非居民企业在中国境内设立机构、场所，取得发生在中国境外但与该机构、场所有实际联系的应税所得。

需要注意的是，对于抵免限额，即企业来源于中国境外的所得依照《企业所得税法》及其实施条例的规定计算的应纳税额，除国务院财政、税务主管部门另有规定外，企业应当分国（地区）不分项计算。抵免限额的计算公式如下。

抵免限额=中国境内、境外所得按规定计算的应纳税总额×来源于某国（地区）的应纳税所得额÷中国境内、境外应纳税所得额总额

超过抵免限额的部分，可以在以后5个年度内，用每年度抵免限额抵免当年应纳税额后的余额进行抵补。

同步税务

【例 4-2】2023 年，我国某企业境内应纳税所得额为 200 万元，适用的企业所得税税率为 25%。该企业分别在甲国和乙国设有分支机构（假设我国与甲、乙两国已缔结避免双重征税协定），甲国分支机构的应纳税所得额为 60 万元，甲国适用的企业所得税税率为 30%；乙国分支机构的应纳税所得额为 100 万元，乙国适用的企业所得税税率为 20%。假设该企业采用“分国（地区）不分项”的抵免方式。请计算该企业 2023 年在我国应缴纳的企业所得税税额。

解析：

按我国税法计算的境内、境外所得的应纳税总额=（200+60+100）×25%=360×25%=90 万元

甲国的抵免限额=90×（60÷360）=15 万元

乙国的抵免限额=90×（100÷360）=25 万元

因此，在甲国缴纳的企业所得税税额 18 万元（60×30%）大于抵免限额 15 万元，其超过部分当年不能抵免；在乙国缴纳的企业所得税税额 20 万元（100×20%）小于抵免限额 25 万元，可全额抵免。

该企业 2023 年在我国应缴纳的企业所得税税额=90−15−20=55 万元

任务实施

〔步骤 1〕计算甲公司 2023 年度的会计利润总额。

会计利润总额=6 000−3 000−1 320−1 200−100−（400−300）−35−45+200−154+80+70+64=460 万元

〔步骤 2〕计算甲公司 2023 年度的纳税调整增加额。

（1）广告费和业务宣传费的调整。广告费和业务宣传费的实际发生额 1 000 万元大于扣除限额 900 万元（6 000×15%），故应纳税所得额应调增 100 万元（1 000−900）。

（2）业务招待费的调整。业务招待费实际发生额的 60%小于扣除限额 30 万元（6 000×5‰），故应纳税所得额应调增 16 万元（40−40×60%）。

（3）公益性捐赠支出的调整。公益性捐赠支出的实际发生额 80 万元大于扣除限额 55.2 万元（460×12%），故应纳税所得额应调增 24.8 万元（80−55.2）。

（4）支付的行政性罚款不允许税前扣除，故应纳税所得额应调增 70 万元。

（5）三项经费支出的调整。

① 职工福利费的调整。职工福利费的实际发生额 125 万元大于扣除限额 119 万元（850×14%），故应纳税所得额应调增 6 万元（125−119）。

② 工会经费的调整。工会经费的实际发生额 17 万元等于扣除限额 17 万元（850×2%），故应纳税所得额不做纳税调整。

③ 职工教育经费的调整。职工教育经费的实际发生额 73 万元大于扣除限额 68 万元（850×8%），故应纳税所得额应调增 5 万元（73−68）。

（6）计提的固定资产减值准备和无形资产减值准备不允许税前扣除，故应纳税所得额应

调增 80 万元（35+45）。

纳税调整增加额合计=100+16+24.8+70+6+5+80=301.8 万元

〔步骤 3〕计算甲公司 2023 年度的纳税调整减少额。

（1）新产品的研究开发费用加计扣除，故应纳税所得额应调减 75 万元（75×100%）。

（2）符合条件的居民企业之间的股息红利等权益性投资收益免税，故应纳税所得额应调减 80 万元。

（3）在计算境内应纳税所得额时，从 A、B 两国取得的境外税后所得应先调减，故应纳税所得额应调减 134 万元（70+64）。

纳税调整减少额合计=75+80+134=289 万元

〔步骤 4〕计算甲公司 2023 年度的境内应纳税所得额。

境内应纳税所得额=460+301.8−289=472.8 万元

〔步骤 5〕计算甲公司 2023 年度的实际应纳税所得额。

（1）计算境外所得的抵免限额。

① 将境外税后所得换算为税前的应纳税所得额。

A 国应纳税所得额=70÷（1−30%）=100 万元

B 国应纳税所得额=64÷（1−20%）=80 万元

② 计算境内、境外的应纳税额总额。

应纳税额总额=（472.8+100+80）×25%=163.2 万元

③ 计算 A、B 两国的抵免限额。

A 国的抵免限额=163.2×（100÷652.8）=25 万元

B 国的抵免限额=163.2×（80÷652.8）=20 万元

因此，在 A 国缴纳的企业所得税税额 30 万元大于抵免限额 25 万元，其超过部分当年不能抵免；在 B 国缴纳的企业所得税税额 16 万元小于抵免限额 20 万元，可全额抵免。

（2）计算境内、境外的实际应纳税额。

境内、境外实际应纳税额=163.2−25−16=122.2 万元

〔步骤 6〕计算甲公司 2023 年度应补缴的企业所得税税额。

应补缴的企业所得税税额=122.2−76.25=45.95 万元

任务二　智慧化申报企业所得税

任务导入

（接本项目的任务一）2024 年 4 月 12 日，甲公司对企业所得税进行年度纳税申报，请填写相关纳税申报表。

一、明确纳税期限

企业所得税按年计征，分月或分季预缴，年终汇算清缴，多退少补。

企业所得税的纳税年度自公历1月1日起至12月31日止。企业在一个纳税年度的中间开业，或者终止经营活动，使该纳税年度的实际经营期不足12个月的，应当以其实际经营期为1个纳税年度。企业依法清算时，应当以清算期间作为1个纳税年度。

企业应当自月份或者季度终了之日起15日内，向税务机关报送企业所得税预缴纳税申报表，预缴税款。

企业应当自年度终了之日起5个月内，向税务机关报送年度企业所得税纳税申报表，并汇算清缴，结清应缴应退税款。

企业在年度中间终止经营活动的，应当自实际经营终止之日起60日内，向税务机关办理当期企业所得税汇算清缴。

企业应当在办理注销登记前，就其清算所得向税务机关申报并依法缴纳企业所得税。

涉税交流帖

2023年，“便民办税春风行动”的主题为“办好惠民事·服务现代化”。关于“便民办税春风行动”，你了解多少？请与同学分享交流一下。

二、确定纳税地点

企业所得税的纳税地点如表4-7所示。

表4-7　企业所得税的纳税地点

纳税人		纳税地点
居民企业	登记注册地在中国境内的	登记注册地
	登记注册地在中国境外的	实际管理机构所在地
非居民企业	在中国境内设立机构、场所的	机构、场所所在地
	在中国境内设立两个或者两个以上机构、场所的	经税务机关审核批准，可以选择由其主要机构、场所汇总缴纳企业所得税
	在中国境内未设立机构、场所的，或者虽设立机构、场所但取得的所得与其所设机构、场所没有实际联系的	扣缴义务人所在地

涉税小助手

居民企业在中国境内设立不具有法人资格的营业机构，应当汇总计算并缴纳企业所得税。企业汇总计算并缴纳企业所得税时，应当统一核算应纳税所得额，具体办法由国务院财政、税务主管部门另行制定。

三、办理纳税申报

（一）通过办税服务厅办理纳税申报

1．预缴纳税申报

纳税人通过办税服务厅办理纳税申报时，应依法如实填写《中华人民共和国企业所得税月（季）度预缴纳税申报表（A类）》（见表4-8）及附表。

表4-8 中华人民共和国企业所得税月（季）度预缴纳税申报表（A类）

纳税人识别号（统一社会信用代码）：□□□□□□□□□□□□□□□□□□

纳税人名称：　　　　　　　　　　　　　　　　　　金额单位：人民币元（列至角分）

<table>
<tr><th colspan="10">优惠及附报事项有关信息</th></tr>
<tr><td rowspan="2">项目</td><td colspan="2">一季度</td><td colspan="2">二季度</td><td colspan="2">三季度</td><td colspan="2">四季度</td><td rowspan="2">季度平均值</td></tr>
<tr><td>季初</td><td>季末</td><td>季初</td><td>季末</td><td>季初</td><td>季末</td><td>季初</td><td>季末</td></tr>
<tr><td>从业人数</td><td></td><td></td><td></td><td></td><td></td><td></td><td></td><td></td><td></td></tr>
<tr><td>资产总额（万元）</td><td></td><td></td><td></td><td></td><td></td><td></td><td></td><td></td><td></td></tr>
<tr><td>国家限制或禁止行业</td><td colspan="4">□是　□否</td><td colspan="4">小型微利企业</td><td>□是　□否</td></tr>
<tr><td></td><td colspan="8">附报事项名称</td><td>金额或选项</td></tr>
<tr><td>事项1</td><td colspan="8">（填写特定事项名称）</td><td></td></tr>
<tr><td>事项2</td><td colspan="8">（填写特定事项名称）</td><td></td></tr>
<tr><td></td><td colspan="8">预缴税款计算</td><td>本年累计</td></tr>
<tr><td>1</td><td colspan="8">营业收入</td><td></td></tr>
<tr><td>2</td><td colspan="8">营业成本</td><td></td></tr>
<tr><td>3</td><td colspan="8">利润总额</td><td></td></tr>
<tr><td>4</td><td colspan="8">加：特定业务计算的应纳税所得额</td><td></td></tr>
<tr><td>5</td><td colspan="8">减：不征税收入</td><td></td></tr>
<tr><td>6</td><td colspan="8">减：资产加速折旧、摊销（扣除）调减额（填写A201020）</td><td></td></tr>
<tr><td>7</td><td colspan="8">减：免税收入、减计收入、加计扣除（7.1+7.2+…）</td><td></td></tr>
<tr><td>7.1</td><td colspan="8">（填写优惠事项名称）</td><td></td></tr>
<tr><td>7.2</td><td colspan="8">（填写优惠事项名称）</td><td></td></tr>
<tr><td>8</td><td colspan="8">减：所得减免（8.1+8.2+…）</td><td></td></tr>
<tr><td>8.1</td><td colspan="8">（填写优惠事项名称）</td><td></td></tr>
<tr><td>8.2</td><td colspan="8">（填写优惠事项名称）</td><td></td></tr>
<tr><td>9</td><td colspan="8">减：弥补以前年度亏损</td><td></td></tr>
<tr><td>10</td><td colspan="8">实际利润额（3+4-5-6-7-8-9）\按照上一纳税年度应纳税所得额平均额确定的应纳税所得额</td><td></td></tr>
<tr><td>11</td><td colspan="8">税率（25%）</td><td></td></tr>
<tr><td>12</td><td colspan="8">应纳所得税额（10×11）</td><td></td></tr>
</table>

（续表）

<table>
<tr><td></td><td colspan="3">预缴税款计算</td><td>本年累计</td></tr>
<tr><td>13</td><td colspan="3">减：减免所得税额（13.1+13.2+…）</td><td></td></tr>
<tr><td>13.1</td><td colspan="3">（填写优惠事项名称）</td><td></td></tr>
<tr><td>13.2</td><td colspan="3">（填写优惠事项名称）</td><td></td></tr>
<tr><td>14</td><td colspan="3">减：本年实际已缴纳所得税额</td><td></td></tr>
<tr><td>15</td><td colspan="3">减：特定业务预缴（征）所得税额</td><td></td></tr>
<tr><td>16</td><td colspan="3">本期应补（退）所得税额（12-13-14-15）\税务机关确定的本期应纳所得税额</td><td></td></tr>
<tr><td colspan="5">汇总纳税企业总分机构税款计算</td></tr>
<tr><td>17</td><td rowspan="4">总机构</td><td colspan="2">总机构本期分摊应补（退）所得税额（18+19+20）</td><td></td></tr>
<tr><td>18</td><td colspan="2">其中：总机构分摊应补（退）所得税额（16×总机构分摊比例__%）</td><td></td></tr>
<tr><td>19</td><td colspan="2">财政集中分配应补（退）所得税额（16×财政集中分配比例__%）</td><td></td></tr>
<tr><td>20</td><td colspan="2">总机构具有主体生产经营职能的部门分摊所得税额（16×全部分支机构分摊比例__%×总机构具有主体生产经营职能部门分摊比例__%）</td><td></td></tr>
<tr><td>21</td><td rowspan="2">分支机构</td><td colspan="2">分支机构本期分摊比例</td><td></td></tr>
<tr><td>22</td><td colspan="2">分支机构本期分摊应补（退）所得税额</td><td></td></tr>
<tr><td colspan="5">实际缴纳企业所得税计算</td></tr>
<tr><td>23</td><td colspan="2">减：民族自治地区企业所得税地方分享部分：（□免征 □减征：减征幅度____%）</td><td>本年累计应减免金额[（12-13-15）×40%×减征幅度]</td><td></td></tr>
<tr><td>24</td><td colspan="3">实际应补（退）所得税额</td><td></td></tr>
<tr><td colspan="5">谨声明：本纳税申报表是根据国家税收法律法规及相关规定填报的，是真实的、可靠的、完整的。
纳税人（签章）：　　年　月　日</td></tr>
<tr><td colspan="3">经办人：
经办人身份证号：
代理机构签章：
代理机构统一社会信用代码：</td><td colspan="2">受理人：
受理税务机关（章）：
受理日期：　　年　月　日</td></tr>
</table>

2. 年度纳税申报

纳税人应按照税法的有关规定及时办理年度纳税申报，并如实填写《企业所得税年度纳税申报表填报表单》、《企业所得税年度纳税申报基础信息表》（A000000）、《中华人民共和国企业所得税年度纳税申报表（A 类）》（A100000），以及附表。

《企业所得税年度纳税申报基础信息表》（A000000）是企业进行年度纳税申报的必填表，包括基本经营情况、有关涉税事项情况、主要股东及分红情况三部分。只有在完整填报本表并通过审核后，企业才能填报《企业所得税年度纳税申报表填报表单》中的其他申报表，进行下一步申报。其中，《中华人民共和国企业所得税年度纳税申报表（A 类）》是企业进行年度纳税申报的必填表，是企业申报缴纳企业所得税的主表，如表 4-9 所示。

《企业所得税年度纳税申报基础信息表》(A000000)及其填写说明

《企业所得税年度纳税申报表填报表单》

表 4-9 的填写说明

表 4-9 中华人民共和国企业所得税年度纳税申报表（A 类）

行次	类别	项目	金额
1	利润总额计算	一、营业收入（填写 A101010\101020\103000）	
2		减：营业成本（填写 A102010\102020\103000）	
3		减：税金及附加	
4		减：销售费用（填写 A104000）	
5		减：管理费用（填写 A104000）	
6		减：财务费用（填写 A104000）	
7		减：资产减值损失	
8		加：公允价值变动收益	
9		加：投资收益	
10		二、营业利润（1-2-3-4-5-6-7+8+9）	
11		加：营业外收入（填写 A101010\101020\103000）	
12		减：营业外支出（填写 A102010\102020\103000）	
13		三、利润总额（10+11-12）	
14	应纳税所得额计算	减：境外所得（填写 A108010）	
15		加：纳税调整增加额（填写 A105000）	
16		减：纳税调整减少额（填写 A105000）	
17		减：免税、减计收入及加计扣除（填写 A107010）	
18		加：境外应税所得抵减境内亏损（填写 A108000）	
19		四、纳税调整后所得（13-14+15-16-17+18）	
20		减：所得减免（填写 A107020）	
21		减：弥补以前年度亏损（填写 A106000）	
22		减：抵扣应纳税所得额（填写 A107030）	
23		五、应纳税所得额（19-20-21-22）	
24	应纳税额计算	税率（25%）	
25		六、应纳所得税额（23×24）	
26		减：减免所得税额（填写 A107040）	

（续表）

行次	类别	项目	金额
27	应纳税额计算	减：抵免所得税额（填写 A107050）	
28		七、应纳税额（25-26-27）	
29		加：境外所得应纳所得税额（填写 A108000）	
30		减：境外所得抵免所得税额（填写 A108000）	
31		八、实际应纳所得税额（28+29-30）	
32		减：本年累计实际已预缴的所得税额	
33		九、本年应补（退）所得税额（31-32）	
34		其中：总机构分摊本年应补（退）所得税额（填写 A109000）	
35		财政集中分配本年应补（退）所得税额（填写 A109000）	
36		总机构主体生产经营部门分摊本年应补（退）所得税额（填写 A109000）	
37	实际应纳税额计算	减：民族自治地区企业所得税地方分享部分：（□免征□减征：减征幅度__%）	
38		十、本年实际应补（退）所得税额（33-37）	

（二）通过电子税务局办理纳税申报

1. 预缴纳税申报

纳税人可以参考以下步骤在电子税务局办理预缴纳税申报。

步骤 1▶ 打开电子税务局官网（以国家税务总局福建省电子税务局为例），单击“我要办税”按钮，进入“统一身份认证”页面，选择“企业业务”选项，填写企业身份信息，单击“登录”按钮，进入电子税务局。

步骤 2▶ 选择“我要办税”选项，单击“税费申报及缴纳”按钮，进入“申报”页面。

步骤 3▶ 在左侧菜单栏选择“申报税（费）清册”/“按期应申报”选项，进入“按期应申报”页面，单击“企业所得税（月季报）”右侧的“填写申报表”按钮，进入“中华人民共和国企业所得税月（季）度预缴纳税申报表（A 类）”页面，如图 4-1 所示。

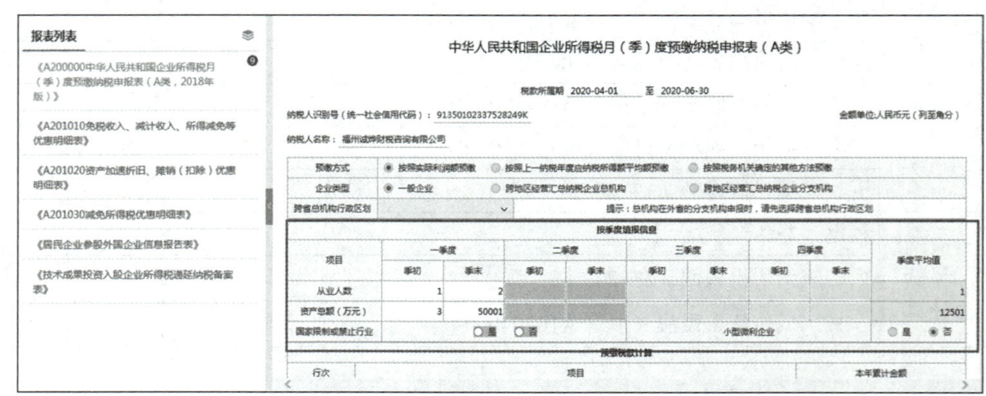

图 4-1　“中华人民共和国企业所得税月（季）度预缴纳税申报表（A 类）”页面

（图片来源：国家税务总局福建省税务局官网）

步骤 4▶ 根据实际情况，准确填写各季度的“从业人数”“资产总额（万元）”，并在“国家限制或禁止行业”项目据实选择“是”或“否”，系统会自动判断纳税人是否属于小型微利企业。然后如实填写报表列表所示的其他资料。

步骤 5▶ 填写完毕并确认数据无误后，单击“申报”按钮，系统弹出“风险提示”对话框。若单击“风险提示服务”按钮，则系统会对提交的申报数据进行风险扫描，方便纳税人根据风险扫描结果对申报数据进行修改；若单击“申报”按钮，则系统会进入“申报结果”页面。

步骤 6▶ 若需要缴税，则单击“缴税”按钮，即可成功申报与缴纳企业所得税；若不需要缴税，则单击“关闭”按钮，即可完成申报。

2. 年度纳税申报

纳税人可以参考以下步骤在电子税务局办理年度纳税申报。

步骤 1▶ 打开电子税务局官网（以国家税务总局福建省电子税务局为例），单击“我要办税”按钮，进入“统一身份认证”页面，选择“企业业务”选项，填写企业身份信息，单击“登录”按钮，进入电子税务局。

步骤 2▶ 选择“我要办税”选项，单击“税费申报及缴纳”按钮，进入“申报”页面。

步骤 3▶ 在左侧菜单栏选择“申报税（费）清册”/“按期应申报”选项，进入“按期应申报”页面，单击“企业所得税（年报）”右侧的“填写申报表”按钮，进入“企业所得税年度纳税申报基础信息表”页面，如图 4-2 所示。

企业所得税年度纳税申报基础信息表

基本经营情况（必填项目）

*101纳税申报企业类型（填写代码）	100非跨地区经营企业	102分支机构就地纳税比例（%）	0.00%
*103资产总额（填写平均值，单位：万元）	103.00	*104从业人数（填写平均值，单位：人）	2
105所属国民经济行业（填写代码）	7249|其他专业咨询与调查	*106从事国家限制或禁止行业	○是 ◉否
*107适用会计准则或会计制度（填写代码）	200 小企业会计准则	*108采用一般企业财务报表格式（2019年版）	○是 ◉否
*109小型微利企业	◉是 ○否	*110上市公司	是（☐境内☐境外）☑否

有关涉税事项情况（存在或者发生下列事项时必填）

201从事股权投资业务	☐是		202存在境外关联交易	☐是
203选择采用的境外所得抵免方式	○分国（地区）不分项 ○不分国（地区）不分项 ◉否			
204有限合伙制创业投资企业的法人合伙人	☐是		205创业投资企业	☐是
206技术先进型服务企业类型（填写代码）			207非营利组织	☐是
208软件、集成电路企业类型（填写代码）			209集成电路生产项目类型	☐130纳米 ☐65纳米
210科技型中小企业	210-1 2019年（申报所属期年度）入库编号1		210-2入库时间1	
	210-3 2020年（所属期下一年度）入库编号2		210-4入库时间2	
	211-1 证书编号1		211-2发证时间1	

图 4-2　“企业所得税年度纳税申报基础信息表”页面

（图片来源：国家税务总局福建省税务局官网）

步骤 4▶ 根据实际情况，准确填写企业相关信息，单击“保存”按钮，系统弹出“提示”对话框，单击“确定”按钮，进入“企业所得税年度纳税申报表填报表单”页面，如图 4-3 所示。

步骤 5▶ 在“是否填报”列选择所要填报的表单，单击“下一步”按钮，进入“中华人民共和国企业所得税年度纳税申报表”页面，如图 4-4 所示，根据实际情况，准确填写相关信息及附表。

企业所得税年度纳税申报表填报表单

表单编号	表单名称	是否填报
A000000	企业所得税年度纳税申报基础信息表	☑
A100000	中华人民共和国企业所得税年度纳税申报表（A类）	☑
A101010	一般企业收入明细表	☑
A101020	金融企业收入明细表	☐
A102010	一般企业成本支出明细表	☑
A102020	金融企业支出明细表	☐
A103000	事业单位、民间非营利组织收入、支出明细表	☐
A104000	期间费用明细表	☑
A105000	纳税调整项目明细表	☐
A105010	视同销售和房地产开发企业特定业务纳税调整明细表	☐
A105020	未按权责发生制确认收入纳税调整明细表	☐
A105030	投资收益纳税调整明细表	☐
A105040	专项用途财政性资金纳税调整明细表	☐

图 4-3 “企业所得税年度纳税申报表填报表单”页面

（图片来源：国家税务总局福建省税务局官网）

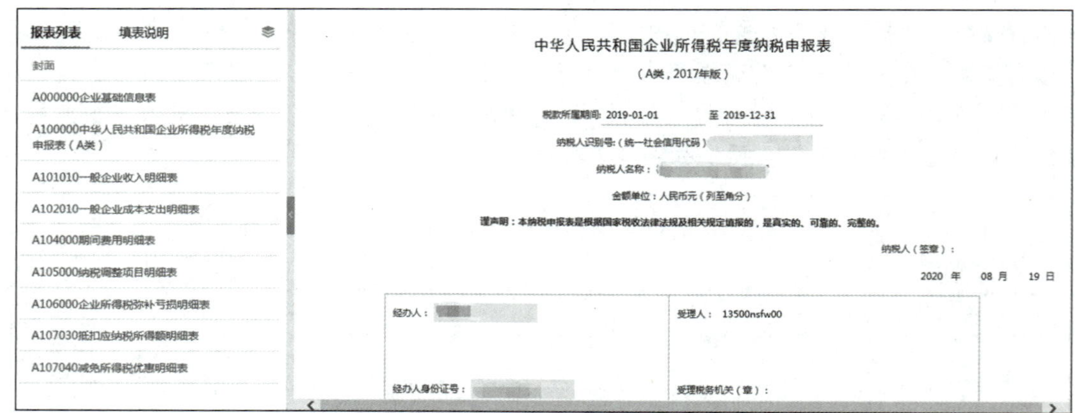

图 4-4 “中华人民共和国企业所得税年度纳税申报表”页面

（图片来源：国家税务总局福建省税务局官网）

步骤 6▶ 填写完毕并确认数据无误后，单击“申报”按钮，系统弹出“风险提示”对话框。单击“申报”按钮，进入“申报结果”页面，单击“缴税”按钮，即可成功申报与缴纳企业所得税。

任务实施

〔步骤 1〕填写《企业所得税年度纳税申报基础信息表》（A000000）。

〔步骤 2〕填写《一般企业收入明细表》（A101010）和《一般企业成本支出明细表》（A102010）。

〔步骤 3〕填写附表及《纳税调整项目明细表》（A105000）。

（1）填写《职工薪酬支出及纳税调整明细表》（A105050）、《广告费和业务宣传费跨年度纳税调整明细表》（A105060）、《捐赠支出及纳税调整明细表》（A105070）等附表。

（2）填写《纳税调整项目明细表》（A105000）。

〔步骤4〕填写附表及《免税、减计收入及加计扣除优惠明细表》（A107010）。

企业所得税纳税申报表的填写示例

（1）填写《符合条件的居民企业之间的股息、红利等权益性投资收益优惠明细表》（A107011）、《研发费用加计扣除优惠明细表》（A107012）等附表。

（2）填写《免税、减计收入及加计扣除优惠明细表》（A107010）。

〔步骤5〕填写《境外所得税收抵免明细表》（A108000）。

〔步骤6〕填写《中华人民共和国企业所得税年度纳税申报表（A类）》（A100000）。

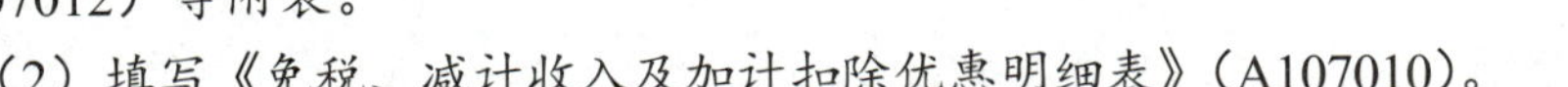

任务三 筹划企业所得税

任务导入

1. 筹划案例

2024年，乙公司预计取得销售收入20 000万元。在业务招待费支出方面，乙公司有以下几个方案：① 支出业务招待费100万元；② 支出业务招待费166.6万元；③ 支出业务招待费200万元。已知乙公司适用的企业所得税税率为25%。

2. 任务要求

不考虑其他因素，请对上述方案进行纳税筹划，帮助乙公司选出能够充分利用业务招待费扣除政策的方案。

在遵循法律法规的前提下，纳税人可以通过精心策划和合理利用税收优惠政策，来降低企业应缴纳的企业所得税，从而为企业创造更多的经济价值。例如，在业务招待费、公益性捐赠等支出方面，企业可以进行合理控制，以降低企业的税务负担；在产业投资方面，企业可以优先考虑投资国家鼓励发展的产业或地区，以享受税收优惠；在就业安置方面，企业可以通过合理安排职工数量和结构，降低人工成本，从而减少应纳税所得额。

一、业务招待费支出的纳税筹划

税法规定，企业发生的与生产经营活动有关的业务招待费支出，按照发生额的60%扣除，但最高不得超过当年销售收入的5‰。

当业务招待费发生额的60%等于销售收入的5‰时，企业能充分利用税法规定的业务招待费扣除政策；当业务招待费发生额的60%大于销售收入的5‰时，企业要承受较高的企业所得税税负；当业务招待费发生额的60%小于销售收入的5‰时，企业虽不会承受较高的企业所得税税负，但不能充分利用税法规定的业务招待费扣除政策。

【具体案例】

2024 年，甲公司预计取得销售收入 10 000 万元。在业务招待费支出方面，甲公司有以下几个方案：① 支出业务招待费 50 万元；② 支出业务招待费 83.3 万元；③ 支出业务招待费 100 万元。已知甲公司适用的企业所得税税率为 25%。不考虑其他因素，请对上述业务招待费支出进行纳税筹划，选出适合甲公司的方案。

【筹划思路】

关于业务招待费支出方案的分析如表 4-10 所示。

表 4-10　三种方案分析表

项目	方案一	方案二	方案三
业务招待费发生额	50 万元	83.3 万元	100 万元
业务招待费发生额的 60%	50×60%=30 万元	83.3×60%=49.98 万元	100×60%=60 万元
销售收入的 5‰	10 000×5‰=50 万元	10 000×5‰=50 万元	10 000×5‰=50 万元
第二行与第三行的较低值	30 万元	49.98 万元	50 万元
纳税调整增加额	50−30=20 万元	83.3−49.98=33.32 万元	100−50=50 万元
企业所得税增加额	20×25%=5 万元	33.32×25%=8.33 万元	50×25%=12.5 万元
费用增长率（企业所得税增加额÷业务招待费发生额×100%）	10%	10%	12.5%

【筹划结论】

根据计算结果，方案一的企业所得税税负最低，但方案一与方案二的费用增长率一致。如果甲公司以往的业务招待费支出都较低，则方案一较为合适；如果甲公司想充分利用税法规定的业务招待费扣除政策，则方案二较为合适。如果预计支出的业务招待费超过了 83.3 万元，则甲公司不仅需要承担较高的业务招待费，还要承担较高的企业所得税税负。

二、公益性捐赠支出的纳税筹划

税法规定，企业发生的公益性捐赠支出，在年度利润总额 12%以内的部分，准予在计算应纳税所得额时扣除；超过年度利润总额 12%的部分，准予结转以后 3 年内在计算应纳税所得额时扣除。但是，企业直接向受赠人的捐赠支出不允许在计算应纳税所得额时扣除。

因此，企业应优先选择通过公益性社会组织或者县级（含县级）以上人民政府及其部门进行公益性捐赠，并合理控制捐赠金额占年度利润总额的比例，降低企业的税务负担。

【具体案例】

2023 年，甲公司的捐赠支出为 300 万元，扣除捐赠支出后的利润总额为 1 500 万元。假设甲公司没有其他企业所得税纳税调整项目。已知甲公司适用的企业所得税税率为 25%。不考虑其他因素，请以降低企业所得税税负为目的，对上述业务进行纳税筹划。

【筹划思路】

方案一：甲公司直接向受赠人捐赠 300 万元。此时，300 万元的捐赠支出不能在计算应

纳税所得额时扣除。

纳税调整增加额=300 万元

应缴纳的企业所得税税额=（1 500+300）×25%=450 万元

方案二：甲公司通过公益性社会组织向受赠人捐赠 300 万元。此时，在年度利润总额 12%以内的捐赠支出，准予在计算应纳税所得额时扣除。

本年可在税前扣除的公益性捐赠额=1 500×12%=180 万元

纳税调整增加额=300−180=120 万元

应缴纳的企业所得税税额=（1 500+120）×25%=405 万元

【筹划结论】

根据计算结果，方案二比方案一节税 45 万元（450−405）。因此，若以实现企业所得税税负最小化为纳税筹划目标，甲公司应选择方案二。

三、安置残疾人员的纳税筹划

税法规定，企业安置残疾人员的，在按照支付给残疾职工工资据实扣除的基础上，可以在计算应纳税所得额时按照支付给残疾职工工资的 100%加计扣除。

因此，企业可以在不影响正常生产经营的情况下，聘用残疾人员，一方面关爱社会弱势群体，为其提供就业岗位；另一方面增加企业所得税税前扣除金额，降低企业所得税税负。

【具体案例】

因生产规模扩大，甲公司计划招聘 20 名新员工。甲公司预计需要向新增加的 20 名员工支付 60 万元工资，扣除 60 万元工资前的应纳税所得额为 200 万元。假设甲公司没有其他企业所得税纳税调整项目。已知甲公司适用的企业所得税税率为 25%。不考虑其他因素，请以降低企业所得税税负为目的，对上述业务进行纳税筹划。

【筹划思路】

方案一：甲公司招聘 20 名非残疾人员作为新员工。

应缴纳的企业所得税税额=（200−60）×25%=35 万元

方案二：在不影响正常生产经营的情况下，甲公司招聘 20 名残疾人员作为新员工。

应缴纳的企业所得税税额=（200−60−60×100%）×25%=20 万元

【筹划结论】

根据计算结果，方案二比方案一节税 15 万元（35−20）。因此，若以实现企业所得税税负最小化为纳税筹划目标，甲公司应选择方案二。

任务实施 »

〔步骤 1〕纳税筹划过程：计算每种方案应缴纳的企业所得税税额及费用增长率。

销售收入的 5‰=20 000×5‰=100 万元

方案一：乙公司预计发生业务招待费支出 100 万元。此时，业务招待费发生额的 60%

（即 60 万元）小于 100 万元，故只有 60 万元可以税前扣除。

纳税调整增加额=100−60=40 万元

应缴纳的企业所得税税额=40×25%=10 万元

费用增长率=10÷100×100%=10%

方案二：乙公司预计发生业务招待费支出 166.6 万元。此时，业务招待费发生额的 60%（即 99.96 万元）小于 100 万元，故只有 99.96 万元可以税前扣除。

纳税调整增加额=166.6−99.96=66.64 万元

应缴纳的企业所得税税额=66.64×25%=16.66 万元

费用增长率=16.66÷166.6×100%=10%

方案三：乙公司预计发生业务招待费支出 200 万元。此时，业务招待费发生额的 60%（即 120 万元）大于 100 万元，故只有 100 万元可以税前扣除。

纳税调整增加额=200−100=100 万元

应缴纳的企业所得税税额=100×25%=25 万元

费用增长率=25÷200×100%=12.5%

〔步骤 2〕纳税筹划结果分析。

根据计算结果，方案一的企业所得税税负最低。因此，如果乙公司想充分利用税法规定的业务招待费扣除政策，就选择方案二。

〔步骤 3〕纳税筹划点评。

在实际经营过程中，为了提高经营业绩，企业不得不增加业务招待费支出。此时，企业应当在提高经营业绩和降低企业所得税税负之间进行权衡，以做出合理的决策。

修身笃行

涉税人员应当严守法律规范，严守职业道德的底线，严守职业操守的红线，做一个知法守法的公民。

综合知识测试

一、单项选择题

1. 下列各项中，不属于企业所得税纳税人的是（　　）。

A. 甲有限责任公司　　B. 乙事业单位

C. 丙个人独资企业　　D. 丁股份有限公司

2. 根据我国企业所得税法的规定，在计算企业所得税应纳税所得额时，不计入收入总额的是（　　）。

A. 转让固定资产取得的收入　　B. 出租固定资产取得的租金

C. 固定资产盘盈收入　　D. 财政拨款

3．2023 年，某企业取得销售收入 3 000 万元，发生广告费支出 400 万元。已知 2022 年度结转广告费支出 60 万元，则该企业 2023 年度准予扣除的广告费支出是（ ）万元。

A．460　　B．510

C．450　　D．400

4．下列各项中，实际适用 10%的企业所得税税率的是（ ）。

A．居民企业来自中国境外的股息所得

B．小型微利企业来自中国境内的经营所得

C．在中国境内未设立经营机构的非居民企业在中国境内提供劳务所得

D．在中国境内设立经营机构的非居民企业取得的与该机构有联系的经营所得

5．某公司通过市人民政府向目标救助地区捐赠了一批货物。该批货物的账面价值为 300 万元，公允价值为 500 万元；捐赠过程中发生的运费和保险费为 1 万元，人工费为 0.5 万元。已知上述支出均取得财政票据，该公司当年实现的利润总额为 4 000 万元。该公司当年允许税前扣除的公益性捐赠支出为（ ）万元。

A．301.5　　B．480

C．500　　D．501.5

二、多项选择题

1．企业在计算企业所得税时，应计入应纳税所得额的有（ ）。

A．国债利息收入

B．取得的由其他单位支付的欠款利息收入

C．逾期未退包装物押金收入

D．无法偿付的应付款项

2．纳税人的下列支出中，在计算应纳税所得额时不得扣除的有（ ）。

A．缴纳罚金 20 万元

B．直接赞助某学校 5 万元

C．缴纳税收滞纳金 3 万元

D．缴纳银行罚息 8 万元

3．下列各项支出中，超过当年准予扣除的部分能够在以后年度结转扣除的有（ ）。

A．职工教育经费　　B．工会经费

C．广告费　　D．业务宣传费

4．企业因下列行为发生的借款费用，应当作为资本化支出核算的有（ ）。

A．为购置固定资产发生借款的，该固定资产购置期间发生的合理借款费用

B．为购置无形资产发生借款的，该无形资产购置期间发生的合理借款费用

C．为建造固定资产发生借款的，该固定资产建造期间发生的合理借款费用

D．为经过 6 个月的建造才达到预定可销售状态的存货发生借款的，该存货建造期间发生的合理借款费用

5．下列各项中，属于不征税收入的有（ ）。

A．财政拨款　　B．接受捐赠收入

C．违约金收入　　D．行政事业性收费

三、综合题

2023 年，某生物药品制造企业取得主营业务收入 56 000 万元、其他业务收入 3 000 万元、营业外收入 1 200 万元、投资收益 800 万元，发生主营业务成本 24 000 万元、其他业务成本 1 400 万元、营业外支出 1 300 万元、税金及附加 4 500 万元、管理费用 5 000 万元、销售费用 12 000 万元、财务费用 1 100 万元，实现年度利润总额 11 700 万元。相关业务的具体情况如下。

（1）发生广告费支出 9 500 万元。

（2）发生业务招待费支出 500 万元。

（3）实发工资 5 000 万元。其中，为本企业残疾职工发放工资 100 万元。

（4）拨缴职工工会经费 110 万元，发生职工福利费 750 万元、职工教育经费 140 万元。

（5）发生新产品研发费用 1 200 万元（未形成无形资产已独立核算管理）。

（6）投资收益中包括国债利息收入 150 万元、企业债券利息收入 150 万元。

（7）转让一项专利技术取得收入 900 万元，与之相关的成本和税费为 200 万元。

要求：计算该企业应缴纳的企业所得税税额。

综合能力评价

学生配合指导教师共同完成综合能力评价表（见表 4-11）。

表 4-11　综合能力评价表

<table>
<tr><td>班级</td><td></td><td>组号</td><td colspan="2"></td><td>日期</td><td colspan="2"></td></tr>
<tr><td>姓名</td><td></td><td>学号</td><td colspan="2"></td><td>指导教师</td><td colspan="2"></td></tr>
<tr><td>项目名称</td><td colspan="7">企业所得税智慧化申报与管理</td></tr>
<tr><td rowspan="2">评价维度</td><td rowspan="2">一级指标</td><td rowspan="2">二级指标</td><td rowspan="2">评价标准</td><td rowspan="2">分值</td><td colspan="2">评分</td></tr>
<tr><td>自评</td><td>师评</td></tr>
<tr><td rowspan="6">知识评价（40 分）</td><td rowspan="3">重难点知识</td><td>掌握企业所得税的税务规定</td><td>能答对相关习题，并能用自己的话概括企业所得税的税务规定</td><td>5</td><td></td><td></td></tr>
<tr><td>掌握企业所得税的计算方法和纳税筹划方法</td><td>能答对相关习题，并能用简洁的话概括企业所得税的计算方法和纳税筹划方法</td><td>7</td><td></td><td></td></tr>
<tr><td>掌握企业所得税的智慧化申报方法</td><td>能列举纳税人需要填写的纳税申报资料，并能用自己的话概括纳税申报步骤</td><td>7</td><td></td><td></td></tr>
<tr><td rowspan="3">操作技能</td><td colspan="2">能正确计算企业所得税的应纳税额</td><td>8</td><td></td><td></td></tr>
<tr><td colspan="2">能按期申报和缴纳企业所得税</td><td>8</td><td></td><td></td></tr>
<tr><td colspan="2">能灵活运用纳税筹划方法，合理筹划企业所得税</td><td>5</td><td></td><td></td></tr>
<tr><td rowspan="5">能力评价（30 分）</td><td rowspan="3">自主学习能力</td><td>预习能力</td><td>能概述本项目的主要知识点</td><td>6</td><td></td><td></td></tr>
<tr><td>课堂学习能力</td><td>认真听讲，积极参与课堂互动</td><td>6</td><td></td><td></td></tr>
<tr><td>反思改进能力</td><td>反思在预习和课堂学习中出现的问题，巩固所学知识，改进学习方法</td><td>6</td><td></td><td></td></tr>
<tr><td rowspan="2">人际交往能力</td><td>团队协作能力</td><td>积极参与活动，与小组成员配合默契</td><td>6</td><td></td><td></td></tr>
<tr><td>沟通协调能力</td><td>与小组成员沟通顺畅</td><td>6</td><td></td><td></td></tr>
<tr><td rowspan="3">素养评价（30 分）</td><td rowspan="3">职业素养</td><td>主动意识</td><td>积极学习，按时完成任务</td><td>10</td><td></td><td></td></tr>
<tr><td>合作与竞争意识</td><td>能以平和的心态面对同学之间的合作与竞争</td><td>10</td><td></td><td></td></tr>
<tr><td>创新意识</td><td>能建立所学知识与实际应用场景的联系</td><td>10</td><td></td><td></td></tr>
<tr><td colspan="4">合计</td><td>100</td><td></td><td></td></tr>
<tr><td>总评</td><td colspan="3">自评（30%）+师评（70%）=</td><td colspan="3">教师（签名）：</td></tr>
</table>

项目五

个人所得税智慧化申报与管理

在学习本项目前，需要自问以下几个问题：

- “一老一小”三项专项附加扣除是什么?
- 个人取得的银行存款利息需要缴税吗?
- 个人出租房产需要缴税吗?

扫一扫右边的二维码，从相关法律法规中找到答案。

个人所得税的基本法律规范

素养目标

（1）增强遵纪守法、诚信纳税的意识。

（2）认真学习税务知识，依法维护自身的正当权益。

知识目标

（1）掌握个人所得税的税务规定。

（2）掌握个人所得税应纳税额的计算方法。

（3）掌握个人所得税智慧化申报的方法。

（4）掌握个人所得税纳税筹划的方法。

技能目标

（1）能正确计算个人所得税的应纳税额。

（2）能正确填制个人所得税的纳税申报表。

（3）能对个人所得税进行合法、合理的纳税筹划。

知识准备

个人所得税是以个人（自然人）取得的各项应税所得为征税对象所征收的一种税。征收个人所得税在增加政府财政收入，增强公民纳税意识，调节个人收入分配差距等方面具有重要作用。

一、纳税人

个人所得税的纳税人，包括中国公民、个体工商户、个人独资企业、合伙企业、在中国有所得的外籍人员等。根据相关判定标准，个人所得税的纳税人分为居民个人和非居民个人，分别承担不同的纳税义务。居民个人和非居民个人的判定标准、纳税义务具体如表 5-1 所示。

个人所得税的征收模式

表 5-1　居民个人和非居民个人的判定标准、纳税义务

纳税人	判定标准	纳税义务
居民个人	需要符合以下两条标准中的其中一条： （1）在中国境内有住所的个人，即因户籍、家庭、经济利益关系而在中国境内习惯性居住 （2）在中国境内无住所而一个纳税年度（自公历 1 月 1 日起至 12 月 31 日止）内在中国境内居住累计满 183 天的个人	无限纳税义务，即从中国境内和中国境外取得的所得都要缴纳个人所得税
非居民个人	需要符合以下两条标准中的其中一条： （1）在中国境内无住所又不居住的个人 （2）在中国境内无住所而一个纳税年度内在中国境内居住累计不满 183 天的个人	有限纳税义务，即从中国境内取得的所得要缴纳个人所得税

涉税小助手

习惯性居住是指个人在学习、工作、探亲等原因消除之后，没有理由在其他地方继续居留时，所要回到的地方，而不是指实际居住地或在某一个特定时期内的居住地。

二、征税对象

个人所得税的征税对象是纳税人取得的各项应税所得。《中华人民共和国个人所得税法》（以下简称《个人所得税法》）中列举的应税所得项目有以下几项。

（一）工资、薪金所得

工资、薪金所得是指个人因任职或受雇而取得的工资、薪金、奖金、年终加薪、劳动分红、津贴、补贴及与任职或受雇有关的其他所得。

（二）劳务报酬所得

劳务报酬所得是指个人从事劳务取得的所得，包括从事设计、装潢、安装、制图、化验、测试、医疗、法律、会计、咨询、讲学、翻译、审稿、书画、雕刻、影视、录音、录像、演出、表演、广告、展览、技术服务、介绍服务、经纪服务、代办服务及其他劳务取得的所得。

（三）稿酬所得

稿酬所得是指个人因其作品以图书、报刊等形式出版、发表而取得的所得。作品包括文学作品、书画作品、摄影作品及其他作品。

（四）特许权使用费所得

特许权使用费所得是指个人提供专利权、商标权、著作权、非专利技术及其他特许权的使用权取得的所得。其中，提供著作权的使用权取得的所得不包括稿酬所得。

（五）经营所得

经营所得是指下列所得。

（1）个体工商户从事生产经营活动取得的所得，个人独资企业投资人、合伙企业的个人合伙人取得来源于境内注册的个人独资企业、合伙企业生产经营的所得。

（2）个人依法从事办学、医疗、咨询及其他有偿服务活动取得的所得。

（3）个人对企业、事业单位承包经营、承租经营及转包、转租取得的所得。

（4）个人从事其他生产经营活动取得的所得。

（六）利息、股息、红利所得

利息、股息、红利所得是指个人拥有债权、股权而取得的利息、股息、红利所得。

（七）财产租赁所得

财产租赁所得是指个人出租不动产、机器设备、车船及其他财产取得的所得。个人取得的财产转租收入，按财产租赁所得缴纳个人所得税。

（八）财产转让所得

财产转让所得是指个人转让有价证券、股权、合伙企业中的财产份额、不动产、机器设备、车船及其他财产取得的所得。

（九）偶然所得

偶然所得是指个人得奖、中奖、中彩及其他具有偶然性质的所得。

涉税窗口

所得来源地的确定

除国务院财政、税务主管部门另有规定外，下列所得，不论支付地点是否在中国境内，均为来源于中国境内的所得。

（1）因任职、受雇、履约等在中国境内提供劳务取得的所得。

（2）将财产出租给承租人在中国境内使用而取得的所得。

（3）许可各种特许权在中国境内使用而取得的所得。

（4）转让中国境内的不动产等财产或者在中国境内转让其他财产取得的所得。

（5）从中国境内的企业、事业单位、其他组织及居民个人处取得的利息、股息、红利所得。

三、税率

（一）综合所得适用税率

居民个人每一纳税年度内取得的综合所得包括工资、薪金所得，劳务报酬所得，稿酬所得和特许权使用费所得。居民个人每一纳税年度内取得的综合所得适用七级超额累进税率，税率为 3%～45%，具体如表 5-2 所示。

表 5-2　综合所得个人所得税税率表

级数	全年应纳税所得额	税率	速算扣除数
1	不超过 36 000 元的	3%	0
2	超过 36 000 元至 144 000 元的部分	10%	2 520
3	超过 144 000 元至 300 000 元的部分	20%	16 920
4	超过 300 000 元至 420 000 元的部分	25%	31 920
5	超过 420 000 元至 660 000 元的部分	30%	52 920
6	超过 660 000 元至 960 000 元的部分	35%	85 920
7	超过 960 000 元的部分	45%	181 920

注：本表所称“全年应纳税所得额”是指依照税法的规定，以每一纳税年度的收入总额减去费用 60 000 元及专项扣除、专项附加扣除和依法确定的其他扣除后的余额。非居民个人取得工资、薪金所得，劳务报酬所得，稿酬所得和特许权使用费所得，依照本表按月换算后计算应纳税额。

（二）经营所得适用税率

纳税人每一纳税年度内取得的经营所得适用五级超额累进税率，税率为 5%～35%，具体如表 5-3 所示。

表 5-3　经营所得个人所得税税率表

级数	全年应纳税所得额	税率	速算扣除数
1	不超过 30 000 元的	5%	0
2	超过 30 000 元至 90 000 元的部分	10%	1 500
3	超过 90 000 元至 300 000 元的部分	20%	10 500
4	超过 300 000 元至 500 000 元的部分	30%	40 500
5	超过 500 000 元的部分	35%	65 500

注：本表所称“全年应纳税所得额”是指依照税法的规定，以每一纳税年度的收入总额减去成本、费用及损失后的余额。

（三）分类所得适用税率

分类所得包括利息、股息、红利所得，财产租赁所得，财产转让所得和偶然所得。纳税人取得的分类所得适用比例税率，税率为 20%。

同步税务

【例 5-1】居民个人取得的下列所得，应纳入综合所得计征个人所得税的是（　　）。

A. 偶然所得

B. 特许权使用费

C. 财产转让所得

D. 从事个体出租车运营的所得

解析：

正确答案为 B。居民个人每一纳税年度内取得的综合所得包括工资、薪金所得，劳务报酬所得，稿酬所得和特许权使用费所得。

四、减免优惠

（一）免征优惠

下列各项个人所得，免征个人所得税。

（1）省级人民政府、国务院部委和中国人民解放军军级以上单位，以及外国组织、国际组织颁发的科学、教育、技术、文化、卫生、体育、环境保护等方面的奖金。

（2）国债和国家发行的金融债券利息。

（3）按照国家统一规定发给的补贴、津贴。

（4）福利费、抚恤金、救济金。

（5）保险赔款。

（6）军人的转业费、复员费、退役金。

（7）按照国家统一规定发给干部、职工的安家费、退职费、基本养老金或者退休费、离休费、离休生活补助费。

（8）按照我国有关法律规定应予免税的各国驻华使馆、领事馆的外交代表、领事官员和

其他人员的所得。

（9）中国政府参加的国际公约及签订的协议中规定免税的所得。

（10）乡、镇（含乡、镇）以上人民政府或经县（含县）以上人民政府主管部门批准成立的有机构、有章程的见义勇为基金会或者类似性质组织，奖励见义勇为者的奖金或奖品。

（11）居民储蓄存款利息。

（12）个人举报、协查各种违法、犯罪行为而获得的奖金。

（13）个人办理代扣代缴税款手续，按规定取得的扣缴手续费。

（14）个人转让自用达5年以上并且是唯一的家庭居住用房取得的所得。

（15）达到离休、退休年龄，但确因工作需要，适当延长离休、退休年龄的高级专家（指享受国家发放的政府特殊津贴的专家、学者），其在延长离休、退休期间的工资、薪金所得。

（16）外籍个人从外商投资企业取得的股息、红利所得。

（17）被拆迁人按照国家有关城镇房屋拆迁管理办法规定的标准取得的拆迁补偿款。

（18）国务院规定的其他免税所得。

（二）减征优惠

有下列情形之一的，可以减征个人所得税。

（1）残疾、孤老人员和烈属的所得。

（2）因自然灾害遭受重大损失的。

国务院可以规定其他减税情形，报全国人民代表大会常务委员会备案。

涉税小助手

减征的具体幅度和期限由省、自治区、直辖市人民政府规定，并报同级人民代表大会常务委员会备案。

任务一　计算个人所得税

任务导入

1．基本情况

中国公民刘某（身份证号码为410×××19850513××××）任职于H公司（统一社会信用代码为912436586266235×××）。刘某的儿子正在上小学，夫妻双方约定由刘某按子女教育专项附加扣除标准的100%扣除；刘某的父母均已年过60岁，刘某与其哥哥约定双方分别按赡养老人专项附加扣除标准的50%扣除。

2．2023年度刘某收入情况

（1）每月取得工资、薪金所得23 000元，每月缴纳基本养老保险费1 840元、医疗保险费460元、失业保险费115元、住房公积金2 300元。1～11月的工资、薪金所得累计预扣预缴个人所得税 9 893.5 元。

（2）3 月，为乙公司提供一次咨询服务，取得咨询服务收入 5 800 元，已由乙公司代扣代缴个人所得税 928 元。

（3）5 月，撰写一篇论文并将该论文刊登在丙出版社的杂志上，取得稿酬所得 1 000 元，已由丙出版社代扣代缴个人所得税 28 元。

（4）6 月，将自有的一项非职务专利技术提供给丁公司使用，取得一次性特许权使用费收入 26 000 元，已由丁公司代扣代缴个人所得税 4 160 元。

（5）12 月，取得全年一次性奖金 33 600 元，刘某选择奖金单独计算纳税。

3. 任务要求

（1）请计算 2023 年 12 月 H 公司应预扣预缴刘某的个人所得税税额。

（2）请对刘某 2023 年取得的综合所得进行汇算清缴。

一、计算居民个人综合所得的应纳税额

（一）确定应纳税所得额

居民个人取得综合所得，以每一纳税年度的收入总额减去费用 60 000 元及专项扣除、专项附加扣除和依法确定的其他扣除后的余额为应纳税所得额。其计算公式如下。

应纳税所得额=每一纳税年度的收入总额−60 000 元−专项扣除−专项附加扣除−依法确定的其他扣除

1. 专项扣除

专项扣除包括居民个人按照国家规定的范围和标准缴纳的基本养老保险、基本医疗保险、失业保险等社会保险费和住房公积金等。

2. 专项附加扣除

专项附加扣除包括子女教育、继续教育、大病医疗、住房贷款利息或者住房租金、赡养老人和 3 岁以下婴幼儿照护等支出。

1）子女教育专项附加扣除

纳税人年满 3 岁的子女接受学前教育和学历教育的相关支出，按照每个子女每月 2 000 元的标准定额扣除。学前教育是指年满 3 岁至小学入学前的教育；学历教育包括义务教育（小学教育、初中教育）、高中阶段教育（普通高中教育、中等职业教育、技工教育）、高等教育（大学专科教育、大学本科教育、硕士研究生教育、博士研究生教育）。子女是指婚生子女、非婚生子女（私生子女）、继子女（丈夫与前妻所生的子女、妻子与前夫所生的子女）、养子女。

受教育子女的父母可以选择由其中一方按扣除标准的 100%扣除，也可以选择由双方分别按扣除标准的 50%扣除。具体扣除方式在一个纳税年度内不能变更。

2）继续教育专项附加扣除

纳税人在中国境内接受学历（学位）继续教育的支出，在学历（学位）教育期间按照每月 400 元的标准定额扣除。同一学历（学位）继续教育的扣除期限不能超过 48 个月。纳税人接受技能人员职业资格继续教育、专业技术人员职业资格继续教育的支出，在取得相关证书的当年，按照 3 600 元的标准定额扣除。

涉税小助手

个人接受本科及以下学历（学位）继续教育，符合上述扣除条件的，可以选择由其父母扣除，也可以选择由本人扣除。

3）大病医疗专项附加扣除

在一个纳税年度内，纳税人发生的与基本医保相关的医药费用支出，扣除医保报销后个人负担（指医保目录范围内的自付部分）累计超过 15 000 元的部分，由纳税人在办理年度汇算清缴时，在 80 000 元的限额内据实扣除。

纳税人发生的医药费用支出可以选择由本人或者其配偶扣除；未成年子女发生的医药费用支出可以选择由其父母一方扣除。

4）住房贷款利息专项附加扣除

纳税人本人或其配偶，单独或共同使用商业银行或住房公积金个人住房贷款为本人或其配偶购买中国境内住房，发生的首套住房贷款利息支出，在实际发生贷款利息的年度，按照每月 1 000 元的标准定额扣除，扣除期限最长不超过 240 个月。纳税人只能享受一次首套住房贷款利息扣除。首套住房贷款是指购买住房享受首套住房贷款利率的住房贷款。

经夫妻双方约定，可以选择由其中一方扣除首套住房贷款利息，具体扣除方式在一个纳税年度内不能变更。

涉税小助手

夫妻双方婚前分别购买住房发生的首套住房贷款，其贷款利息支出，婚后可以选择其中一套购买的住房，由购买方按扣除标准的 100%扣除，也可以由夫妻双方对各自购买的住房分别按扣除标准的 50%扣除，具体扣除方式在一个纳税年度内不能变更。

5）住房租金专项附加扣除

纳税人在主要工作城市没有自有住房而发生的住房租金支出，可以按照以下标准定额扣除。

（1）直辖市、省会（首府）城市、计划单列市及国务院确定的其他城市，扣除标准为每月 1 500 元。

（2）除上述所列城市外，市辖区户籍人口超过 100 万的城市，扣除标准为每月 1 100 元；市辖区户籍人口不超过 100 万的城市，扣除标准为每月 800 元。

涉税小助手

纳税人的配偶在纳税人的主要工作城市有自有住房的，视同纳税人在主要工作城市有自有住房。

夫妻双方主要工作城市相同的，只能由一方扣除住房租金支出。住房租金支出由签订租赁住房合同的承租人扣除。纳税人及其配偶在一个纳税年度内不得同时分别享受住房贷款利息专项附加扣除和住房租金专项附加扣除。

6）赡养老人专项附加扣除

纳税人赡养一位及以上被赡养人（指年满 60 岁的父母，以及子女均已去世的年满 60 岁的祖父母、外祖父母）的赡养支出，统一按以下标准定额扣除。

（1）纳税人为独生子女的，按照每月 3 000 元的标准定额扣除。

（2）纳税人为非独生子女的，由其与兄弟姐妹分摊每月 3 000 元的扣除额度，每人分摊的额度不得超过每月 1 500 元。具体分摊方式和额度在一个纳税年度内不能变更。

7）3 岁以下婴幼儿照护专项附加扣除

自 2023 年 1 月 1 日起，纳税人照护 3 岁以下婴幼儿子女的相关支出，按照每个婴幼儿每月 2 000 元的标准定额扣除。父母可以选择由其中一方按扣除标准的 100%扣除，也可以选择由双方分别按扣除标准的 50%扣除。具体扣除方式在一个纳税年度内不能变更。

涉税交流帖

2019 年 1 月 1 日起，我国新增子女教育、继续教育、大病医疗、住房贷款利息、住房租金、赡养老人等 6 项个人所得税专项附加扣除。2022 年 1 月 1 日起，我国将 3 岁以下婴幼儿照护纳入个人所得税专项附加扣除。

你认为专项附加扣除优惠政策的调整具有哪些意义？和同学讨论，说一说自己的看法。

3. 依法确定的其他扣除

依法确定的其他扣除包括个人缴付符合国家规定的企业年金、职业年金，个人购买符合国家规定的商业健康保险、税收递延型商业养老保险的支出，以及国务院规定可以扣除的其他项目。

涉税小助手

专项扣除、专项附加扣除和依法确定的其他扣除，以居民个人一个纳税年度的应纳税所得额为限额；一个纳税年度扣除不完的，不结转以后年度扣除。

（二）计算应纳税额

在实际工作中，向居民个人支付综合所得的单位和个人，负有代扣代缴个人所得税的义务。

1. 扣缴义务人向居民个人支付工资、薪金所得预扣预缴个人所得税的计算

扣缴义务人向居民个人支付工资、薪金所得时，应按照累计预扣法计算预扣税额，并按月办理扣缴申报。

累计预扣法是指扣缴义务人在一个纳税年度内预扣预缴税额时，以纳税人在本单位截至当前月份工资、薪金所得累计收入减去累计免税收入、累计减除费用、累计专项扣除、累计专项附加扣除和累计依法确定的其他扣除后的余额为累计预扣预缴应纳税所得额，然后根据居民个人工资、薪金所得预扣率表（见表 5-4）计算累计应预扣预缴税额，再减去累计减免税额和累计已预扣预缴税额，计算本期应预扣预缴税额的方法。相关计算公式如下。

$$\begin{matrix}\text{本期应}\\\text{预扣预缴税额}\end{matrix}=\left(\begin{matrix}\text{累计预扣预缴}\\\text{应纳税所得额}\end{matrix}\times\text{预扣率}-\text{速算扣除数}\right)-\begin{matrix}\text{累计减}\\\text{免税额}\end{matrix}-\begin{matrix}\text{累计已预}\\\text{扣预缴税额}\end{matrix}$$

累计预扣预缴应纳税所得额=累计收入−累计免税收入−累计减除费用−累计专项扣除−累计专项附加扣除−累计依法确定的其他扣除

其中，累计减除费用按照 5 000 元/月乘以纳税人当年截至本月在本单位的任职受雇月份数计算。

表 5-4　居民个人工资、薪金所得预扣率表

级数	累计预扣预缴应纳税所得额	预扣率	速算扣除数
1	不超过 36 000 元的	3%	0
2	超过 36 000 元至 144 000 元的部分	10%	2 520
3	超过 144 000 元至 300 000 元的部分	20%	16 920
4	超过 300 000 元至 420 000 元的部分	25%	31 920
5	超过 420 000 元至 660 000 元的部分	30%	52 920
6	超过 660 000 元至 960 000 元的部分	35%	85 920
7	超过 960 000 元的部分	45%	181 920

同步税务

【例 5-2】2023 年 1 月，A 公司职工李某取得税前工资收入 18 000 元。已知李某当月的专项扣除额为 3 960 元，子女教育、继续教育、住房贷款利息和赡养老人等专项附加扣除额共计 4 400 元，无其他扣除额。请计算 1 月份 A 公司应预扣预缴李某的个人所得税税额。

解析：

累计预扣预缴应纳税所得额=18 000−5 000−3 960−4 400=4 640 元

1 月份预扣预缴个人所得税税额=4 640×3%=139.2 元

同步税务

【例 5-3】（接例 5-2）2023 年 2 月，李某取得税前工资收入 17 500 元。假设李某 2 月份的专项扣除额、专项附加扣除额等与 1 月份相同。请计算 2 月份 A 公司应预扣预缴李某的个人所得税税额。

解析：

累计预扣预缴应纳税所得额=（18 000+17 500）−5 000×2−3 960×2−4 400×2=8 780 元

2 月份预扣预缴个人所得税税额=8 780×3%−139.2=124.2 元

2. 扣缴义务人向居民个人支付劳务报酬所得、稿酬所得、特许权使用费所得预扣预缴个人所得税的计算

扣缴义务人向居民个人支付劳务报酬所得、稿酬所得、特许权使用费所得时，按次或按月预扣预缴个人所得税。

劳务报酬所得、稿酬所得、特许权使用费所得以收入减去减除费用后的余额为预扣预缴应纳税所得额。劳务报酬所得、稿酬所得、特许权使用费所得每次收入不超过 4 000 元的，减除

费用按 800 元计算；每次收入在 4 000 元以上的，减除费用按收入的 20%计算。其中，稿酬所得的预扣预缴应纳税所得额在减去减除费用的基础上，再减按 70%计算。

劳务报酬所得适用 20%～40%的超额累进预扣率表（见表 5-5），稿酬所得、特许权使用费所得适用 20%的预扣率。相关计算公式如下。

劳务报酬所得应预扣预缴税额=预扣预缴应纳税所得额×预扣率−速算扣除数

稿酬所得、特许权使用费所得应预扣预缴税额=预扣预缴应纳税所得额×20%

表 5-5　居民个人劳务报酬所得预扣率表

级数	预扣预缴应纳税所得额	预扣率	速算扣除数
1	不超过 20 000 元的	20%	0
2	超过 20 000 元至 50 000 元的部分	30%	2 000
3	超过 50 000 元的部分	40%	7 000

同步税务

【例 5-4】（接例 5-2 与例 5-3）2023 年 3 月，李某从兼职单位甲公司取得一次性劳务报酬收入 40 000 元；4 月，从乙出版社取得一次性稿酬收入 12 000 元；5 月，转让给丙公司一项非职务专利技术，取得一次性特许权使用费收入 3 000 元。上述收入均为税前收入，且均来源于中国境内。假设不考虑其他因素，请分别计算李某取得上述各项所得时，扣缴义务人应预扣预缴李某的个人所得税税额。

解析：

（1）李某取得的劳务报酬所得应由甲公司预扣预缴个人所得税。

预扣预缴应纳税所得额=40 000×（1−20%）=32 000 元

预扣预缴个人所得税税额=32 000×30%−2 000=7 600 元

（2）李某取得的稿酬所得应由乙出版社预扣预缴个人所得税。

预扣预缴应纳税所得额=12 000×（1−20%）×70%=6 720 元

预扣预缴个人所得税税额=6 720×20%=1 344 元

（3）李某取得的特许权使用费所得应由丙公司预扣预缴个人所得税。

预扣预缴应纳税所得额=3 000−800=2 200 元

预扣预缴个人所得税税额=2 200×20%=440 元

3．居民个人综合所得汇算清缴个人所得税的计算

综合所得汇算清缴是指年度终了后，纳税人汇总工资薪金、劳务报酬、稿酬、特许权使用费的全年收入额，计算全年应缴纳的个人所得税税额，再扣除本年度内已预缴的税额，向税务机关办理年度纳税申报并结清应退或应补税额的过程。应补（退）税额的计算公式如下。

应补税额=应纳税额−已预缴税额

应退税额=已预缴税额−应纳税额

式中，应纳税额的计算公式如下。

应纳税额=（每一纳税年度的收入总额−60 000 元−专项扣除−专项附加扣除−依法确定的其他扣除）×适用税率−速算扣除数

每一纳税年度的收入总额=工资、薪金收入+劳务报酬收入×（1−20%）+稿酬收入×（1−20%）×70%+特许权使用费收入×（1−20%）

应纳税额的计算公式中，适用税率及速算扣除数详见表 5-2。

涉税小助手

年度汇算不涉及财产租赁等分类所得，以及纳税人按规定选择不并入综合所得计算纳税的所得。

同步税务

【例 5-5】（接例 5-2、例 5-3、例 5-4）假设李某 2023 年 3 月至 12 月的工资收入、专项扣除额、专项附加扣除额等均与 1 月份相同，且无其他劳务报酬所得、稿酬所得、特许权使用费所得。请计算李某 2023 年综合所得应缴纳的个人所得税税额。

解析：

（1）计算李某 2023 年综合所得的应纳税所得额。

综合所得应纳税所得额=18 000×11+17 500+40 000×（1−20%）+12 000×（1−20%）×70%+3 000×（1−20%）−60 000−3 960×12−4 400×12=96 300 元

（2）计算李某 2023 年综合所得应缴纳的个人所得税税额。

应缴纳的个人所得税税额=96 300×10%−2 520=7 110 元

4. 居民个人取得全年一次性奖金应纳税额的计算

居民个人取得全年一次性奖金，在 2027 年 12 月 31 日前，可以选择以下两种方法计税。

（1）不并入当年综合所得，单独计算缴纳个人所得税。具体方法是先将全年一次性奖金收入按 12 个月分摊，然后依照表 5-6（将表 5-2 按月换算）确定适用的税率和速算扣除数，单独计算纳税。相关计算公式如下。

应纳税额=全年一次性奖金收入×适用税率−速算扣除数

表 5-6　全年一次性奖金个人所得税税率表

级数	应纳税所得额	税率	速算扣除数
1	不超过 3 000 元的	3%	0
2	超过 3 000 元至 12 000 元的部分	10%	210
3	超过 12 000 元至 25 000 元的部分	20%	1 410
4	超过 25 000 元至 35 000 元的部分	25%	2 660
5	超过 35 000 元至 55 000 元的部分	30%	4 410
6	超过 55 000 元至 80 000 元的部分	35%	7 160
7	超过 80 000 元的部分	45%	15 160

（2）并入当年综合所得计算缴纳个人所得税。自 2028 年 1 月 1 日起，居民个人取得全年一次性奖金，应并入当年综合所得计算缴纳个人所得税。

同步税务

【例 5-6】2023 年 12 月 31 日，赵某取得公司发放的全年一次性奖金 60 000 元，赵某选择单独计算纳税。请计算赵某取得全年一次性奖金应缴纳的个人所得税税额。

解析：

按 12 个月分摊后，每月奖金为 5 000 元（60 000÷12），在表 5-6 中找出适用的税率和速算扣除数。

应缴纳的个人所得税税额=60 000×10%−210=5 790 元

二、计算非居民个人工资、薪金所得，劳务报酬所得，稿酬所得，特许权使用费所得的应纳税额

扣缴义务人向非居民个人支付工资、薪金所得，劳务报酬所得，稿酬所得和特许权使用费所得时，应当按照以下方法按月或者按次代扣代缴个人所得税。

非居民个人的工资、薪金所得，以每月收入减去 5 000 元费用后的余额为应纳税所得额。非居民个人的劳务报酬所得、特许权使用费所得，以每次收入减去 20%的费用后的余额为应纳税所得额。非居民个人的稿酬所得，其应纳税所得额在每次收入减去 20%的费用后，再减按 70%计算。相关计算公式如下。

工资、薪金所得应纳税额=（每月工资、薪金收入−5 000）×适用税率−速算扣除数

劳务报酬所得、特许权使用费所得应纳税额=每次收入×（1−20%）×适用税率−速算扣除数

稿酬所得应纳税额=每次收入×（1−20%）×70%×适用税率−速算扣除数

上述公式中的适用税率及速算扣除数如表 5-6 所示。

同步税务

【例 5-7】在某外商投资企业工作的安迪为非居民个人。2023 年 5 月，安迪的收入情况如下：取得工资收入 15 000 元；为甲企业提供咨询服务，取得收入 50 000 元；到乙学校讲学 4 次，每次取得收入 1 600 元；发表一篇小说，取得稿酬 6 000 元。请计算安迪 5 月份应缴纳的个人所得税税额。

解析：

（1）计算工资所得应缴纳的个人所得税税额。

应纳税所得额=15 000−5 000=10 000 元

应缴纳的个人所得税税额=10 000×10%−210=790 元

（2）计算提供咨询服务应缴纳的个人所得税税额。

应纳税所得额=50 000×（1−20%）=40 000 元

应缴纳的个人所得税税额=40 000×30%−4 410=7 590 元

（3）计算讲学所得应缴纳的个人所得税税额。

应纳税所得额=1 600×4×（1−20%）=5 120 元

应缴纳的个人所得税税额=5 120×10%−210=302 元

（4）计算稿酬所得应缴纳的个人所得税税额。

应纳税所得额=6 000×（1−20%）×70%=3 360 元

应缴纳的个人所得税税额=3 360×10%−210=126 元

（5）计算安迪 5 月份应缴纳的个人所得税税额。

安迪 5 月份应缴纳的个人所得税税额=790+7 590+302+126=8 808 元

三、计算经营所得的应纳税额

（一）确定应纳税所得额

1．个体工商户应纳税所得额的确定

个体工商户应纳税所得额的计算以权责发生制为原则。财政部、国务院另有规定的除外。

1）计税基本规定

个体工商户的生产经营所得，以每一纳税年度的收入总额减去成本、费月、税金、损失、其他支出及允许弥补的以前年度亏损后的余额为应纳税所得额。

其中，成本是指生产经营活动中发生的各项直接支出；费用是指生产经营活动中分配计入成本的间接费用及销售费用、管理费用、财务费用；损失是指生产经营活动中发生的固定资产和存货的盘亏、毁损、报废损失，转让财产损失，坏账损失，自然灾害等不可抗力因素造成的损失及其他损失。

涉税小助手

个体工商户纳税年度发生的亏损，准予向以后年度结转，用以后年度的生产经营所得弥补，但结转年限最长不得超过 5 年。

2）准予扣除的项目及标准

个体工商户的生产经营所得准予扣除的项目及标准具体如下所示。

（1）个体工商户实际支付给从业人员合理的工资、薪金支出，以及为业主本人和从业人员缴纳的基本养老保险费、基本医疗保险费、失业保险费、生育保险费、工伤保险费和住房公积金，准予扣除。

涉税小助手

（1）个体工商户业主的工资、薪金支出不得税前扣除。

（2）个体工商户为从业人员缴纳的补充养老保险费、补充医疗保险费，分别在不超过从业人员工资总额 5%的标准内据实扣除；超过部分，不得扣除。

（3）个体工商户为业主本人缴纳的补充养老保险费、补充医疗保险费，以当地（地级市）上年度社会平均工资的 3 倍为计算基数，分别在不超过该计算基数 5%的标准内据实扣除；超过部分，不得扣除。

补充养老保险和补充医疗保险

（4）除个体工商户依照国家有关规定为特殊工种从业人员支付的人身安全保险费和财政部、国家税务总局规定可以扣除的其他商业保险费外，个体工商户为业主本人或者为从业人员支付的商业保险费，不得扣除。

（5）个体工商户代其从业人员或者他人负担的税款，不得税前扣除。

（2）个体工商户在生产经营活动中发生的合理的、不需要资本化的借款费用，准予扣除。

（3）个体工商户在生产经营活动中向金融企业借款的利息支出，准予扣除；向非金融企业和个人借款的利息支出，不超过按照金融企业同期同类贷款利率计算的部分，准予扣除。

（4）个体工商户在货币交易中及纳税年度终了时，将人民币以外的货币性资产、负债按照期末即期人民币汇率中间价折算为人民币时产生的汇兑损失，除已经计入有关资产成本的部分外，准予扣除。

（5）个体工商户向当地工会组织拨缴的工会经费、实际发生的职工福利费支出、实际发生的职工教育经费支出分别在工资、薪金总额（即当期允许税前扣除的工资、薪金支出数额）的 2%、14%、2.5%的标准内据实扣除。

涉税小助手

实际发生的职工教育经费支出超出规定比例当期不能扣除的数额，准予在以后纳税年度结转扣除。

（6）个体工商户发生的与生产经营活动有关的业务招待费，按照实际发生额的 60%扣除，但最高不得超过当年销售（营业）收入的 5‰。

（7）个体工商户每一纳税年度发生的与其生产经营活动直接相关的广告费和业务宣传费不超过当年销售（营业）收入 15%的部分，可以据实扣除；超过部分，准予在以后纳税年度结转扣除。

（8）个体工商户按照规定缴纳的摊位费、行政性收费、协会会费等，按实际发生数额扣除。

（9）个体工商户根据生产经营活动的需要支付的固定资产租赁费，按照以下方法扣除：① 以经营租赁方式租入固定资产发生的租赁费支出，按照租赁期限均匀扣除；② 以融资租赁方式租入固定资产发生的租赁费支出，按照规定构成融资租入固定资产价值的部分应当提取折旧费用，分期扣除。

（10）个体工商户参加财产保险，按照规定缴纳的保险费，准予扣除。

（11）个体工商户发生的合理的劳动保护支出，准予扣除。

（12）个体工商户自申请营业执照之日起至开始生产经营之日止所发生的符合规定的费用，除为取得固定资产、无形资产发生的支出，以及应计入资产价值的汇兑损益、利息支出外，作为开办费，可以在开始生产经营的当年一次性扣除，也可自生产经营月份起在不短于 3 年期限内摊销扣除。但一经选定，不得改变。

涉税小助手

开始生产经营之日是指个体工商户取得第一笔销售（营业）收入的日期。

（13）个体工商户通过公益性社会团体或者县级以上人民政府及其部门，用于《中华人民共和国公益事业捐赠法》规定的公益事业的捐赠，捐赠额不超过其应纳税所得额30%的部分，可以据实扣除。

（14）个体工商户因研究开发新产品、新技术、新工艺所发生的开发费用，以及因研究开发新产品、新技术而购置单台价值在10万元以下的测试仪器和试验性装置的购置费，准予直接扣除。单台价值在10万元以上（含10万元）的测试仪器和试验性装置，按固定资产管理，其购置费不得在当期直接扣除。

涉税小助手

取得经营所得但没有取得综合所得的纳税人，计算其每一纳税年度的应纳税所得额时，应当减除费用6万元、专项附加扣除及依法确定的其他扣除。同时取得经营所得和综合所得的纳税人，可在经营所得或综合所得中申报减除费用6万元、专项附加扣除及依法确定的其他扣除，但不得重复申报减除。

3）不得扣除的项目

个体工商户的下列支出不得扣除：① 个人所得税税款；② 税收滞纳金；③ 罚金、罚款和被没收财物的损失；④ 不符合扣除规定的捐赠支出；⑤ 赞助支出；⑥ 用于个人和家庭的支出；⑦ 与取得生产经营收入无关的其他支出；⑧ 国家税务总局规定的不得扣除的其他支出。

涉税小助手

个体工商户在生产经营活动中，应当分别核算生产经营费用和个人、家庭费用。生产经营与个人、家庭生活难以分清的费用，其40%视为与生产经营有关的费用，准予扣除。

2. 个人独资企业、合伙企业投资者应纳税所得额的确定

个人独资企业的投资者以全部生产经营所得为应纳税所得额。合伙企业的投资者按照合伙企业的全部生产经营所得和合伙协议约定的分配比例，确定应纳税所得额。合伙协议没有约定分配比例的，以合伙企业的全部生产经营所得和合伙人数量平均计算每个投资者的应纳税所得额。

除下列项目外，实行查账征收的个人独资企业和合伙企业准予扣除的生产经营所得项目及标准比照个体工商户个人所得税计税办法的规定确定。

（1）投资者及其家庭发生的生活费用不允许在税前扣除。投资者及其家庭发生的生活费用与企业生产经营费用混合在一起，并且难以划分的，全部视为投资者个人及其家庭发生的生活费用，不允许在税前扣除。

（2）企业生产经营和投资者及其家庭生活共用的固定资产，难以划分的，由主管税务机关根据企业的生产经营类型、规模等具体情况，核定准予在税前扣除的折旧费用的数额或比例。

（3）企业计提的各种准备金不得扣除。

涉税小助手

投资者兴办两个或两个以上企业，并且企业性质全部是个人独资的，年度终了后办理汇算清缴时，应汇总其投资兴办的所有企业的经营所得作为应纳税所得额，以此确定适用税率，计算出全年经营所得的应纳税额，再根据每个企业的经营所得占所有企业经营所得的比例，分别计算出每个企业的应纳税额和应补缴税额。

（二）计算应纳税额

经营所得，以每一纳税年度的收入总额减去成本、费用及损失后的余额为应纳税所得额。经营所得应纳税额的计算公式如下。

应纳税额=全年应纳税所得额×适用税率−速算扣除数

=（全年收入总额−成本−费用−损失）×适用税率−速算扣除数

上述公式中，适用税率及速算扣除数详见表 5-3。

同步税务

【例 5-8】2022 年 12 月，某餐饮个体工商户的营业额为 150 000 元，当月消耗原材料 45 000 元，缴纳的房租、电费、水费、煤气费等合计 10 000 元，缴纳的其他税费合计 2 000 元，支付雇员工资 45 000 元，业主个人费用扣除标准为 5 000 元。已知，该个体工商户 1～11 月累计应纳税所得额为 390 000 元，1～11 月累计预缴个人所得税 50 000 元。请计算该个体工商户 12 月应缴纳的个人所得税税额。

解析：

12 月应纳税所得额=150 000−45 000−10 000−2 000−45 000−5 000=43 000 元

全年累计应纳税所得额=390 000+43 000=433 000 元

全年应缴纳的个人所得税税额=433 000×30%−40 500=89 400 元

12 月应缴纳的个人所得税税额=89 400−50 000=39 400 元

涉税小助手

自 2023 年 1 月 1 日至 2027 年 12 月 31 日，对个体工商户年应纳税所得额不超过 200 万元的部分，减半征收个人所得税。

四、计算财产租赁所得的应纳税额

财产租赁所得，一般以个人每次取得的收入扣除规定费用后的余额为应纳税所得额。在确定应纳税所得额时，纳税人应依次扣除以下费用。

（1）财产租赁过程中由纳税人缴纳的税费。

（2）财产租赁过程中由纳税人负担的修缮费用。允许扣除的修缮费用以每次 800 元为限；一次扣除不完的，准予在下一次继续扣除，直到扣完为止。

财产租赁所得，每次收入不超过 4 000 元的，扣除费用按 800 元计算。应纳税额的计算公式如下。

应纳税额=［每次收入额−合理的税费−修缮费用（800 元为限）−800 元］×适用税率

财产租赁所得，每次收入在 4 000 元以上的，扣除费用按收入额的 20%计算。应纳税额的计算公式如下。

应纳税额=［每次收入额−合理的税费−修缮费用（800 元为限）］×（1−20%）×适用税率

财产租赁所得适用 20%的比例税率。但对个人按市场价格出租的居民住房取得的所得，自 2001 年 1 月 1 日起减按 10%的税率征收个人所得税。

同步税务

【例 5-9】2023 年 1 月 1 日，王某将自有住房出租。住房租赁合同上注明的租期为 1 年，每月租金为 2 500 元。7 月，王某支付出租房屋的修缮费 1 000 元。假设不考虑其他税费，请计算王某当年应缴纳的个人所得税税额。

解析：

7 月应缴纳的个人所得税税额=（2 500−800−800）×10%=90 元

8 月应缴纳的个人所得税税额=［2 500−（1 000−800）−800］×10%=150 元

除 7、8 月外每月应缴纳的个人所得税税额=（2 500−800）×10%=170 元

全年应缴纳的个人所得税税额=90+150+170×10=1 940 元

五、计算财产转让所得的应纳税额

财产转让所得，以转让财产的收入额减去财产原值和合理费用后的余额为应纳税所得额。应纳税额的计算公式如下。

应纳税额=应纳税所得额×适用税率

=（收入额−财产原值−合理费用）×20%

其中，财产原值按照下列方法确定：① 有价证券的财产原值为买入价及买入时按照规定缴纳的有关费用；② 建筑物的财产原值为建造费或者购进价格及其他有关费用；③ 土地使用权的财产原值为取得土地使用权所支付的金额、开发土地的费用及其他有关费用；④ 机器设备、车船的财产原值为购进价格、运输费、安装费及其他有关费用；⑤ 其他财产的财产原值参照上述规定的方法确定。合理费用是指转让财产时按规定支付的有关税费。

涉税小助手

纳税人未提供完整、准确的财产原值凭证，不能按照上述规定的方法确定财产原值的，由主管税务机关核定财产原值。

同步税务

【例 5-10】钱某将持有的有价证券出售，取得收入 40 000 元，按照规定可以扣除的费用为 500 元。已知该有价证券购入时的买价为 25 000 元，请计算钱某应缴纳的个人所得税税额。

解析：

应缴纳的个人所得税税额=（40 000−25 000−500）×20%=2 900 元

六、计算利息、股息、红利所得和偶然所得的应纳税额

利息、股息、红利所得和偶然所得按次征收，以每次收入额为应纳税所得额。应纳税额的计算公式如下。

应纳税额=应纳税所得额×适用税率

=每次收入额×20%

利息、股息、红利所得和偶然所得有以下几项特殊规定。

（1）储蓄存款在 2008 年 10 月 9 日（含 10 月 9 日）后滋生的利息所得，暂免征收个人所得税。

（2）个人从公开发行和转让市场取得的上市公司股票，持股期限在 1 个月以内（含 1 个月）的，其股息、红利所得全额计入应纳税所得额；持股期限在 1 个月以上至 1 年（含 1 年）的，其股息、红利所得暂减按 50%计入应纳税所得额；持股期限超过 1 年的，其股息、红利所得暂免征收个人所得税。

（3）个人取得单张有奖发票奖金，所得不超过 800 元（含 800 元）的，暂免征收个人所得税。

涉税窗口

公益捐赠支出的扣除规定

居民个人通过中国境内公益性社会组织、县级以上人民政府及其部门等国家机关，向教育、济困等公益慈善事业进行捐赠（以下简称“公益捐赠”），发生的公益捐赠支出，可以按照下列规定在计算应纳税所得额时扣除。

（1）居民个人发生的公益捐赠支出可以在综合所得、经营所得或者分类所得中扣除。在当期一个所得项目中扣除不完的公益捐赠支出，可以按规定在其他所得项目中继续扣除。

（2）居民个人发生的公益捐赠支出，在综合所得、经营所得中扣除的，扣除限额分别为当年综合所得、经营所得应纳税所得额的 30%；在分类所得中扣除的，扣除限额为当月分类所得应纳税所得额的 30%。

（3）居民个人根据各项所得的收入、公益捐赠支出、适用税率等情况，可自行决定公益捐赠支出在综合所得、分类所得、经营所得中的扣除顺序。

同步税务

【例 5-11】张先生为自由职业者，2023 年 5 月的收支情况如下：从 A 上市公司取得股息所得 15 000 元（持股 1 年）；从 B 非上市公司取得股息所得 9 000 元（持股 2 年）；兑现 2023 年 4 月 10 日到期的 1 年期银行储蓄存款利息所得 1 500 元；购买福利彩票，取得一次性中奖收入 20 000 元，并通过公益性社会组织向公益慈善事业捐赠 4 000 元。请计算张先生 5 月应缴纳的个人所得税税额。

解析：

（1）取得上市公司的 1 年期股息所得，减按 50%缴纳个人所得税。

（2）取得非上市公司的 2 年期股息所得，全额缴纳个人所得税。

（3）取得储蓄存款利息所得不缴纳个人所得税。

（4）捐赠扣除限额为当月分类所得应纳税所得额的 30%，捐赠额 4 000 元小于扣除限额 10 950 元［（15 000×50%+9 000+20 000）×30%］，捐赠支出在计算应纳税所得额时可全部扣除。

应缴纳的个人所得税税额=15 000×50%×20%+9 000×20%+（20 000−4 000）×20%
=6 500 元

任务实施

〔任务 1〕计算 2023 年 12 月 H 公司应预扣预缴刘某的个人所得税税额。

（1）计算 12 月刘某的工资、薪金所得应预扣预缴的个人所得税税额。

全年工资、薪金所得应纳税所得额=23 000×12−60 000−（1 840+460+115+2 300）×12−2 000×12−3 000×50%×12=117 420 元

12 月刘某的工资、薪金所得应预扣预缴的个人所得税税额=117 420×10%−2 520−9 893.5=−671.5 元

（2）计算刘某全年一次性奖金所得应代扣代缴的个人所得税税额。

按 12 个月分摊后，每月奖金 2 800 元（33 600÷12），在表 5-6 中找出适用的税率和速算扣除数。

全年一次性奖金所得应代扣代缴的个人所得税税额=33 600×3%=1 008 元

（3）H 公司 2023 年 12 月应预扣预缴刘某的个人所得税税额为 336.5 元（−671.5+1 008）。

〔任务 2〕对刘某 2023 年综合所得进行年度汇算清缴。

综合所得年应纳税所得额=23 000×12+5 800×（1−20%）+1 000×（1−20%）×70%+26 000×（1−20%）−60 000−（1 840+460+115+2 300）×12−2 000×12−3 000×50%×12=143 420 元

综合所得应纳税额=143 420×10%−2 520=11 822 元

全年综合所得已预缴个人所得税税额=9 893.5+928+28+4 160−671.5=14 338 元

综合所得汇算清缴后应退个人所得税税额=14 338−11 822=2 516 元

因此，综合所得汇算清缴后税务机关应退给刘某 2 516 元。

任务二 智慧化申报个人所得税

任务导入

（接本项目的任务一）

2024 年 1 月 10 日，H 公司对 2023 年 12 月预扣预缴刘某的个人所得税进行纳税申报，请填写《个人所得税扣缴申报表》。

2024 年 4 月 15 日，刘某办理 2023 年度个人所得税综合所得汇算清缴，请填写《个人所得税年度自行纳税申报表（A 表）》。

个人所得税以所得人为纳税人，以支付所得的单位或者个人为扣缴义务人。个人所得税的纳税申报方法有自行纳税申报和由扣缴义务人扣缴申报两种。

一、自行纳税申报

自行纳税申报是指纳税人在税法规定的纳税期限内，自行向税务机关申报取得的应税所得项目和数额，如实填写个人所得税纳税申报表，并按照税法规定计算应纳税额，缴纳个人所得税的一种方法。

（一）应当依法办理纳税申报的情形

《个人所得税法》规定，纳税人有下列情形之一的，应当依法办理纳税申报。

（1）取得综合所得需要办理汇算清缴。

（2）取得应税所得没有扣缴义务人。

（3）取得应税所得，扣缴义务人未扣缴税款。

（4）取得境外所得。

（5）因移居境外注销中国户籍。

（6）非居民个人在中国境内从两处以上取得工资、薪金所得。

（7）国务院规定的其他情形。

涉税小助手

纳税人自行纳税申报时，应一并报送税务机关要求报送的其他有关资料。首次申报或者个人基础信息发生变化的，还应报送《个人所得税基础信息表（B 表）》。

（二）自行纳税申报的具体规定

1. 取得综合所得需要办理汇算清缴的纳税申报

取得综合所得且符合下列情形之一的纳税人，应当依法办理汇算清缴。

（1）已预缴税额大于汇算应纳税额且申请退税的。

（2）取得的综合所得收入超过12万元且汇算需要补税金额超过400元的。

需要办理汇算清缴的纳税人，应当在取得所得的次年3月1日至6月30日内，向任职、受雇单位所在地的主管税务机关办理纳税申报，并报送《个人所得税年度自行纳税申报表》。纳税人有两处以上任职、受雇单位的，选择向其中一处任职、受雇单位所在地的主管税务机关办理纳税申报；纳税人没有任职、受雇单位的，向户籍所在地或经常居住地的主管税务机关办理纳税申报。

2．取得经营所得的纳税申报

纳税人取得经营所得，按年计算个人所得税。纳税人在月度或季度终了后15日内，向经营管理所在地的主管税务机关办理预缴纳税申报，并报送《个人所得税经营所得纳税申报表（A表）》。在取得所得的次年3月31日前，纳税人向经营管理所在地的主管税务机关办理汇算清缴，并报送《个人所得税经营所得纳税申报表（B表）》。纳税人从两处以上取得经营所得的，选择向其中一处经营管理所在地的主管税务机关办理年度汇总申报，并报送《个人所得税经营所得纳税申报表（C表）》。

3．取得应税所得，扣缴义务人未扣缴税款的纳税申报

纳税人取得应税所得，扣缴义务人未扣缴税款的，应当区别以下情形办理纳税申报。

（1）居民个人取得综合所得的，应按照取得综合所得依法办理汇算清缴。

（2）非居民个人取得工资、薪金所得，劳务报酬所得，稿酬所得，特许权使用费所得的，应当在取得所得的次年6月30日前，向扣缴义务人所在地的主管税务机关办理纳税申报，并报送《个人所得税自行纳税申报表（A表）》。有两个以上扣缴义务人均未扣缴税款的，选择向其中一处扣缴义务人所在地的主管税务机关办理纳税申报。

涉税小助手

> 非居民个人在次年6月30日前离境（临时离境除外）的，应当在离境前办理纳税申报。

（3）纳税人取得利息、股息、红利所得，财产租赁所得，财产转让所得和偶然所得的，应当在取得所得的次年6月30日前，按相关规定向主管税务机关办理纳税申报，并报送《个人所得税自行纳税申报表（A表）》。

涉税小助手

> 税务机关通知限期缴纳税款的，纳税人应当按照期限缴纳。

4．取得境外所得的纳税申报

居民个人从中国境外取得所得的，应当在取得所得的次年3月1日至6月30日内，向中国境内任职、受雇单位所在地的主管税务机关办理纳税申报；在中国境内没有任职、受雇单位的，向户籍所在地或中国境内经常居住地的主管税务机关办理纳税申报；户籍所在地与中国境内经常居住地不一致的，选择向其中一地的主管税务机关办理纳税申报；在中国境内没有户籍的，向中国境内经常居住地的主管税务机关办理纳税申报。

5．因移居境外注销中国户籍的纳税申报

纳税人因移居境外注销中国户籍的，应当在申请注销中国户籍前，向户籍所在地主管税务

机关办理纳税申报，进行税款清算。

6. 非居民个人在中国境内从两处以上取得工资、薪金所得的纳税申报

非居民个人在中国境内从两处以上取得工资、薪金所得的，应当在取得所得的次月15日内，向其中一处任职、受雇单位所在地的主管税务机关办理纳税申报，并报送《个人所得税自行纳税申报表（A表）》。

（三）办理纳税申报

为便利纳税人，税务机关为纳税人提供高效、快捷的网络办税渠道。纳税人可优先通过手机个人所得税App、自然人电子税务局网站办理综合所得年度汇算，享受税务机关提供的申报表项目预填服务。不方便通过上述途径办理综合所得年度汇算的纳税人，可以通过办税服务厅办理综合所得年度汇算。

表5-7的填写说明

1. 通过办税服务厅办理综合所得年度汇算

纳税人通过办税服务厅办理综合所得年度汇算时，应当如实填报《个人所得税年度自行纳税申报表（A表）》（见表5-7）。

表5-7 个人所得税年度自行纳税申报表（A表）
（仅取得境内综合所得年度汇算适用）

税款所属期：　　年　　月　　日至　　年　　月　　日
纳税人姓名：
纳税人识别号：□□□□□□□□□□□□□□□□□□□□-□□　　金额单位：人民币元（列至角分）

基本情况					
手机号码		电子邮箱		邮政编码	□□□□□□
联系地址	____省（区、市）____市____区（县）________街道（乡、镇）________________				
纳税地点（单选）					
1. 有任职受雇单位的，需选本项并填写“任职受雇单位信息”：			□任职受雇单位所在地		
任职受雇单位信息	名称				
	纳税人识别号	□□□□□□□□□□□□□□□□□□□			
2. 没有任职受雇单位的，可以从本栏次选择一地：			□户籍所在地　□经常居住地　□主要收入来源地		
户籍所在地/经常居住地/主要收入来源地		____省（区、市）____市____区（县）______街道（乡、镇）____________			
申报类型（单选）					
□首次申报			□更正申报		

综合所得个人所得税计算		
项目	行次	金额
一、收入合计（第1行=第2行+第3行+第4行+第5行）	1	
（一）工资、薪金	2	
（二）劳务报酬	3	
（三）稿酬	4	
（四）特许权使用费	5	

（续表）

项目	行次	金额
二、费用合计［第6行=（第3行+第4行+第5行）×20%］	6	
三、免税收入合计（第7行=第8行+第9行）	7	
（一）稿酬所得免税部分［第8行=第4行×（1-20%）×30%］	8	
（二）其他免税收入（附报《个人所得税减免税事项报告表》）	9	
四、减除费用	10	
五、专项扣除合计（第11行=第12行+第13行+第14行+第15行）	11	
（一）基本养老保险费	12	
（二）基本医疗保险费	13	
（三）失业保险费	14	
（四）住房公积金	15	
六、专项附加扣除合计（附报《个人所得税专项附加扣除信息表》）（第16行=第17行+第18行+第19行+第20行+第21行+第22行+第23行）	16	
（一）子女教育	17	
（二）继续教育	18	
（三）大病医疗	19	
（四）住房贷款利息	20	
（五）住房租金	21	
（六）赡养老人	22	
（七）3岁以下婴幼儿照护	23	
七、其他扣除合计（第24行=第25行+第26行+第27行+第28行+第29行+第30行）	24	
（一）年金	25	
（二）商业健康保险（附报《商业健康保险税前扣除情况明细表》）	26	
（三）税延养老保险（附报《个人税收递延型商业养老保险税前扣除情况明细表》）	27	
（四）允许扣除的税费	28	
（五）个人养老金	29	
（六）其他	30	
八、准予扣除的捐赠额（附报《个人所得税公益慈善事业捐赠扣除明细表》）	31	
九、应纳税所得额（第32行=第1行-第6行-第7行-第10行-第11行-第16行-第24行-第31行）	32	
十、税率（%）	33	
十一、速算扣除数	34	
十二、应纳税额（第35行=第32行×第33行-第34行）	35	
全年一次性奖金个人所得税计算 （无住所居民个人预判为非居民个人取得的数月奖金，选择按全年一次性奖金计税的填写本部分）		
一、全年一次性奖金收入	36	
二、准予扣除的捐赠额（附报《个人所得税公益慈善事业捐赠扣除明细表》）	37	
三、税率（%）	38	
四、速算扣除数	39	
五、应纳税额［第40行=（第36行-第37行）×第38行-第39行］	40	

（续表）

<table>
<tr><th colspan="4">项目</th><th>行次</th><th>金额</th></tr>
<tr><td colspan="6">税额调整</td></tr>
<tr><td colspan="4">一、综合所得收入调整额（需在“备注”栏说明调整具体原因、计算方式等）</td><td>41</td><td></td></tr>
<tr><td colspan="4">二、应纳税额调整额</td><td>42</td><td></td></tr>
<tr><td colspan="6">应补/退个人所得税计算</td></tr>
<tr><td colspan="4">一、应纳税额合计（第 43 行=第 35 行+第 40 行+第 42 行）</td><td>43</td><td></td></tr>
<tr><td colspan="4">二、减免税额（附报《个人所得税减免税事项报告表》）</td><td>44</td><td></td></tr>
<tr><td colspan="4">三、已缴税额</td><td>45</td><td></td></tr>
<tr><td colspan="4">四、应补/退税额（第 46 行=第 43 行-第 44 行-第 45 行）</td><td>46</td><td></td></tr>
<tr><td colspan="6">无住所个人附报信息</td></tr>
<tr><td>纳税年度内在中国境内居住天数</td><td colspan="2"></td><td colspan="2">已在中国境内居住年数</td><td></td></tr>
<tr><td colspan="6">退税申请
（应补/退税额小于 0 的填写本部分）</td></tr>
<tr><td colspan="6">□申请退税（需填写“开户银行名称”“开户银行省份”“银行账号”）　□放弃退税</td></tr>
<tr><td>开户银行名称</td><td colspan="2"></td><td>开户银行省份</td><td colspan="2"></td></tr>
<tr><td>银行账号</td><td colspan="5"></td></tr>
<tr><td colspan="6">备注</td></tr>
<tr><td colspan="6"></td></tr>
</table>

谨声明：本表是根据国家税收法律法规及相关规定填报的，本人对填报内容（附带资料）的真实性、可靠性、完整性负责。

纳税人签字：　　　　年　月　日

经办人签字： 经办人身份证件类型： 经办人身份证件号码： 代理机构签章： 代理机构统一社会信用代码：	受理人： 受理税务机关（章）： 受理日期：　　年　月　日

2. 通过个人所得税 App 办理综合所得年度汇算

纳税人可以参考以下步骤在个人所得税 App 办理综合所得年度汇算。

步骤 1▶ 打开个人所得税 App，选择“个人中心”选项，单击“登录/注册”按钮，填写账号与密码。

步骤 2▶ 完成登录后，选择“首页”选项，然后单击“综合所得年度汇算”按钮，进入“综合所得年度汇算”页面，如图 5-1 所示。

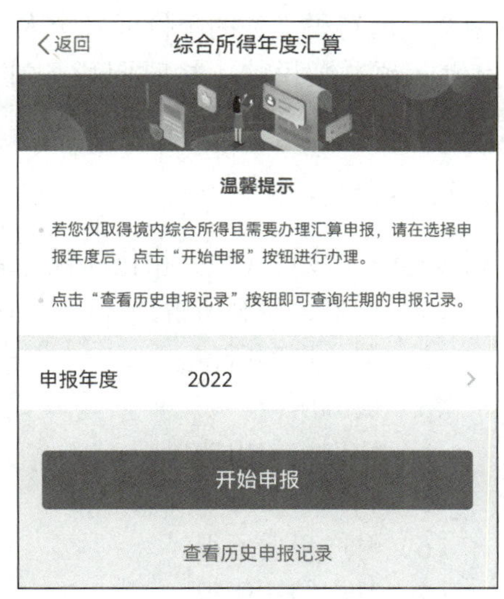

图 5-1　“综合所得年度汇算”页面

步骤 3▶ 选择申报年度，选择“申报表预填服务”选项，单击“开始申报”按钮。系统弹出“标准申报须知”对话框，单击“我已阅读并知晓”按钮，进入“标准申报——基本信息”页面。

步骤 4▶ 个人基础信息、汇算地等信息核对无误后，单击“下一步”按钮，进入“标准申报——收入和税前扣除”页面。

步骤 5▶ 系统自动归集上一年度取得的工资薪金所得、劳务报酬所得、稿酬所得、特许权使用费所得，以及费用、免税收入和各项税前扣除等数据，并预填到申报表相应栏次内。单击申报表对应项目栏，核对数据。

步骤 6▶ 若“工资薪金”栏显示“存在奖金，请在详情中进行确认”字样，则单击“存在奖金，请在详情中进行确认”字样，进入“奖金计税方式选择”页面。根据个人收入及税前扣除情况，自行选择是否将奖金并入综合所得计税。

步骤 7▶ 若没有需要修改的数据或需要调整的扣除项目，则单击“下一步”按钮，进入“标准申报——税款计算”页面，查看应纳税额、减免税额、已缴税额。

步骤 8▶ 若“标准申报——税款计算”页面左下方显示“应退税额”，则单击“下一步”按钮，系统弹出“声明”对话框，选择“我已阅读并同意”选项，然后单击“确认”按钮。单击“申请退税”按钮，系统弹出“特别提醒”对话框，单击“继续退税”按钮，进入“申请退税”页面。选择或添加退税的银行卡，单击“提交”按钮，即可完成退税申请。

步骤 9▶ 若“标准申报——税款计算”页面左下方显示“应补税额”且金额不超过 400 元，则单击“享受免申报”按钮，即可完成综合所得年度汇算。若“应补税额”超过 400 元，则单击“提交申报”按钮，核对金额无误后单击“立即缴税”按钮，即可完成税款缴纳。

二、扣缴申报

扣缴申报是指负有代扣代缴个人所得税义务的单位或者个人，在向个人支付应税所得时，应当按照税法规定代（预）扣代（预）缴税款，按时向税务机关报送《个人所得税扣缴申报表》的一种方法。

（一）代（预）扣代（预）缴的范围

扣缴义务人向个人支付下列所得时，应代（预）扣代（预）缴个人所得税。

《个人所得税专项附加扣除信息表》及其填写说明

（1）工资、薪金所得。

（2）劳务报酬所得。

（3）稿酬所得。

（4）特许权使用费所得。

（5）利息、股息、红利所得。

（6）财产租赁所得。

（7）财产转让所得。

（8）偶然所得。

涉税小助手

纳税人选择在扣缴义务人预扣预缴工资、薪金所得个人所得税时享受专项附加扣除的，应填写并向扣缴义务人报送《个人所得税专项附加扣除信息表》。

（二）代（预）扣代（预）缴期限

扣缴义务人每月或者每次预扣、代扣的税款，应在次月 15 日内缴入国库，并向税务机关报送《个人所得税扣缴申报表》。

（三）办理扣缴申报

扣缴义务人首次向纳税人支付所得时，应按照纳税人提供的纳税人识别号等基础信息，填写《个人所得税基础信息表（A 表）》，并于次月扣缴申报时向税务机关报送。扣缴义务人对纳税人向其报告的相关基础信息变化情况，应于次月扣缴申报时向税务机关报送。个人所得税的扣缴义务人办理工资、薪金所得预扣预缴税款时，应当填报《个人所得税扣缴申报表》（见表 5-8）。

表 5-8 的填写说明

表 5-8　个人所得税扣缴申报表

税款所属期：　　年　月　日至　　年　月　日

扣缴义务人名称：

扣缴义务人纳税人识别号（统一社会信用代码）：□□□□□□□□□□□□□□□□□□

金额单位：人民币元（列至角分）

							本月（次）情况														累计情况												税款计算							
							收入额计算				专项扣除				其他扣除									累计专项附加扣除																
序号	姓名	身份证件类型	身份证件号码	纳税人识别号	是否为非居民个人	所得项目	收入	费用	免税收入	减除费用	基本养老保险费	基本医疗保险费	失业保险费	住房公积金	年金	商业健康保险	税延养老保险	财产原值	允许扣除的税费	其他	累计收入额	累计减除费用	累计专项扣除	子女教育	继续教育	住房贷款利息	住房租金	赡养老人	3岁以下婴幼儿照护	累计其他扣除	减按计税比例	准予扣除的捐赠额	应纳税所得额	税率/预扣率	速算扣除数	应纳税额	减免税额	已缴税额	应补/退税额	备注
1	2	3	4	5	6	7	8	9	10	11	12	13	14	15	16	17	18	19	20	21	22	23	24	25	26	27	28	29	30	31	32	33	34	35	36	37	38	39	40	41
合计																																								

谨声明：本表是根据国家税收法律法规及相关规定填报的，是真实的、可靠的、完整的。

扣缴义务人（签章）：　　　　年　月　日

经办人签字： 经办人身份证件号码： 代理机构签章： 代理机构统一社会信用代码：	受理人： 受理税务机关（章）： 受理日期：　年　月　日

扣缴义务人可以通过办税服务厅、自然人电子税务局（扣缴端）、自然人电子税务局（web 端）办理扣缴申报。扣缴义务人通过自然人税务局（web 端）办理扣缴申报的流程（以综合所得为例），如图 5-2 所示。

扣缴申报的流程

1 登录	（1）打开自然人电子税务局官网 （2）输入账号与密码，登录自然人电子税务局 （3）进入扣缴申报页面
2 人员信息采集	（1）进入人员信息采集页面 （2）下载人员信息导入模板 （3）填写人员的基本信息、任职受雇从业信息、联系方式等 （4）填写完成后导入该模板，系统即可显示所填写的人员信息
3 专项附加扣除信息采集	（1）进入专项附加扣除信息采集页面 （2）下载专项附加扣除信息导入模板 （3）填写专项附加扣除信息 （4）填写完成后导入该模板，系统即可显示所填写的专项附加扣除信息
4 综合所得申报	（1）进入综合所得申报页面 （2）选择需要申报的项目 （3）填写收入信息并进行税款计算 （4）填写附表信息 （5）报送申报表
5 税款缴纳	（1）进入税款缴纳页面 （2）选择需要缴纳的项目 （3）确认缴税金额 （4）选择支付方式（三方协议支付、银联在线支付、银行柜台支付）并缴纳税款

图 5-2　扣缴申报的流程

涉税小助手

自然人电子税务局（web 端）的扣缴功能目前主要适用于当期在职员工人数低于 300 人（含 300 人）的单位。

任务实施

〔任务 1〕根据本项目任务一中“任务导入”的资料及“任务实施”的计算结果，填写《个人所得税扣缴申报表》。

〔任务 2〕根据本项目任务一中“任务导入”的资料及“任务实施”的计算结果，填写《个人所得税年度自行纳税申报表（A 表）》。

《个人所得税扣缴申报表》的填写示例

《个人所得税年度自行纳税申报表（A 表）》的填写示例

任务三　筹划个人所得税

任务导入

1. 筹划案例

居民个人杨某和孙某是一对夫妻，其孩子的年龄为 1 岁。杨某和孙某的部分资料如下所示。

姓名：杨某。
任职单位：A 公司。
年度税前收入：200 000 元。
专项扣除和依法确定的其他扣除合计额：19 000 元。

姓名：孙某。
任职单位：B 公司。
年度税前收入：400 000 元。
专项扣除和依法确定的其他扣除合计额：70 000 元。

2. 任务要求

假设杨某和孙某一年无其他收入，仅可以享受 3 岁以下婴幼儿照护这一项专项附加扣除。不考虑其他因素，请以降低夫妻双方整体的个人所得税税负为目的进行纳税筹划。

一、居民个人专项附加扣除的纳税筹划

税法规定，对于子女教育和 3 岁以下婴幼儿照护专项附加扣除，受教育子女的父母可以选择由其中一方按扣除标准的 100%扣除，也可以选择由双方分别按扣除标准的 50%扣除。

这为纳税人家庭提供了纳税筹划的思路，即夫妻双方可以选择由综合所得较高的一方按扣除标准的100%扣除，这样有可能降低夫妻双方整体的个人所得税税负。

【具体案例】

居民个人张某和王某是一对夫妻，其独生子在上小学。

张某任职于甲公司，一年从甲公司取得的税前工资收入为150 000元。张某的专项扣除和依法确定的其他扣除合计额为18 500元，专项附加扣除只有子女教育这一项符合税法扣除规定。

王某任职于乙公司，一年从乙公司取得的税前工资收入为300 000元。王某的专项扣除和依法确定的其他扣除合计额为55 500元，专项附加扣除只有子女教育这一项符合税法扣除规定。

假设张某和王某一年无其他收入。不考虑其他因素，请以降低夫妻双方整体的个人所得税税负为目的进行纳税筹划。

【筹划思路】

方案一：对于子女教育专项附加扣除，由张某按扣除标准的100%扣除。

张某年度综合所得的应纳税所得额=150 000−60 000−18 500−2 000×12=47 500元

张某年度应缴纳的个人所得税税额=47 500×10%−2 520=2 230元

王某年度综合所得的应纳税所得额=300 000−60 000−55 500=184 500元

王某年度应缴纳的个人所得税税额=184 500×20%−16 920=19 980元

张某和王某年度应缴纳的个人所得税税额合计=2 230+19 980=22 210元

方案二：对于子女教育专项附加扣除，由张某和王某分别按扣除标准的50%扣除。

张某年度综合所得的应纳税所得额=150 000−60 000−18 500−2 000×12×50%=59 500元

张某年度应缴纳的个人所得税税额=59 500×10%−2 520=3 430元

王某年度综合所得的应纳税所得额=300 000−60 000−55 500−2 000×12×50%=172 500元

王某年度应缴纳的个人所得税税额=172 500×20%−16 920=17 580元

张某和王某年度应缴纳的个人所得税税额合计=3 430+17 580=21 010元

方案三：对于子女教育专项附加扣除，由王某按扣除标准的100%扣除。

张某年度综合所得的应纳税所得额=150 000−60 000−18 500=71 500元

张某年度应缴纳的个人所得税税额=71 500×10%−2 520=4 630元

王某年度综合所得的应纳税所得额=300 000−60 000−55 500−2 000×12=160 500元

王某年度应缴纳的个人所得税税额=160 500×20%−16 920=15 180元

张某和王某年度应缴纳的个人所得税税额合计=4 630+15 180=19 810元

【筹划结论】

根据计算结果，方案三应缴纳的个人所得税税额合计最小（19 180＜21 010＜22 210）。因此，若以实现夫妻双方整体的个人所得税税负最小化为纳税筹划目标，张某和王某应选择方案三。

二、居民个人综合所得与经营所得转换的纳税筹划

一般情况下，居民个人同等金额的劳动收入在按照综合所得和经营所得计税时，其应纳税所得额和适用的税率是不同的。因此，在综合所得和经营所得可以相互转换的情况下，居民个人可以通过计算综合所得和经营所得的个人所得税税负，来选择税负较低的应税所得项目。

【具体案例】

居民个人王某主要从事财税咨询工作，在进行职业规划时，有以下两种方案可供选择。

方案一：王某在甲会计师事务所兼职提供咨询服务。在这种情况下，王某需要自己承担因提供咨询服务产生的成本、费用和损失。

方案二：王某登记为个体工商户，通过甲会计师事务所对外提供咨询服务。在这种情况下，王某需要自己承担因提供咨询服务产生的成本、费用和损失。

假设王某一年取得的税前经营收入为 600 000 元，产生的成本、费用和损失为 400 000 元，专项扣除、专项附加扣除和依法确定的其他扣除的合计额为 40 000 元，且没有其他收入。不考虑其他因素，请以降低个人所得税税负为目的，对上述方案进行纳税筹划。

【筹划思路】

方案一：王某在甲会计师事务所兼职提供咨询服务。

年度综合所得的应纳税所得额=600 000×（1−20%）−60 000−40 000=380 000 元

年度应缴纳的个人所得税税额=380 000×25%−31 920=63 080 元

方案二：王某登记为个体工商户，通过甲会计师事务所对外提供咨询服务。

年度经营所得的应纳税所得额=600 000−400 000−60 000−40 000=100 000 元

年度应缴纳的个人所得税税额=（100 000×20%−10 500）×50%=4 750 元

【筹划结论】

根据计算结果，方案二比方案一节税 58 330 元（63 080−4 750）。因此，若以实现个人所得税税负最小化为纳税筹划目标，王某应选择方案二。

任务实施

〔步骤 1〕纳税筹划过程。

方案一：对于 3 岁以下婴幼儿照护专项附加扣除，由杨某按扣除标准的 100% 扣除。

杨某年度综合所得的应纳税所得额=200 000−60 000−19 000−2 000×12=97 000 元

杨某年度应缴纳的个人所得税税额=97 000×10%−2 520=7 180 元

孙某年度综合所得的应纳税所得额=400 000−60 000−70 000=270 000 元

孙某年度应缴纳的个人所得税税额=270 000×20%−16 920=37 080 元

杨某和孙某年度应缴纳的个人所得税税额合计=7 180+37 080=44 260 元

方案二：对于 3 岁以下婴幼儿照护专项附加扣除，由杨某和孙某分别按扣除标准的 50% 扣除。

杨某年度综合所得的应纳税所得额=200 000−60 000−19 000−2 000×12×50%=109 000 元

杨某年度应缴纳的个人所得税税额=109 000×10%−2 520=8 380 元

孙某年度综合所得的应纳税所得额=400 000−60 000−70 000−2 000×12×50%=258 000 元

孙某年度应缴纳的个人所得税税额=258 000×20%−16 920=34 680 元

杨某和孙某年度应缴纳的个人所得税税额合计=8 380+34 680=43 060 元

方案三：对于 3 岁以下婴幼儿照护专项附加扣除，由孙某按扣除标准的 100%扣除。

杨某年度综合所得的应纳税所得额=200 000−60 000−19 000=121 000 元

杨某年度应缴纳的个人所得税税额=121 000×10%−2 520=9 580 元

孙某年度综合所得的应纳税所得额=400 000−60 000−70 000−2 000×12=246 000 元

孙某年度应缴纳的个人所得税税额=246 000×20%−16 920=32 280 元

杨某和孙某年度应缴纳的个人所得税税额合计=9 580+32 280=41 860 元

〔步骤 2〕纳税筹划结果分析。

根据计算结果，方案三应缴纳的个人所得税税额合计最小（41 860<43 060<44 260）。因此，若以实现夫妻双方整体的个人所得税税负最小化为纳税筹划目标，杨某和孙某应选择方案三。

综合知识测试

一、单项选择题

1．某居民个人取得劳务报酬所得 3 000 元，则应由支付方预扣预缴个人所得税（　　）元。

A．600　B．440　C．336　D．480

2．某居民个人取得稿酬所得 40 000 元，则应由支付方预扣预缴个人所得税（　　）元。

A．5 480　B．6 400　C．4 480　D．8 000

3．某非居民个人取得劳务报酬所得 15 000 元，则应由支付方预扣预缴个人所得税（　　）元。

A．1 200　B．990　C．1 590　D．3 000

4．某非居民个人取得稿酬所得 10 000 元，则应由支付方预扣预缴个人所得税（　　）元。

A．350　B．560　C．800　D．590

5．在计算个人所得税时，个体工商户不得税前扣除的是（　　）。

A．实际支付给从业人员合理的工资、薪金支出

B．个人所得税税款

C．为特殊工种从业人员支付的人身安全保险费

D．合理的、不需要资本化的借款费用

二、多项选择题

1．根据个人所得税法律制度的规定，下列各项属于综合所得的有（　　）。

A．工资、薪金所得　B．财产租赁所得

C．劳务报酬所得　D．财产转让所得

2．下列各项所得中，适用超额累进税率计征个人所得税的有（　　）。

A．偶然所得　　B．综合所得

C．经营所得　　D．财产转让所得

3．根据个人所得税法律制度的规定，个人专项附加扣除包括（　　）。

A．子女抚养　　B．继续教育

C．赡养老人　　D．子女教育

4．下列各项所得中，以取得的收入为应纳税所得额直接计征个人所得税的有（　　）。

A．稿酬所得　　B．偶然所得

C．股息所得　　D．特许权使用费所得

5．根据个人所得税法律制度的规定，纳税人应当依法办理纳税申报的情形有（　　）。

A．居民个人取得综合所得需要办理汇算清缴的

B．居民个人取得应税所得没有扣缴义务人的

C．居民个人取得境外所得的

D．非居民个人在中国境内从两处以上取得工资、薪金所得的

三、综合题

中国公民张某任职于华美有限责任公司。2021 年 10 月，张某的女儿出生，夫妻双方约定由张某按照 3 岁以下婴幼儿照护专项附加扣除标准的 100%扣除。2023 年，张某取得的各项所得具体如下所示。

（1）每月取得工资、薪金所得 21 000 元，每月缴纳基本养老保险费 1 680 元、医疗保险费 420 元、失业保险费 105 元、住房公积金 2 100 元。1～11 月的工资、薪金所得累计预扣预缴个人所得税 9 244.5 元。

（2）4 月，为乙公司提供一次咨询服务，取得咨询服务收入 24 000 元。

（3）6 月，购买福利彩票，取得中奖收入 20 000 元。

（4）10 月，转让一套原值 465 000 元的公寓给丁公司，取得不含税销售收入 850 000 元。转让时，发生合理费用 55 000 元。

要求：

（1）根据资料，计算有关单位应预（代）扣预（代）缴的个人所得税税额。

（2）对张某 2023 年取得的综合所得进行年度汇算清缴。

综合能力评价

学生配合指导教师共同完成综合能力评价表（见表 5-9）。

表 5-9　综合能力评价表

班级		组号		日期		
姓名		学号		指导教师		
项目名称	个人所得税智慧化申报与管理					
评价维度	一级指标	二级指标	评价标准	分值	评分	
					自评	师评
知识评价（40 分）	重难点知识	掌握个人所得税的税务规定	能答对相关习题，并能用自己的话概括个人所得税的税务规定	5		
		掌握个人所得税的计算方法和纳税筹划方法	能答对相关习题，并能用简洁的话概括个人所得税的计算方法和纳税筹划方法	7		
		掌握个人所得税的智慧化申报方法	能列举纳税人需要填写的纳税申报资料，并能用自己的话概括纳税申报步骤	7		
	操作技能	能正确计算个人所得税的应纳税额		8		
		能按期申报和缴纳个人所得税		8		
		能灵活运用纳税筹划方法，合理筹划个人所得税		5		
能力评价（30 分）	自主学习能力	预习能力	能概述本项目的主要知识点	6		
		课堂学习能力	认真听讲，积极参与课堂互动	6		
		反思改进能力	反思在预习和课堂学习中出现的问题，巩固所学知识，改进学习方法	6		
	人际交往能力	团队协作能力	积极参与活动，与小组成员配合默契	6		
		沟通协调能力	与小组成员沟通顺畅	6		
素养评价（30 分）	职业素养	主动意识	积极学习，按时完成任务	10		
		合作与竞争意识	能以平和的心态面对同学之间的合作与竞争	10		
		创新意识	能建立所学知识与实际应用场景的联系	10		
合计				100		
总评	自评（30%）+师评（70%）=			教师（签名）：		

项目六 关税智慧化申报与管理

在学习本项目前，需要自问以下几个问题：

关税的纳税人是谁?

关税的纳税地点在哪?

扫一扫右边的二维码，从相关法律法规中找到答案。

关税的基本法律规范

素养目标

关注国家政策方针，增强民族荣誉感和爱国精神。

知识目标

（1）掌握关税的税务规定。
（2）掌握关税应纳税额的计算方法。
（3）掌握关税智慧化申报的方法。
（4）掌握关税纳税筹划的方法。

技能目标

（1）能正确计算关税的应纳税额。
（2）能按期申报缴纳关税。
（3）能对关税进行合法、合理的纳税筹划。

知识准备

关税是海关依法对进（出）境货物、物品征收的一种税。“境”是指关境，又称“海关境域”“关税领域”，是《中华人民共和国海关法》（以下简称《海关法》）全面实施的领域。征收关税不仅可以增加财政收入，还可以在一定程度上对进（出）口贸易进行调节。

关税的特点

涉税小助手

通常情况下，一国关境与国境是一致的，包括国家全部的领土、领海、领空。但是两者也有不一致的时候：当一国的国境内设有自由贸易港或自由贸易区时，对进（出）自由贸易港或自由贸易区的货物不征收关税，此时关境的范围就小于国境。

一、纳税人

进口货物的收货人、出口货物的发货人，以及进境物品的所有人为关税的纳税人。

进（出）口货物的收（发）货人是指依法取得对外贸易经营权，并进（出）口货物的法人或者其他社会团体，包括外贸进出口公司、工贸或农贸结合的进出口公司、其他经批准经营进（出）口商品的企业。

进境物品的所有人是指携带物品进境的入境人员、进境邮递物品的收件人，以及以其他方式进口物品的收件人。

二、征税对象

关税的征税对象是指中华人民共和国准许进（出）口的货物、进境物品。货物是指贸易性商品；物品是指入境旅客随身携带的行李物品、个人邮递物品、各种运输工具上的服务人员携带进境的自用物品、馈赠物品及其他方式进境的个人物品。

三、税率

（一）进口税率

我国进口关税设有最惠国税率、协定税率、特惠税率、普通税率和关税配额税率等。进口货物在一定期限内可以实行暂定税率。自 2019 年 4 月 9 日起，除另有规定外，我国对准予应税进口的旅客行李物品、个人邮寄物品以及其他个人自用物品，均由海关按照《中华人民共和国进境物品进口税税率表》的规定征收进口关税、代征进口环节增值税和消费税等进口税。

涉税小助手

纳税人可以打开中国海关总署官网，在“行邮税率查询”页面（http://online.customs.gov.cn/ociswebserver/pages/xyslcx/index.html）查询进境物品的关税税率。

1. 最惠国税率

原产于共同适用最惠国待遇条款的世界贸易组织成员的进口货物，原产于与我国签订含有相互给予最惠国待遇条款的双边贸易协定的国家或者地区的进口货物，以及原产于我国境内的进口货物，适用最惠国税率。

2. 协定税率

原产于与我国签订含有关税优惠条款的区域性贸易协定的国家或地区的进口货物，适用协定税率。

涉税小助手

当最惠国税率低于或等于协定税率时，协定有规定的，按相关协定的规定执行；协定无规定的，二者从低适用。

3. 特惠税率

原产于与我国签订含有特殊关税优惠条款的贸易协定的国家或地区的进口货物，适用特惠税率。

4. 普通税率

原产于上述3条所列以外国家或地区的进口货物，以及原产地不明的进口货物，适用普通税率。

涉税窗口

进口货物原产地的确定

进口货物原产地的确定关系到进口货物适用的关税税率。我国确定进口货物原产地的标准具体如下所示。

（1）全部产地生产标准。全部产地生产标准用于确定完全在一个国家内生产或制造的进口货物的原产地。生产或制造国即为进口货物的原产地。

（2）实质性加工标准。实质性加工标准用于确定有两个或两个以上国家参与生产的进口货物的原产地。经过几个国家加工、制造的进口货物，以最后一个对货物进行经济上可以视为实质性加工的国家作为原产地。其中，实质性加工是指产品加工后，税则归类发生了改变，或者产品加工增值部分所占新产品总值的比例超过30%。

（3）其他标准。对机器、仪器、器材或车辆所用的零件、部件、配件、备件及工具，如与主件同时进口且数量合理的，其原产地按主件的原产地确定；分别进口的，则按各自的原产地确定。

5. 关税配额税率

关税配额税率是指对实行关税配额管理的进口货物，关税配额内的，适用关税配额税率；关税配额外的，按不同情况分别适用最惠国税率、协定税率、特惠税率或普通税率。

6. 暂定税率

暂定税率是指在海关进出口税则规定的进口优惠税率基础上，对进口的某些重要的工农业生产原材料和机电产品关键部件（但只限于从与我国签订含有关税互惠协议的国家和地区进口的货物）实施的更加优惠的关税税率。

涉税小助手

适用最惠国税率的进口货物有暂定税率的，应当适用暂定税率；适用协定税率、特惠税率的进口货物有暂定税率的，应当从低适用税率；适用普通税率的进口货物，不适用暂定税率。

（二）出口税率

我国出口关税设有出口税率。对出口货物在一定期限内可以实行暂定税率。一般来说，国家仅对少数资源性产品及易于竞相杀价、需要规范出口秩序的半制成品征收出口关税。根据《国务院关税税则委员会关于 2023 年关税调整方案的公告》（税委会公告 2022 年第 11 号）的规定，自 2023 年 1 月 1 日起，继续对铬铁等 106 项商品征收出口关税，提高铝和部分铝合金的出口关税。

涉税窗口

税率的适用

（1）进（出）口货物，应当适用海关接受该货物申报进口或出口之日实施的税率。

（2）进口货物到达前，经海关核准先行申报的，应当适用装载该货物的运输工具申报进境之日实施的税率。

（3）进口转关运输货物，应当适用指运地海关接受该货物申报进口之日实施的税率；货物运抵指运地前，经海关核准先行申报的，应当适用装载该货物的运输工具抵达指运地之日实施的税率。

（4）出口转关运输货物，应当适用启运地海关接受该货物申报出口之日实施的税率。

（5）经海关批准，实行集中申报的进（出）口货物，应当适用每次货物进（出）口时海关接受该货物申报之日实施的税率。

（6）因超过规定期限未申报而由海关依法变卖的进口货物，应当适用装载该货物的运输工具申报进境之日实施的税率。

（7）因纳税人违反规定需要追征税款的进（出）口货物，应当适用违反规定的行为发生之日实施的税率；行为发生之日不能确定的，适用海关发现该行为之日实施的税率。

（8）已申报进境并放行的保税货物、减免税货物、租赁货物或者已申报进（出）境并放行的暂时进（出）境货物，有下列情形之一需要缴纳税款的，应当适用海关接受纳税人再

次填写报关单申报办理纳税及有关手续之日实施的税率：① 保税货物经批准不复运出境的；② 保税仓储货物转入国内市场销售的；③ 减免税货物经批准转让或者移作他用的；④ 可暂不缴纳税款的暂时进（出）境货物，不复运出境或者进境的；⑤ 租赁进口货物，分期缴纳税款的。

（9）补征或者退还进（出）口货物税款，应当按照上述规定确定适用的税率。

四、税收优惠

（一）法定减免税

法定减免税是指《海关法》《中华人民共和国进出口关税条例》（以下简称《进出口关税条例》）及其他有关法律、行政法规中所规定的给予进（出）口货物的减免税政策。对符合规定可予减免税的进（出）口货物，无须纳税人提出申请，海关可按规定直接予以减免税。海关对法定减免税货物一般不进行后续管理。

《海关法》和《进出口关税条例》明确规定，下列货物、物品予以减免关税。

（1）关税税额在人民币 50 元以下的一票货物，可免征关税。

（2）无商业价值的广告品和货样，可免征关税。

（3）外国政府、国际组织赠送的物资，可免征关税。

（4）进出境运输工具装载的途中必需的燃料、物料和饮食用品，可免征关税。

（5）在海关放行前损失的货物，可免征关税。

（6）在海关放行前遭受损坏的货物，可以根据海关认定的受损程度减征关税。

（7）我国缔结或者参加的国际条约规定减征、免征关税的货物、物品，按照规定予以减免关税。

（8）海关总署规定数额以内的个人自用进境物品，可免征进口关税。

（9）法律规定减征、免征的其他货物。

（二）特定减免税

特定减免税又称“政策性减免税”，是指除法定减免税以外，国家按照国际通行规则和我国实际情况，制定发布的有关进（出）口货物减免税的政策。特定减免税货物一般有地区、企业和用途的限制，海关需要对其进行后续管理和减免税统计。

特定减免税货物包括科教用品、残疾人专用品、慈善性捐赠物资、加工贸易产品、边境贸易进口物资、保税区进（出）口货物、出口加工区进（出）口货物等。

（三）暂时减免税

暂时进境或者暂时出境的下列货物，在进境或者出境时纳税人向海关缴纳相当于应纳税款的保证金或者提供其他担保的，可以暂不缴纳关税，并应当自进境或者出境之日起 6 个月内复运出境或者复运进境。

（1）在展览会、交易会、会议及类似活动中展示或者使用的货物。

（2）文化、体育交流活动中使用的表演、比赛用品。

（3）进行新闻报道或者摄制电影、电视节目使用的仪器、设备及用品。

（4）开展科研、教学、医疗活动使用的仪器、设备及用品。

（5）在上述第（1）项至第（4）项所列活动中使用的交通工具及特种车辆。

（6）货样。

（7）供安装、调试、检测设备时使用的仪器、工具。

（8）盛装货物的容器。

（9）其他用于非商业目的的货物。

（四）临时减免税

临时减免税是指除上述减免税以外，国务院针对某个单位、某类商品、某个项目或某批进（出）口货物的特殊情况，给予特别照顾，一案一批，专文下达的减免税政策。临时减免税货物一般有单位、品种、期限、金额或数量等限制，不能比照执行。

任务一 计算关税

任务导入

1．基本情况

J公司为一般纳税人，具有进出口经营权。2023年10月18日，J公司接到海关通知，从M国进口的10 000千克铜板已到港。已知该批铜板的价格为23元/千克，货款已付清，适用的关税税率为15%，适用的增值税税率为13%。

2．任务要求

请计算J公司进口铜板应缴纳的关税税额和增值税税额。

一、确定完税价格

关税的计税依据是进（出）口货物的完税价格或数量。其中，完税价格是指海关按照有关规定对进（出）口货物进行审核、评估后确定的价格。完税价格可分为进口货物的完税价格和出口货物的完税价格。

（一）一般进口货物完税价格的确定

1．成交价格估价方法

进口货物的完税价格包括货物的成交价格和货物运抵我国境内输入地点起卸前的运输及其相关费用、保险费。其中，进口货物的成交价格是指买方为购买该货物并按有关规定调整后的实付或应付价格。一般情况下，下列费用应计入进口货物的完税价格。

（1）由买方负担的除购货佣金以外的佣金和经纪费。

涉税小助手

> 购货佣金是指买方为购买货物向自己的采购代理人支付的劳务费用；经纪费是指买方为购买货物向代表双方利益的经纪人支付的劳务费用。

（2）由买方负担的与该货物视为一体的容器费用。

（3）由买方负担的包装材料费用和包装劳务费用。

（4）与该货物的生产和向我国境内销售有关的，由买方以免费或者以低于成本的方式提供并可以按适当比例分摊的料件（如材料、部件、零件等，下同）、工具、模具、消耗材料及类似货物的价款，以及在境外开发、设计等相关服务的费用。

（5）与该货物有关并作为卖方向我国销售该货物的一项条件，应当由买方直接或间接支付的特许权使用费。

涉税小助手

> 特许权使用费是指买方为获得与进口货物相关的并受著作权保护的作品、专利、商标、专有技术和其他权利的使用许可而支付的费用。

（6）卖方直接或间接从买方对该货物进口后转售、处置或使用所得中获得的收益。

但是，下列能与进口货物实付或者应付价格进行区分的费用，不得计入完税价格。

（1）厂房、机械、设备等货物进口后的基建、安装、装配、维修和技术服务的费用。

（2）货物运抵我国境内输入地点之后的运输费用、保险费和其他相关费用。

（3）缴纳的进口关税及其他国内税款。

（4）为在境内复制进口货物而支付的费用。

（5）境内外技术培训费用及境外考察费用。

（6）符合条件的为购买进口货物而融资所产生的利息费用。

同步税务

> 【例 6-1】某大型贸易公司进口一批货物，支出明细如下：支付进口货物买价 450 万元；支付购货佣金 12 万元；支付经纪费 8 万元；支付货物运抵我国海关前的运费 35 万元，装卸费和保险费 20 万元；支付货物从海关运往公司的运费 10 万元，装卸费和保险费 5 万元。请计算该批货物的进口完税价格。
>
> 解析：
>
> 进口完税价格=450+8+35+20=513 万元

2．海关估价方法

进口货物的价格不符合成交价格条件或成交价格不能确定的，海关应当依次按照相同货物成交价格估价方法、类似货物成交价格估价方法、倒扣价格估价方法、计算价格估价方法及其他合理估价方法，估定进口货物完税价格。

（1）相同货物成交价格估价方法。相同货物成交价格估价方法是指海关以与进口货物同时或大约同时向我国境内销售的相同货物的成交价格为依据，估定进口货物完税价格的方法。

（2）类似货物成交价格估价方法。类似货物成交价格估价方法是指海关以与进口货物同时或大约同时向我国境内销售的类似货物的成交价格为依据，估定进口货物完税价格的方法。

（3）倒扣价格估价方法。倒扣价格估价方法是指海关以进口货物、与进口货物相同或类似的货物在我国境内的销售价格为基础，扣除境内发生的有关费用后，估定进口货物完税价格的方法。

（4）计算价格估价方法。计算价格估价方法是指海关以下列各项的总和为基础，估定进口货物完税价格的方法：① 生产该货物所使用的料件成本和加工费用；② 向我国境内销售同等级或同种类货物通常的利润和一般费用；③ 该货物运抵境内输入地点起卸前的运输及其相关费用、保险费。

（5）其他合理估价方法。如果按照上述几种方法仍不能估定进口货物的完税价格，海关可按照其他合理方法进行估定。

涉税小助手

纳税人向海关提供有关资料后，可以提出申请，颠倒倒扣价格估价方法和计算价格估价方法的适用次序。

（二）特殊进口货物完税价格的确定

以某些特殊、灵活的贸易方式进口的货物，由于没有成交价格作为依据，其完税价格参照以下方法进行确定。

1. 运往境外修理的货物

运往境外修理的机械器具、运输工具或其他货物，出境时已向海关报明，并在海关规定的期限内复运进境的，其完税价格应当由海关以审查确定的境外修理费和料件费为基础审查确定。

2. 运往境外加工的货物

运往境外加工的货物，出境时已向海关报明，并在海关规定的期限内复运进境的，其完税价格应当由海关以审查确定的境外加工费、料件费，以及该货物复运进境的运输及其相关费用、保险费为基础审查确定。

3. 暂时进境的货物

经海关批准的暂时进境货物，其完税价格应当由海关按照一般进口货物估价方法的规定进行估定。

4. 以租赁方式进口的货物

对以租赁方式进口的货物，海关按照下列方法审查确定其完税价格：① 以支付租金的方式租赁的货物，在租赁期间以海关审查确定的租金作为完税价格，利息应当予以计入；② 留购的租赁货物，以海关审查确定的留购价格作为完税价格；③ 纳税人申请一次性缴纳税款的，经海关同意，按照一般进口货物估价方法的规定，估定其完税价格。

5. 留购的进口货样

境内留购的进口货样、展览品和广告陈列品，以海关审查确定的留购价格作为完税价格。

6. 予以补税的减免税货物

享受减税或免税的进口货物在转让或出售需要补税时，应当以海关审查确定的该货物原进

口时的价格，扣除折旧部分价值作为完税价格。其计算公式如下。

完税价格=海关审查确定的该货物原进口时的价格×［1−申请补税时实际已使用的时间（月）÷（监管年限×12）］

同步税务

【例 6-2】2020 年 6 月 1 日，甲公司由于承担国家重要工程项目，经批准免税进口了一套电子设备。2023 年 5 月 31 日，因项目完工，公司将该设备出售。已知该电子设备进口时经海关审查确定的价格为 600 万元，适用的关税税率为 10%，海关规定的监管年限为 6 年。请计算甲公司应补缴的关税税额。

解析：

应补缴的关税税额=600×（1−3÷6）×10%=30 万元

7. 不存在成交价格的进口货物

以易货贸易、寄售、捐赠或赠送等其他方式进口的货物，应当按照一般进口货物估价方法的规定，估定完税价格。

（三）出口货物完税价格的确定

1. 成交价格估价方法

出口货物的完税价格由海关以该货物向境外销售的成交价格为基础审查确定，包括货物运至我国境内输出地点装载前的运输及其相关费用、保险费，不包括出口关税税额。

出口货物的成交价格是指该货物出口销售到我国境外时，买方向卖方实付或应付的价格。出口货物的成交价格中含有支付给境外人员的佣金的，如果单独列明，应当扣除。

2. 海关估价方法

出口货物的成交价格不能确定时，海关经了解有关情况，并与纳税人进行价格磋商后，依次以下列价格估定出口货物的完税价格。

（1）与该货物同时或大约同时向同一国家或地区出口的相同货物的成交价格。

（2）与该货物同时或大约同时向同一国家或地区出口的类似货物的成交价格。

关税的分类

（3）根据境内生产相同或类似货物的成本、利润和一般费用，境内发生的运输及其相关费用和保险费计算所得的价格。

（4）以合理方法估定的价格。

二、计算应纳税额

（一）从价计征应纳税额的计算

从价计征是以进（出）口货物的完税价格为计税依据的一种关税计征方法。我国对进（出）口货物征收关税，主要采用从价计征的方法。从价计征应纳税额的计算公式如下。

应纳税额=应税进（出）口货物的完税价格×税率

同步税务

【例 6-3】某公司进口一台成交价格为 560 万元（含向境外采购代理人支付的购货佣金 10 万元）的电子设备，同时支付该电子设备运抵我国海关前的运费和保险费 2 万元。已知该电子设备适用的关税税率为 15%，请计算该公司应缴纳的关税税额。

解析：

应缴纳的关税税额=（560−10+2）×15%=82.8 万元

（二）从量计征应纳税额的计算

从量计征是以进口货物的数量为计税依据的一种关税计征方法。我国对啤酒、原油等进口货物实行从量计征。从量计征应纳税额的计算公式如下。

应纳税额=应税进口货物的数量×单位货物税额

同步税务

【例 6-4】某公司进口原油 230 万吨，已知每吨原油适用的关税税额为 95 元。请计算该公司进口环节应缴纳的关税税额。

解析：

应缴纳的关税税额=230×10 000×95÷10 000=21 850 万元

（三）复合计征应纳税额的计算

复合计征是指对某种进口货物同时采用从量计征和从价计征的一种关税计征方法。我国对录像机、放像机等进口货物实行复合计征。复合计征应纳税额的计算公式如下。

应纳税额=应税进口货物的数量×单位货物税额+应税进口货物的完税价格×税率

同步税务

【例 6-5】2023 年 5 月，某公司进口 30 台单价为 3 万元的机器，并支付该批机器运抵我国海关前的运费与保险费 9 万元。已知该批机器适用单位税额为 6 000 元、从价税率为 4%的复合计征关税方法。请计算该公司应缴纳的关税税额。

解析：

应缴纳的关税税额=30×0.6+（30×3+9）×4%=21.96 万元

（四）滑准计征应纳税额的计算

滑准计征是以进口货物的完税价格为计税依据，并按照其适用的滑准税税率计算应纳税额的一种关税计征方法。其中，滑准税税率是指随进口货物价格由高至低而由低至高设置的关税税率。也就是说，进口货物价格越高，其关税税率越低；进口货物价格越低，其关税税率越高。我国对新闻纸实行滑准计征。滑准计征应纳税额的计算公式如下。

应纳税额=应税进口货物的完税价格×滑准税税率

任务实施

关税完税价格=23×10 000=230 000 元
应缴纳的关税税额=230 000×15%=34 500 元
组成计税价格=230 000+34 500=264 500 元
应缴纳的增值税税额=264 500×13%=34 385 元
J 公司进口铜板应缴纳的关税税额为 34 500 元，应缴纳的增值税税额为 34 385 元。

任务二 智慧化申报关税

任务导入

（接本项目任务一）2023 年 10 月 21 日，J 公司向当地海关申报缴纳关税，请整理相关纳税申报资料。

一、判断纳税义务发生时间

进口货物的纳税人应自运输工具申报进境之日起 14 日内，出口货物的纳税人应在货物运抵海关监管区后、装货的 24 小时以前，向货物进（出）境地的海关申报纳税。

关税的征收管理

二、明确纳税期限

纳税人应自海关填发税款缴款书之日起 15 日内，向指定银行缴纳税款。因不可抗力或在国家税收政策调整的情形下，纳税人不能按期缴纳税款的，经海关总署批准后，可以延期缴纳税款，但最长不得超过 6 个月。

三、确定纳税地点

经申请且海关同意，进（出）口货物的纳税人可以在设有海关的指运地（启运地）办理申报、纳税手续。

四、办理纳税申报

纳税人应当依法如实向海关申报，并按照海关的规定提供有关确定完税价格、进行商品归类、确定原产地，以及采取反倾销、反补贴或者保障措施等所需的资料。海关根据税则归类和完税价格计算应征收的关税和进口环节代征税，并填发税款缴款书。

纳税人可以前往申报地海关业务现场办理纳税申报，也可以登录“互联网+海关”一体化网上办事平台，进入“税费业务”页面办理纳税申报。

任务实施

略。

任务三 筹划关税

任务导入

1. 筹划案例

任职于J公司的周某在A国出差，欲从A国购买一瓶面霜或一个皮质手提包送给国内的朋友。假设面霜的关税完税价格为800元，适用的进口关税税率为50%；手提包的关税完税价格也为800元，适用的进口关税税率为20%。

2. 任务要求

不考虑其他因素，请以降低关税税负为目的，为周某进行纳税筹划。

一、进口货物完税价格的纳税筹划

企业进口货物时，应选择多家供应商并比较同类货物的成交价格、运费、保险费等，通过对比选择成交价格、运费、保险费等相对较低的货物，以降低完税价格，从而降低进口关税税负。

【具体案例】

我国甲公司欲进口钢结构产品自动生产线，现有以下两种购买方案可供选择。

方案一：从A国购买。该货物的境外成交价格为1 700万元，运抵我国境内输入地点起卸前的运费和保险费为100万元。另外，甲公司还需要支付经纪费10万元、包装材料和包装劳务费50万元，以及与该货物有关的境外开发设计费50万元。

方案二：从B国购买。该货物的境外成交价格为1 600万元，运抵我国境内输入地点起卸前的运费和保险费为 120 万元。另外，甲公司还需要支付经纪费10万元、包装材料和包装劳务费30万元，以及与该货物有关的境外开发设计费100万元。

已知进口钢结构产品自动生产线适用的增值税税率为13%，适用的进口关税税率为30%。不考虑其他因素，请以降低关税税负和增值税税负为目的，对上述业务进行纳税筹划。

【筹划思路】

方案一：从 A 国购买。

关税完税价格=1 700+100+10+50+50=1 910 万元

应缴纳的关税税额=1 910×30%=573 万元

应缴纳的增值税税额=（1 910+573）×13%=322.79 万元

方案二：从 B 国购买。

关税完税价格=1 600+120+10+30+100=1 860 万元

应缴纳的关税税额=1 860×30%=558 万元

应缴纳的增值税税额=（1 860+558）×13%=314.34 万元

【筹划结论】

根据计算结果，方案二与方案一相比，在关税方面节税 15 万元（573−558），在增值税方面节税 8.45 万元（322.79−314.34）。因此，若以实现关税税负与增值税税负最小化为纳税筹划目标，甲公司应选择方案二。

二、选购国外礼物的纳税筹划

化妆品、金银及其制品、电器用具、手表、照相机、录像机等产品适用的关税税率差异较大。因此，若想在国外购买礼物并将其带回国，纳税人可以选择关税税率较低的产品，以达到降低进口关税税负的目的。

【具体案例】

王某欲在国外购买礼物并将其带回国送给自己的家人。根据自己家人的需求，王某可以选择购买单反相机，也可以选择购买高档手表。假设单反相机的关税完税价格为 10 000 元，适用的进口关税税率为 20%；高档手表的关税完税价格也为 10 000 元，适用的进口关税税率为 50%。不考虑其他因素，请以降低关税税负为目的，为王某进行纳税筹划。

【筹划思路】

方案一：购买单反相机。

应缴纳的关税税额=10 000×20%=2 000 元

方案二：购买高档手表。

应缴纳的关税税额=10 000×50%=5 000 元

【筹划结论】

根据计算结果，方案一比方案二节税 3 000 元（5 000−2 000）。因此，若以实现关税税负最小化为纳税筹划目标，王某应选择方案一。

任务实施

〔步骤 1〕纳税筹划过程。

方案一：购买面霜。

应缴纳的关税税额=800×50%=400 元

方案二：购买皮质手提包。

应缴纳的关税税额=800×20%=160 元

〔步骤 2〕纳税筹划结果分析。

根据计算结果，方案二与方案一相比，节税 240 元（400−160）。因此，若以实现关税税负最小化为纳税筹划目标，周某应选择方案二。

修身笃行

关税纳税人应深刻地认识到自身的纳税义务与责任，自觉遵守税收法律法规，增强诚信纳税意识。

综合知识测试

一、单项选择题

1. 我国关税由（　　）征收。

A. 税务机关　　B. 海关

C. 人民政府　　D. 市场监督管理部门

2.《海关法》规定，进（出）口货物的完税价格，由海关以该货物的（　　）为基础审查确定。

A. 倒扣价格　　B. 成交价格

C. 相同货物成交价格　　D. 类似货物成交价格

3. 进口货物的成交价格不符合规定条件或成交价格不能确定的，经与纳税人协商后，海关确认该进口货物完税价格时应优先采用的方法是（　　）。

A. 倒扣价格估价法

B. 计算价格估价法

C. 类似货物成交价格估价法

D. 相同货物成交价格估价法

4. 纳税人应自海关填发税款缴款书之日起（　　）日内，向指定银行缴纳税款。

A. 5　　B. 10

C. 14　　D. 15

5. 2023 年 8 月，某进出口公司进口 20 辆摩托车。已知 20 辆摩托车的关税完税价格为 27 万元，入境前的运费为 4 万元，适用的关税税率 25%。该公司应缴纳的关税税额为（　　）万元。

A. 6.78　　B. 6.75

C. 7.75　　D. 7.77

二、多项选择题

1. 下列各项中，属于关税征税对象的有（　　）。

A. 馈赠物品　　　　B. 海员自用物品

C. 贸易性商品　　　　D. 个人邮递物品

2. 下列费用中，不计入进口货物完税价格的有（　　）。

A. 由买方负担的购货佣金

B. 由买方负担的经纪费

C. 进口关税

D. 境外技术培训费用

3. 特定减免税货物包括（　　）。

A. 科教用品　　　　B. 残疾人专用品

C. 慈善性捐赠物资　　　　D. 加工贸易产品

4. 下列进（出）口货物中，免征关税的有（　　）。

A. 无商业价值的广告品和货样

B. 在海关放行前损失的货物

C. 外国政府、国际组织赠送的物资

D. 进出境运输工具装载的途中必需的燃料、物料和饮食用品

5. 某企业进口100吨汽油。已知每吨汽油的进价为3 000元，适用的关税税率为10%，适用的消费税税率为1.52元/升，则下列各项中计算正确的有（　　）。（1吨汽油=1 388升汽油）

A. 缴纳的关税税额为30 000元

B. 缴纳的增值税税额为70 326.88元

C. 缴纳的增值税税额为42 900元

D. 缴纳的消费税税额为210 976元

三、综合题

乙商贸有限责任公司为一般纳税人，具有进出口经营权。2023年11月，乙商贸有限责任公司接到海关通知，从国外进口的5箱高档化妆品已到港。该批高档化妆品的单价为84 000元，适用的关税税率为20%，适用的消费税税率为15%，适用的增值税税率为13%。

要求：请计算乙商贸有限责任公司应缴纳的关税税额、消费税税额及增值税税额（计算结果保留小数点后两位）。

综合能力评价

学生配合指导教师共同完成综合能力评价表（见表 6-1）。

表 6-1　综合能力评价表

<table>
<tr><td>班级</td><td></td><td>组号</td><td></td><td colspan="2">日期</td><td></td></tr>
<tr><td>姓名</td><td></td><td>学号</td><td></td><td colspan="2">指导教师</td><td></td></tr>
<tr><td>项目名称</td><td colspan="6">关税智慧化申报与管理</td></tr>
<tr><td rowspan="2">评价维度</td><td rowspan="2">一级指标</td><td rowspan="2">二级指标</td><td rowspan="2">评价标准</td><td rowspan="2">分值</td><td colspan="2">评分</td></tr>
<tr><td>自评</td><td>师评</td></tr>
<tr><td rowspan="6">知识评价（40 分）</td><td rowspan="3">重难点知识</td><td>掌握关税的税务规定</td><td>能答对相关习题，并能用自己的话概括关税的税务规定</td><td>5</td><td></td><td></td></tr>
<tr><td>掌握关税的计算方法和纳税筹划方法</td><td>能答对相关习题，并能用简洁的话概括关税的计算方法和纳税筹划方法</td><td>7</td><td></td><td></td></tr>
<tr><td>掌握关税的智慧化申报方法</td><td>能用自己的话概括关税的纳税申报规定</td><td>7</td><td></td><td></td></tr>
<tr><td rowspan="3">操作技能</td><td colspan="2">能正确计算关税的应纳税额</td><td>8</td><td></td><td></td></tr>
<tr><td colspan="2">能按期申报和缴纳关税</td><td>8</td><td></td><td></td></tr>
<tr><td colspan="2">能灵活运用纳税筹划方法，合理筹划关税</td><td>5</td><td></td><td></td></tr>
<tr><td rowspan="5">能力评价（30 分）</td><td rowspan="3">自主学习能力</td><td>预习能力</td><td>能概述本项目的主要知识点</td><td>6</td><td></td><td></td></tr>
<tr><td>课堂学习能力</td><td>认真听讲，积极参与课堂互动</td><td>6</td><td></td><td></td></tr>
<tr><td>反思改进能力</td><td>反思在预习和课堂学习中出现的问题，巩固所学知识，改进学习方法</td><td>6</td><td></td><td></td></tr>
<tr><td rowspan="2">人际交往能力</td><td>团队协作能力</td><td>积极参与活动，与小组成员配合默契</td><td>6</td><td></td><td></td></tr>
<tr><td>沟通协调能力</td><td>与小组成员沟通顺畅</td><td>6</td><td></td><td></td></tr>
<tr><td rowspan="3">素养评价（30 分）</td><td rowspan="3">职业素养</td><td>主动意识</td><td>积极学习，按时完成任务</td><td>10</td><td></td><td></td></tr>
<tr><td>合作与竞争意识</td><td>能以平和的心态面对同学之间的合作与竞争</td><td>10</td><td></td><td></td></tr>
<tr><td>创新意识</td><td>能建立所学知识与实际应用场景的联系</td><td>10</td><td></td><td></td></tr>
<tr><td colspan="4">合计</td><td>100</td><td></td><td></td></tr>
<tr><td>总评</td><td colspan="3">自评（30%）+师评（70%）=</td><td colspan="3">教师（签名）：</td></tr>
</table>

项目七

车辆购置税和船舶吨税智慧化申报与管理

在学习本项目前，需要自问以下几个问题：

购买新能源汽车可以免征车辆购置税吗？

购买二手车需要缴纳车辆购置税吗？

船舶吨税由谁征收？

扫一扫右边的二维码，从相关法律法规中找到答案。

车辆购置税和船舶吨税的基本法律规范

素养目标

珍视纳税信用，共建诚信社会。

知识目标

（1）掌握车辆购置税、船舶吨税的税务规定。
（2）掌握车辆购置税、船舶吨税应纳税额的计算方法。
（3）掌握车辆购置税、船舶吨税智慧化申报的方法。
（4）掌握车辆购置税、船舶吨税纳税筹划的方法。

技能目标

（1）能正确计算车辆购置税、船舶吨税的应纳税额。
（2）能正确填制车辆购置税、船舶吨税的纳税申报表。
（3）能对车辆购置税、船舶吨税进行合法、合理的纳税筹划。

知识准备

一、车辆购置税

车辆购置税是以在中华人民共和国境内购置的规定车辆为征税对象，在特定的环节向车辆购置者征收的一种税。车辆购置税实行一次性征收，即对已征收车辆购置税的车辆不再征收车辆购置税。征收车辆购置税有利于增加政府财政收入，也有利于打击车辆走私行为，维护国家权益。

（一）纳税人与征税范围

1. 纳税人

在中国境内购置汽车、有轨电车、汽车挂车、排气量超过150毫升的摩托车（以下统称“应税车辆”）的单位和个人，为车辆购置税的纳税人。

涉税小助手

购置是指以购买、进口、自产、受赠、获奖或者其他方式取得并自用应税车辆的行为。

同步税务

【例7-1】下列各项中，属于车辆购置税纳税义务人的是（　　）。

A. 应税车辆的出口者

B. 应税车辆的捐赠者

C. 应税车辆的获奖者

D. 应税车辆的销售者

解析：

正确答案为C。

2. 征税范围

车辆购置税的征税范围包括汽车、有轨电车、汽车挂车、排气量超过150毫升的摩托车。地铁、轻轨等城市轨道交通车辆，装载机、平地机、挖掘机、推土机等轮式专用机械车，以及起重机（吊车）、叉车、电动摩托车，不属于车辆购置税的征税范围。

（二）税率

车辆购置税实行比例税率，税率为10%。

（三）税收优惠

我国车辆购置税实行法定减免，减免税范围的具体规定如下。

（1）依照法律规定应当予以免税的外国驻华使馆、领事馆和国际组织驻华机构及其有关人员自用的车辆，免征车辆购置税。

（2）中国人民解放军和中国人民武装警察部队列入装备订货计划的车辆，免征车辆购置税。

（3）悬挂应急救援专用号牌的国家综合性消防救援车辆，免征车辆购置税。

（4）设有固定装置的非运输专用作业车辆，免征车辆购置税。

（5）城市公交企业购置的公共汽电车辆，免征车辆购置税。

涉税小助手

根据国民经济和社会发展的需要，国务院可以规定减征或者其他免征车辆购置税的情形，并报全国人民代表大会常务委员会备案。

（6）回国服务的在外留学人员用现汇购买1辆个人自用国产小汽车和长期来华定居专家进口1辆自用小汽车，免征车辆购置税。

（7）防汛部门和森林消防部门用于指挥、检查、调度、报汛（警）、联络的由指定厂家生产的设有固定装置的指定型号的车辆，免征车辆购置税。

（8）中国妇女发展基金会“母亲健康快车”项目的流动医疗车，免征车辆购置税。

（9）原公安现役部队和原武警黄金、森林、水电部队改制后换发地方机动车牌证的车辆（公安消防、武警森林部队执行灭火救援任务的车辆除外），免征车辆购置税。

（10）对购置日期在2024年1月1日至2025年12月31日期间的新能源汽车，免征车辆购置税；对购置日期在2026年1月1日至2027年12月31日期间的新能源汽车，减半征收车辆购置税。

涉税小助手

免税、减税车辆因转让、改变用途等不再属于免税、减税范围的，应由纳税人在办理车辆转移登记或者变更登记前缴纳车辆购置税。

二、船舶吨税

船舶吨税是海关对自中华人民共和国境外港口进入境内港口的船舶所征收的一种税，主要用于港口建设维护及海上干线公用航标的建设维护。

（一）纳税人与征税范围

自中国境外港口进入境内港口的船舶（以下简称“应税船舶”），为船舶吨税的征税范围。应税船舶的负责人为船舶吨税的纳税人。

（二）税率

船舶吨税实行优惠税率和普通税率，其适用范围如表 7-1 所示。

表 7-1 优惠税率和普通税率的适用范围

税率类型	适用范围
优惠税率	（1）中华人民共和国籍的应税船舶 （2）船籍国（地区）与中华人民共和国签订含有相互给予船舶税费最惠国待遇条款的条约或者协定的应税船舶
普通税率	其他应税船舶

我国现行的船舶吨税税目税率如表 7-2 所示。

表 7-2 船舶吨税税目税率

<table>
<tr><th rowspan="3">税目
（按船舶净吨位划分）</th><th colspan="6">税率（元/净吨）</th><th rowspan="3">备注</th></tr>
<tr><th colspan="3">优惠税率
（按吨税执照期限划分）</th><th colspan="3">优惠税率
（按吨税执照期限划分）</th></tr>
<tr><th>1 年</th><th>90 日</th><th>30 日</th><th>1 年</th><th>90 日</th><th>30 日</th></tr>
<tr><td>不超过 2 000 净吨</td><td>12.6</td><td>4.2</td><td>2.1</td><td>9.0</td><td>3.0</td><td>1.5</td><td rowspan="4">（1）拖船按照发动机功率每千瓦折合净吨位 0.67 吨
（2）无法提供净吨位证明文件的游艇，按照发动机功率每千瓦折合净吨位 0.05 吨
（3）拖船和非机动驳船分别按相同净吨位船舶税率的 50%计征税款</td></tr>
<tr><td>超过 2 000 净吨，但不超过 10 000 净吨</td><td>24.0</td><td>8.0</td><td>4.0</td><td>17.4</td><td>5.8</td><td>2.9</td></tr>
<tr><td>超过 10 000 净吨，但不超过 50 000 净吨</td><td>27.6</td><td>9.2</td><td>4.6</td><td>19.8</td><td>6.6</td><td>3.3</td></tr>
<tr><td>超过 50 000 净吨</td><td>31.8</td><td>10.6</td><td>5.3</td><td>22.8</td><td>7.6</td><td>3.8</td></tr>
</table>

涉税小助手

净吨位是指由船籍国（地区）政府授权签发的船舶吨位证明书上标明的净吨位。吨税执照类似于完税证明等缴税凭证，证明船舶已经完税，并注明停泊期限。

（三）税收优惠

1. 直接优惠

下列船舶免征船舶吨税。

（1）应纳税额在人民币 50 元以下的船舶。

（2）自境外以购买、受赠、继承等方式取得船舶所有权的初次进口到港的空载船舶。

（3）吨税执照期满后 24 小时内不上下客货的船舶。

（4）非机动船舶（不包括非机动驳船）。

（5）捕捞、养殖渔船。

（6）避难、防疫隔离、修理、改造、终止运营或者拆解，并不上下客货的船舶。

（7）军队、武装警察部队专用或者征用的船舶。

（8）警用船舶。

（9）依照法律规定应当予以免税的外国驻华使领馆、国际组织驻华代表机构及其有关人员的船舶。

（10）国务院规定的其他船舶。

2. 延期优惠

在吨税执照期限内，应税船舶发生下列情形之一的，海关按照实际发生的天数批注延长船舶吨税执照期限。

（1）避难、防疫隔离、修理、改造，并不上下客货。

（2）军队、武装警察部队征用。

任务一　车辆购置税智慧化申报与管理

任务导入

1. 基本情况

甲公司为一般纳税人，统一社会信用代码为9127328374569188××。2023年5月3日，甲公司从国外购买一辆小轿车自用。经海关核定，这辆小轿车的关税完税价格为400 400元。已知小轿车适用的进口关税税率为20%，消费税税率为9%，增值税税率为13%，车辆购置税税率为10%。

2. 任务要求

（1）请计算甲公司应缴纳的车辆购置税税额。

（2）2023年5月8日，甲公司对车辆购置税进行纳税申报，请填写相关纳税申报表。

一、计算车辆购置税

（一）确定计税依据

车辆购置税的计税依据为应税车辆的计税价格。应税车辆的计税价格，按照下列规定确定。

1. 购买自用应税车辆

纳税人购买自用应税车辆的计税价格，为纳税人实际支付给销售者的全部价款，不包括增值税税额。

涉税交流帖

销售方代办保险等而向购买方收取的保险费，以及向购买方收取的代购买方缴纳的车辆牌照费等计入计税价格吗？请思考并与同学进行讨论。

2．进口自用应税车辆

纳税人进口自用应税车辆的计税价格，为关税完税价格加上关税和消费税，计算公式如下。

计税价格=关税完税价格+关税+消费税

=（关税完税价格+关税）÷（1−消费税比例税率）

涉税小助手

纳税人进口自用应税车辆是指纳税人直接从中国境外进口或者委托代理进口自用的应税车辆，不包括在中国境内购买的进口车辆。

3．自产自用应税车辆

纳税人自产自用应税车辆的计税价格，按照纳税人生产的同类应税车辆（即车辆配置序列号相同的车辆）的销售价格确定，不包括增值税税额。

没有同类应税车辆销售价格的，按照组成计税价格确定。组成计税价格的计算公式如下。

组成计税价格=成本×（1+成本利润率）

其中，成本利润率由省、自治区、直辖市税务机关确定。

涉税小助手

属于应征消费税的应税车辆，其组成计税价格中还应加计消费税税额。

4．以受赠、获奖或者其他方式取得自用应税车辆

纳税人以受赠、获奖或者其他方式取得自用应税车辆的计税价格，按照购置应税车辆时相关凭证载明的价格确定，不包括增值税税额。

（二）计算应纳税额

车辆购置税应纳税额的计算公式如下。

应纳税额=计税价格×10%

同步税务

【例 7-2】某企业购置一辆小汽车自用，取得的机动车销售统一发票上注明金额 20 万元、增值税税额 2.6 万元。请计算该企业应缴纳的车辆购置税税额。

解析：

应缴纳的车辆购置税税额=20×10%=2 万元

二、智慧化申报车辆购置税

（一）判断纳税义务发生时间

车辆购置税的纳税义务发生时间为纳税人购置应税车辆的当日。

（二）明确纳税期限

纳税人应当自纳税义务发生之日起 60 日内申报缴纳车辆购置税。纳税人应当在向公安机关交通管理部门办理车辆注册登记前，缴纳车辆购置税。

（三）确定纳税地点

纳税人购置应税车辆，应当向车辆登记地的主管税务机关申报缴纳车辆购置税；购置不需要办理车辆登记的应税车辆，应当向纳税人所在地的主管税务机关申报缴纳车辆购置税。

涉税小助手

纳税人将已缴纳车辆购置税的车辆退回车辆生产企业或者销售企业时，可以向主管税务机关申请退还车辆购置税。

（四）办理纳税申报

1. 通过办税服务厅办理纳税申报

纳税人通过办税服务厅办理纳税申报时，应如实填写《车辆购置税纳税申报表》（见表 7-3），并向主管税务机关提供以下文件：① 整车出厂合格证或者《车辆电子信息单》；② 车辆相关价格凭证，如机动车销售统一发票、《海关进口关税专用缴款书》等。

表 7-3 的填写说明

表 7-3　车辆购置税纳税申报表

填表日期：　　年　月　日　　　　　　　　　　　　　　　　　　　　金额单位：元

纳税人名称			申报类型	□征税　□免税　□减税	
证件名称			证件号码		
联系电话			地址		
合格证编号（货物进口证明书号）			车辆识别代号/车架号		
厂牌型号					
排量（cc）			机动车销售统一发票代码		
机动车销售统一发票号码			不含税价		
海关进口关税专用缴款书（进出口货物征免税证明）号码					
关税完税价格		关税		消费税	
其他有效凭证名称		其他有效凭证号码		其他有效凭证价格	
购置日期		申报计税价格		申报免（减）税条件或者代码	
是否办理车辆登记		车辆拟登记地点			

（续表）

<table>
<tr><td colspan="6">纳税人声明：
本纳税申报表是根据国家税收法律法规及相关规定填报的，我确定它是真实的、可靠的、完整的。
纳税人（签名或盖章）：</td></tr>
<tr><td colspan="6">委托声明：
现委托（姓名）______（证件号码）________________________办理车辆购置税涉税事宜，提供的凭证、资料是真实、可靠、完整的。任何与本申报表有关的往来文件，都可交予此人。
委托人（签名或盖章）：　　　　　　　　被委托人（签名或盖章）：</td></tr>
<tr><td colspan="6">以 下 由 税 务 机 关 填 写</td></tr>
<tr><td colspan="2">免（减）税条件代码</td><td colspan="4"></td></tr>
<tr><td>计税价格</td><td>税率</td><td>应纳税额</td><td>免（减）税额</td><td>实纳税额</td><td>滞纳金金额</td></tr>
<tr><td></td><td></td><td></td><td></td><td></td><td></td></tr>
<tr><td colspan="2">受理人：
年　月　日</td><td colspan="2">复核人（适用于免、减税申报）：
年　月　日</td><td colspan="2">主管税务机关（章）</td></tr>
</table>

2．通过电子税务局办理纳税申报

纳税人可以参考以下步骤在电子税务局办理纳税申报。

步骤 1▶ 打开电子税务局官网（以国家税务总局广东省电子税务局为例），单击“我要办税”按钮，进入“统一身份认证”页面。选择“企业业务”选项，填写企业身份信息，单击“登录”按钮，进入电子税务局。

步骤 2▶ 选择“我要办税”选项，单击“税费申报及缴纳”按钮，进入“申报”页面。

步骤 3▶ 在左侧菜单栏选择“申报清册”/“其他申报”选项，单击“车辆购置税纳税申报表”右侧的“填写申报表”按钮，进入“车辆购置税纳税申报”页面。

步骤 4▶ 根据系统提示，录入发票信息，然后单击“下一步”按钮，系统自动显示发票信息、合格证信息等。

步骤 5▶ 确认申报信息无误后，单击“计税”/“申报”按钮，即可完成车辆购置税的纳税申报。

三、筹划车辆购置税

纳税人购置车辆时，可以选择从一般纳税人处购置，也可以选择从小规模纳税人处购置。车辆销售方纳税人身份的不同，对车辆购置税税负的影响也是不同的。

在车辆购置价格（含增值税）相同的情况下，纳税人应从作为一般纳税人的车辆销售方处购置，以降低车辆购置税税负。

【具体案例】

A 公司为一般纳税人，本年 1 月欲购买一辆轿车自用，现有以下两种购买方案可供选择。

方案一：从作为一般纳税人的甲车辆经销商处购买轿车，支付车款 56 500 元（含增值税），取得增值税税率为 13%的机动车销售统一发票。

方案二：从作为小规模纳税人的乙车辆经销商处购买轿车，支付车款 56 500 元（含增值税），取得增值税征收率为 3%的机动车销售统一发票。

不考虑其他因素，请以降低车辆购置税税负为目的，对上述业务进行纳税筹划（计算结果保留小数点后两位）。

【筹划思路】

方案一：从甲车辆经销商购买轿车。

应缴纳的车辆购置税税额=［56 500÷（1+13%）］×10%=5 000 元

方案二：从乙车辆经销商处购买轿车。

应缴纳的车辆购置税税额=［56 500÷（1+3%）］×10%=5 485.44 元

【筹划结论】

根据上述计算结果，方案一比方案二节税 485.44 元（5 485.44−5 000）。若以实现车辆购置税税负最小化为纳税筹划目标，A 公司应当选择方案一。

任务实施

〔步骤 1〕计算甲公司应缴纳的车辆购置税。

应缴纳的关税税额=400 400×20%=80 080 元

车辆购置税的计税价格=（400 400+80 080）÷（1−9%）=528 000 元

应缴纳的消费税税额=528 000×9%=47 520 元

应缴纳的增值税税额=528 000×13%=68 640 元

应缴纳的车辆购置税税额=528 000×10%=52 800 元

〔步骤 2〕对车辆购置税进行纳税申报。

填写《车辆购置税纳税申报表》。

任务二 船舶吨税智慧化申报与管理

任务导入

1. 基本情况

2023 年 10 月 26 日，甲国某运输公司的一艘货轮驶入我国某港口。已知，该货轮净吨位为 30 000 吨，我国海关填发的吨税执照上注明的停泊期限为 30 日。根据船舶吨税的相关规定，该货轮适用的船舶吨税税率为 3.3 元/净吨。

2. 任务要求

不考虑其他因素，请计算该货轮负责人应向我国海关缴纳的船舶吨税税额。

一、计算船舶吨税

船舶吨税的应纳税额按照船舶净吨位乘以适用税率计算，具体公式如下。

应纳税额=船舶净吨位×适用的定额税率

同步税务

【例 7-3】2023 年 8 月 1 日，乙国某公司的拖船驶入我国某港口。已知该拖船的发动机功率为 10 000 千瓦，适用的船舶吨税税率为 4 元/净吨。假设该拖船负责人向我国海关申领了期限为 30 日的吨税执照，则拖船负责人应缴纳的船舶吨税税额为（　　）元。

A. 13 400　　B. 26 800　　C. 1 000　　D. 2 000

解析：

正确答案为 A。

应缴纳的船舶吨税税额=10 000×0.67×4×50%=13 400 元

二、智慧化申报船舶吨税

（一）判断纳税义务发生时间

船舶吨税的纳税义务发生时间为应税船舶进入港口的当日。

涉税小助手

应税船舶在吨税执照期满后尚未离开港口的，应当申领新的吨税执照，自上一次吨税执照期满的次日起续缴吨税。

（二）明确纳税期限

纳税人应当自海关填发吨税缴款凭证之日起 15 日内缴清税款。未按期缴清税款的，自滞纳税款之日起至缴清税款之日止，按日加收滞纳税款 0.5‰的税款滞纳金。

（三）确定纳税地点

纳税人应当向应税船舶所在港口的海关申报缴纳船舶吨税。

（四）办理纳税申报

1. 通过窗口办理纳税申报

纳税人通过窗口办理纳税申报时，即前往直属海关办理船管业务的现场办理纳税申报，应按照船舶吨税税目税率（见表 7-2）选择申领一种期限的吨税执照，并向海关提供以下文件：① 吨税执照申请书；② 船舶国籍证书或者海事部门签发的船舶国籍证书收存证明；③ 船舶吨位证明。海关计算应征收的船舶吨税后填发税款缴款书。

2. 通过网上办事平台办理纳税申报

纳税人打开并登录“互联网+海关”一体化网上办事平台，在“船舶吨税执照申请”页面按要求录入并保存相关数据；待数据校验通过后，单击“申报”按钮，进入“纳税申报”页面；确认申报数据无误后，单击“确认”按钮，即可完成纳税申报。

任务实施

应缴纳的船舶吨税税额=30 000×3.3=99 000 元

该货轮负责人应向我国海关缴纳的船舶吨税税额为 99 000 元。

修身笃行

涉税专业服务机构及其涉税人员应当诚实守信、正直自律、勤勉尽责，遵守职业道德，维护行业形象。

综合知识测试

一、单项选择题

1．下列关于车辆购置税的说法中，错误的是（　　）。

A．车辆购置税实行比例税率

B．外国公民在中国境内购置车辆免税

C．车辆购置税实行一次性征收

D．受赠使用的新车需要缴纳车辆购置税

2．2023 年 5 月，王某从汽车 4S 店（一般纳税人）购置了一辆排气量为 1.8 升的乘用车，支付购车款（含增值税）226 000 元并取得机动车销售统一发票，支付保险费 4 520 元并取得保险公司开具的票据。王某应缴纳的车辆购置税为（　　）元。

A．20 000　　B．22 600　　C．20 400　　D．23 052

3．下列从境外进入我国港口的船舶中，免征船舶吨税的是（　　）。

A．养殖渔船

B．非机动驳船

C．拖船

D．吨税执照期满后 24 小时内上下客货的船舶

4．船舶吨税的纳税人未按期缴清税款的，自滞纳税款之日起至缴清税款之日止，按日加收滞纳金的比率是滞纳税款的（　　）。

A．0.2‰　　B．0.5‰　　C．5‰　　D．2‰

5．2023 年 9 月 1 日，某国拖船驶入我国某港口。已知该拖船发动机功率为 15 000 千瓦，适用的船舶吨税税率为 4.6 元/净吨。假设该拖船负责人向我国海关申领了期限为 30 日的吨税执照，则拖船负责人应缴纳的船舶吨税税额为（　　）元。

A．20 000　　B．46 230　　C．23 115　　D．69 000

二、多项选择题

1．下列各项中，属于车辆购置税计税价格组成部分的有（　　）。

A．车辆购置税税额

B．增值税税额

C．不含增值税的购车款

D．进口应税车辆缴纳的关税税额

2．下列各项中，无须缴纳车辆购置税的有（　　）。

A．电动摩托车

B．排气量为 200 毫升的摩托车

C．城市公交企业购置的公共汽电车辆

D．无轨电车

3．下列关于车辆购置税的说法中，正确的有（　　）。

A．应税汽车上牌登记注册前，缴纳车辆购置税

B．购买已税汽车自用，不再缴纳车辆购置税

C．已税汽车退回生产企业，准予纳税人申请退还车辆购置税

D．外国留学生在中国境内购买新汽车自用，需缴纳车辆购置税

4．下列各项中，免征船舶吨税的有（　　）。

A．应纳税额在人民币 50 元以下的船舶

B．非机动驳船

C．警用船舶

D．运抵我国港口进行拆解的报废船舶

5．下列关于船舶吨税征收管理的表述中，正确的有（　　）。

A．船舶吨税由海关负责征收

B．船舶吨税纳税义务发生时间为应税船舶进入港口的当日

C．应税船舶在吨税执照期满后尚未离开港口的，应当申领新的吨税执照，自上一次吨税执照期满的当日起续缴吨税

D．应税船舶负责人应当自海关填发吨税缴款凭证之日起 15 日内缴清税款

三、综合题

2024 年 1 月，宋某从某汽车经销商（一般纳税人）处购买了一辆小汽车自用，支付购车款（含增值税）226 000 元，取得由该汽车经销商开具的机动车销售统一发票；支付临时牌照费 650 元、保险费 1 000 元，分别取得由车辆管理部门、保险公司开具的财政收据和发票。

要求：请计算宋某应缴纳的车辆购置税税额。

综合能力评价

学生配合指导教师共同完成综合能力评价表（见表 7-4）。

表 7-4　综合能力评价表

班级		组号		日期		
姓名		学号		指导教师		
项目名称	车辆购置税和船舶吨税智慧化申报与管理					
评价维度	一级指标	二级指标	评价标准	分值	评分	
					自评	师评
知识评价（40 分）	重难点知识	掌握车辆购置税、船舶吨税的税务规定	能答对相关习题，并能用自己的话概括车辆购置税、船舶吨税的税务规定	5		
		掌握车辆购置税、船舶吨税的计算方法和纳税筹划方法	能答对相关习题，并能用简洁的话概括车辆购置税、船舶吨税的计算方法和纳税筹划方法	7		
		掌握车辆购置税、船舶吨税的智慧化申报方法	能列举纳税人需要填写的纳税申报资料，并能用自己的话概括纳税申报步骤	7		
	操作技能	能正确计算车辆购置税、船舶吨税的应纳税额		8		
		能按期申报和缴纳车辆购置税、船舶吨税		8		
		能合理筹划车辆购置税		5		
能力评价（30 分）	自主学习能力	预习能力	能概述本项目的主要知识点	6		
		课堂学习能力	认真听讲，积极参与课堂互动	6		
		反思改进能力	反思在预习和课堂学习中出现的问题，巩固所学知识，改进学习方法	6		
	人际交往能力	团队协作能力	积极参与活动，与小组成员配合默契	6		
		沟通协调能力	与小组成员沟通顺畅	6		
素养评价（30 分）	职业素养	主动意识	积极学习，按时完成任务	10		
		合作与竞争意识	能以平和的心态面对同学之间的合作与竞争	10		
		创新意识	能建立所学知识与实际应用场景的联系	10		
合计				100		
总评	自评（30%）+师评（70%）=			教师（签名）：		

财产和行为税合并申报篇

项目八

资源税和环境保护税智慧化申报与管理

在学习本项目前，需要自问以下几个问题：

- 矿泉水需要缴纳资源税吗？
- 进口的资源需要缴纳资源税吗？
- 可以免征环境保护税的情形有哪些？

扫一扫右边的二维码，从相关法律法规中找到答案。

资源税和环境保护税的基本法律规范

素养目标

增强节约资源、保护环境的意识，提升生态文明素养，承担起相应的社会责任。

知识目标

（1）掌握资源税、环境保护税的税务规定。
（2）掌握资源税、环境保护税应纳税额的计算方法。
（3）掌握资源税、环境保护税智慧化申报的方法。
（4）掌握资源税、环境保护税纳税筹划的方法。

技能目标

（1）能正确计算资源税、环境保护税的应纳税额。
（2）能正确填制资源税、环境保护税的纳税申报表。
（3）能对资源税、环境保护税进行合法、合理的纳税筹划。

知识准备

一、资源税

资源税是对在中华人民共和国领域和中华人民共和国管辖的其他海域开发应税资源的单位和个人征收的一种税，属于对自然资源开发征税的范畴。征收资源税不仅能促进对自然资源的合理开发利用，还能为国家筹集财政资金。

资源税的特点

（一）纳税人与征税范围

1. 纳税人

资源税的纳税人是指在中华人民共和国领域和中华人民共和国管辖的其他海域（以下简称“中国境内”）开采应税资源的单位和个人。

需要注意的是，资源税仅对在中国境内开发应税资源的单位或个人征收，对进口应税资源的单位和个人不征收。

2. 征税范围

资源税的征税范围具体如下所示。

（1）能源矿产：原油，天然气、页岩气、天然气水合物，煤，煤成（层）气，铀、钍，油页岩、油砂、天然沥青、石煤，地热。

（2）金属矿产：黑色金属矿产和有色金属矿产。

（3）非金属矿产：矿物类非金属矿产、岩石类非金属矿产和宝玉石类非金属矿产。

（4）水气矿产：二氧化碳气、硫化氢气、氦气、氡气和矿泉水。

（5）盐：钠盐、钾盐、镁盐、锂盐，天然卤水和海盐。

（二）税目与税率

资源税的税目涵盖了所有已经发现的矿种和盐，共 164 个。资源税税率采用固定税率和幅度税率两类税率。我国现行的资源税税目税率表如表 8-1 所示。

表 8-1　资源税税目税率表

税目		征税对象	税率
能源矿产	原油	原矿	6%
	天然气、页岩气、天然气水合物	原矿	6%
	煤	原矿或者选矿	2%～10%
	煤成（层）气	原矿	1%～2%
	铀、钍	原矿	4%
	油页岩、油砂、天然沥青、石煤	原矿或者选矿	1%～4%

（续表）

税目			征税对象	税率
能源矿产	地热		原矿	1%～20%或者每立方米1～30元
金属矿产	黑色金属	铁、锰、铬、钒、钛	原矿或者选矿	1%～9%
	有色金属	铜、铅、锌、锡、镍、锑、镁、钴、铋、汞	原矿或者选矿	2%～10%
		铝土矿	原矿或者选矿	2%～9%
		钨	选矿	6.5%
		钼	选矿	8%
		金、银	原矿或者选矿	2%～6%
		铂、钯、钌、锇、铱、铑	原矿或者选矿	5%～10%
		轻稀土	选矿	7%～12%
		中重稀土	选矿	20%
		铍、锂、锆、锶、铷、铯、铌、钽、锗、镓、铟、铊、铪、铼、镉、硒、碲	原矿或者选矿	2%～10%
非金属矿产	矿物类	高岭土	原矿或者选矿	1%～6%
		石灰岩	原矿或者选矿	1%～6%或者每吨（或者每立方米）1～10元
		磷	原矿或者选矿	3%～8%
		石墨	原矿或者选矿	3%～12%
		萤石、硫铁矿、自然硫	原矿或者选矿	1%～8%
		天然石英砂、脉石英、粉石英、水晶、工业用金刚石、冰洲石、蓝晶石、硅线石（矽线石）、长石、滑石、刚玉、菱镁矿、颜料矿物、天然碱、芒硝、钠硝石、明矾石、砷、硼、碘、溴、膨润土、硅藻土、陶瓷土、耐火黏土、铁矾土、凹凸棒石黏土、海泡石黏土、伊利石黏土、累托石黏土	原矿或者选矿	1%～12%
		叶蜡石、硅灰石、透辉石、珍珠岩、云母、沸石、重晶石、毒重石、方解石、蛭石、透闪石、工业用电气石、白垩、石棉、蓝石棉、红柱石、石榴子石、石膏	原矿或者选矿	2%～12%
		其他黏土（铸型用黏土、砖瓦用黏土、陶粒用黏土、水泥配料用黏土、水泥配料用红土、水泥配料用黄土、水泥配料用泥岩、保温材料用黏土）	原矿或者选矿	1%～5%或者每吨（或者每立方米）0.1～5元

（续表）

税目			征税对象	税率
非金属矿产	岩石类	大理岩、花岗岩、白云岩、石英岩、砂岩、辉绿岩、安山岩、闪长岩、板岩、玄武岩、片麻岩、角闪岩、页岩、浮石、凝灰岩、黑曜岩、霞石正长岩、蛇纹岩、麦饭石、泥灰岩、含钾岩石、含钾砂页岩、天然油石、橄榄岩、松脂岩、粗面岩、辉长岩、辉石岩、正长岩、火山灰、火山渣、泥炭	原矿或者选矿	1%～10%
		砂石	原矿或者选矿	1%～5%或者每吨（或者每立方米）0.1～5元
	宝玉石类	宝石、玉石、宝石级金刚石、玛瑙、黄玉、碧玺	原矿或者选矿	4%～20%
水气矿产	二氧化碳气、硫化氢气、氦气、氡气		原矿	2%～5%
	矿泉水		原矿	1%～20%或者每立方米1～30元
盐	钠盐、钾盐、镁盐、锂盐		选矿	3%～15%
	天然卤水		原矿	3%～15%或者每吨（或者每立方米）1～10元
	海盐			2%～5%

表 8-1 中规定实行幅度税率的，其具体适用税率由省、自治区、直辖市人民政府统筹考虑该应税资源的品位、开采条件及对生态环境的影响等情况，在规定的税率幅度内提出，报同级人民代表大会常务委员会决定，并报全国人民代表大会常务委员会和国务院备案。表 8-1 中规定征税对象为原矿或者选矿的，应当分别确定具体适用税率。

表 8-1 中规定可以选择实行从价计征或者从量计征的，具体计征方式由省、自治区、直辖市人民政府提出，报同级人民代表大会常务委员会决定，并报全国人民代表大会常务委员会和国务院备案。

涉税小助手

原矿是指从矿山开采出来未经选矿或其他技术加工的矿石。选矿是指原矿经过破碎、切割、洗选、筛分、磨矿、分级、提纯、脱水、干燥等加工过程形成的产品，包括富集的精矿和研磨成粉、粒级成型、切割成型的原矿加工品。

同步税务

【例 8-1】下列各项中，属于资源税征税范围的有（　　）。

A. 森林　　B. 地热　　C. 草地　　D. 宝石原矿

解析：

正确答案为BD。选项A与选项C不属于资源税的征税范围，选项B属于能源矿产，选项D属于非金属矿产。

（三）税收优惠

1. 免征优惠

（1）开采原油过程中及在油田范围内运输原油过程中用于加热的原油、天然气，免征资源税。

（2）煤炭开采企业因安全生产需要抽采的煤成（层）气，免征资源税。

关于低丰度油气田等用语的解释

2. 减征优惠

（1）从低丰度油气田开采的原油、天然气，减征20%资源税。

（2）高含硫天然气、三次采油和从深水油气田开采的原油、天然气，减征30%资源税。

（3）稠油、高凝油，减征40%资源税。

（4）从衰竭期矿山开采的矿产品，减征30%资源税。

涉税小助手

根据国民经济和社会发展的需要，国务院对有利于促进资源节约集约利用、保护环境等情形可以规定免征或者减征资源税，报全国人民代表大会常务委员会备案。

3. 由省、自治区、直辖市决定的免征或者减征优惠

有下列情形之一的，省、自治区、直辖市可以决定免征或者减征资源税。

（1）纳税人开采或者生产应税产品过程中，因意外事故或者自然灾害等遭受重大损失。

（2）纳税人开采共伴生矿、低品位矿、尾矿。

上述规定的免征或者减征资源税的具体办法，由省、自治区、直辖市人民政府提出，报同级人民代表大会常务委员会决定，并报全国人民代表大会常务委员会和国务院备案。

涉税小助手

对于免税、减税项目，纳税人应当单独核算销售额或者销售数量；未单独核算或者不能准确提供销售额或者销售数量的，不予免税或者减税。

二、环境保护税

环境保护税是对在中国境内直接向环境排放应税污染物的企业事业单位和其他生产经营者征收的一种税。

涉税交流帖

保护环境，人人有责。在日常生活中，我们应如何更好地爱护环境、保护环境？和同学讨论，说一说自己的看法。

（一）纳税人与征税范围

1. 纳税人

环境保护税的纳税人是指在中国境内直接向环境排放应税污染物的企业事业单位和其他生产经营者。

2. 征税范围

环境保护税的征税范围是指《中华人民共和国环境保护税法》（以下简称《环境保护税法》）所附的《环境保护税税目税额表》中规定的大气污染物、水污染物、固体废物和噪声等应税污染物。

有下列情形之一的，不属于直接向环境排放污染物，不缴纳相应污染物的环境保护税。

（1）企业事业单位和其他生产经营者向依法设立的污水集中处理、生活垃圾集中处理场所排放应税污染物的。

（2）企业事业单位和其他生产经营者在符合国家和地方环境保护标准的设施、场所贮存或者处置固体废物的。

依法设立的城乡污水集中处理、生活垃圾集中处理场所超过国家和地方规定的排放标准向环境排放应税污染物的，应当缴纳环境保护税。企业事业单位和其他生产经营者贮存或者处置固体废物不符合国家和地方环境保护标准的，应当缴纳环境保护税。

同步税务

【例 8-2】下列情形中，属于直接向环境排放污染物而应缴纳环境保护税的是（　　）。

A. 企业在符合国家和地方环境保护标准的场所处置固体废物的

B. 事业单位向依法设立的生活垃圾集中处理场所排放应税污染物的

C. 企业向依法设立的污水集中处理场所排放应税污染物的

D. 依法设立的城乡污水集中处理场所超过国家和地方规定的排放标准排放应税污染物的

解析：

正确答案为 D。超标排放不属于免税范围，属于直接向环境排放污染物，应缴纳环境保护税。

（二）税目与税额

我国现行的环境保护税税目税额表如表 8-2 所示。

表 8-2　环境保护税税目税额表

<table>
<tr><th colspan="2">税目</th><th>计税单位</th><th>税额</th><th>备注</th></tr>
<tr><td colspan="2">大气污染物</td><td>每污染当量</td><td>1.2～12 元</td><td rowspan="2"></td></tr>
<tr><td colspan="2">水污染物</td><td>每污染当量</td><td>1.4～14 元</td></tr>
<tr><td rowspan="4">固体废物</td><td>煤矸石</td><td>每吨</td><td>5 元</td><td></td></tr>
<tr><td>尾矿</td><td>每吨</td><td>15 元</td><td></td></tr>
<tr><td>危险废物</td><td>每吨</td><td>1 000 元</td><td></td></tr>
<tr><td>冶炼渣、粉煤灰、炉渣、其他固体废弃物（含半固态、液态废物）</td><td>每吨</td><td>25 元</td><td></td></tr>
<tr><td rowspan="6">噪声</td><td rowspan="6">工业噪声</td><td>超标 1～3 分贝</td><td>每月 350 元</td><td rowspan="6">（1）一个单位边界上有多处噪声超标，根据最高一处超标声级计算应纳税额；当沿边界长度超过 100 米有两处以上噪声超标，按照两个单位计算应纳税额
（2）一个单位有不同地点作业场所的，应当分别计算应纳税额，合并计征
（3）昼、夜均超标的环境噪声，昼、夜分别计算应纳税额，累计计征
（4）声源一个月内超标不足 15 天的，减半计算应纳税额
（5）夜间频繁突发和夜间偶然突发厂界超标噪声，按等效声级和峰值噪声两项指标中超标分贝值高的一项计算应纳税额</td></tr>
<tr><td>超标 4～6 分贝</td><td>每月 700 元</td></tr>
<tr><td>超标 7～9 分贝</td><td>每月 1 400 元</td></tr>
<tr><td>超标 10～12 分贝</td><td>每月 2 800 元</td></tr>
<tr><td>超标 13～15 分贝</td><td>每月 5 600 元</td></tr>
<tr><td>超标 16 分贝以上</td><td>每月 11 200 元</td></tr>
</table>

表 8-2 中，应税大气污染物和水污染物的具体适用税额的确定和调整，由省、自治区、直辖市人民政府统筹考虑本地区环境承载能力、污染物排放现状和经济社会生态发展目标要求，在规定的税额幅度内提出，报同级人民代表大会常务委员会决定，并报全国人民代表大会常务委员会和国务院备案。

涉税小助手

污染当量是指根据污染物或者污染排放活动对环境的有害程度及处理的技术经济性，衡量不同污染物对环境污染的综合性指标或者计量单位。同一介质、相同污染当量的不同污染物，其污染程度基本相当。

（三）税收优惠

1．暂免优惠

有下列情形之一的，暂免征收环境保护税。

（1）农业生产（不包括规模化养殖）排放应税污染物的。

（2）机动车、铁路机车、非道路移动机械、船舶和航空器等流动污染源排放应税污染物的。

（3）依法设立的城乡污水集中处理、生活垃圾集中处理场所排放相应应税污染物，不超过国家和地方规定的排放标准的。

（4）纳税人综合利用的固体废物，符合国家和地方环境保护标准的。

（5）国务院批准免税的其他情形。

2. 减征优惠

有下列情形之一的，减征环境保护税。

（1）纳税人排放应税大气污染物或者水污染物的浓度值低于国家和地方规定的污染物排放标准30%的，减按75%征收环境保护税。

（2）纳税人排放应税大气污染物或者水污染物的浓度值低于国家和地方规定的污染物排放标准50%的，减按50%征收环境保护税。

涉税小助手

应税大气污染物的浓度值是指纳税人安装使用的污染物自动监测设备当月自动监测的应税大气污染物浓度值的小时平均值再平均所得的数值，或者监测机构当月监测的应税大气污染物浓度值的平均值。水污染物的浓度值是指应税水污染物浓度值的日平均值再平均所得的数值，或者监测机构当月监测的应税水污染物浓度值的平均值。

任务一　资源税智慧化申报与管理

任务导入

1. 基本情况

L冶金有限责任公司（以下简称“L公司”）为一般纳税人，其资源税纳税期限为1个月。2023年10月，L公司销售2 500吨铝土矿（原矿）。已知铝土矿每吨售价7 200元（不含增值税），适用的资源税税率为5%，适用的增值税税率为13%。

2. 任务要求

（1）请计算L公司2023年10月应缴纳的资源税税额与增值税税额。

（2）2023年11月15日，L公司对10月发生的资源税进行纳税申报，请填写相关纳税申报表。

一、计算资源税

（一）确定计税依据

资源税适用从价计征为主、从量计征为辅的征税方式。

1. 从价计征的计税依据

实行从价计征的，计税依据为应税产品的销售额。应税产品的销售额是指纳税人销售应税产品向购买方收取的全部价款，但不包括收取的增值税税款。计入销售额中的相关运杂费用，凡取得增值税发票或者其他合法有效凭据的，准予从销售额中扣除。

涉税小助手

相关运杂费用是指应税产品从坑口或者洗选（加工）地到车站、码头或者购买方指定地点的运输费用、建设基金，以及随运销产生的装卸费用、仓储费用、港杂费用。

纳税人申报的应税产品销售额明显偏低且无正当理由的，或者有自用应税产品行为而无销售额的，主管税务机关可以按下列方法和顺序确定其应税产品的销售额。

（1）按纳税人最近时期同类产品的平均销售价格确定。

（2）按其他纳税人最近时期同类产品的平均销售价格确定。

（3）按后续加工的非应税产品销售价格减去后续加工环节的成本利润后的余额确定。

（4）按应税产品组成计税价格确定。组成计税价格的计算公式如下。

组成计税价格=成本×（1+成本利润率）÷（1−资源税税率）

上述公式中的成本利润率由省、自治区、直辖市税务机关确定。

（5）按其他合理方法确定。

2．从量计征的计税依据

实行从量计征的，计税依据为应税产品的销售数量。应税产品的销售数量包括纳税人开采或生产应税产品的实际销售数量和自用于应当缴纳资源税情形的应税产品数量。

涉税小助手

纳税人自用应税产品应当缴纳资源税的情形包括纳税人以应税产品用于非货币性资产交换、捐赠、偿债、赞助、集资、投资、广告、样品、职工福利、利润分配或者连续生产非应税产品等。

同步税务

【例 8-3】甲煤矿企业为一般纳税人。2023 年 9 月，甲企业销售自采原煤收取不含增值税价款 800 万元（含原煤从坑口到车站的运输费用 20 万元，以及随运销产生的装卸和仓储费用 10 万元）。已知运杂费用均取得增值税发票。请计算该企业应税产品的销售额。

解析：

应税产品的销售额=800−（20+10）=770 万元

3．特殊规定下的计税依据

（1）纳税人以外购原矿与自采原矿混合为原矿销售，或者以外购选矿产品与自产选矿产品混合为选矿产品销售的，在计算应税产品的销售额或者销售数量时，应直接扣减外购原矿或者外购选矿产品的购进金额或者购进数量；当期不足扣减的，可结转下期扣减。纳税人应当准确核算外购应税产品的购进金额或者购进数量，未准确核算的，一并计算缴纳资源税。

纳税人以外购原矿与自采原矿混合洗选加工为选矿产品销售的，在计算应税产品的销售额或者销售数量时，应按照下列公式进行扣减。

准予扣减的外购应税产品购进金额（数量）=外购原矿购进金额（数量）×（本地区原矿适用税率÷本地区选矿产品适用税率）

不能按照上述公式进行扣减的，可按照主管税务机关确定的其他合理方法进行扣减。

纳税人核算并扣减当期外购应税产品的购进金额或者购进数量，应当依据外购应税产品的增值税发票、海关进口增值税专用缴款书或者其他合法有效凭据。

同步税务

【例 8-4】甲煤炭企业将外购的 200 万元原煤与自采的 400 万元原煤混合洗选加工为选煤销售。已知当地原煤适用的资源税税率为 3%，选煤适用的资源税税率为 2%。请计算甲煤炭企业准予扣减的外购应税产品购进金额。

解析：

准予扣减的外购应税产品购进金额=200×（3%÷2%）=300 万元

（2）纳税人开采或者生产同一税目下适用不同税率应税产品的，应当分别核算不同税率应税产品的销售额或者销售数量；未分别核算或者不能准确提供不同税率应税产品的销售额或者销售数量的，从高适用税率。

（3）纳税人以自采原矿（经过采矿过程采出后未进行选矿或者加工的矿石）直接销售，或者自用于应当缴纳资源税情形的，应按照原矿计算缴纳资源税。

纳税人以自采原矿洗选加工为选矿产品销售，或者将选矿产品自用于应当缴纳资源税情形的，应按照选矿产品计算缴纳资源税，在原矿移送环节不缴纳资源税。对于无法区分原生岩石矿种的粒级成型砂石颗粒，按照砂石税目缴纳资源税。

（4）纳税人开采或者生产同一应税产品，其中既有享受减免税政策的，又有不享受减免税政策的，应按照免税、减税项目的产量占比等方法分别核算确定免税、减税项目的销售额或者销售数量。

（5）纳税人开采或者生产同一应税产品同时符合两项或者两项以上减征资源税优惠政策的，除另有规定外，只能选择其中一项执行。

（二）计算应纳税额

实行从价计征的，应纳税额按照应税产品的销售额乘以规定的比例税率计算。其计算公式如下。

应纳税额=销售额×比例税率

实行从量计征的，应纳税额按照应税产品的销售数量乘以规定的定额税率计算。其计算公式如下。

应纳税额=销售数量×定额税率

同步税务

【例 8-5】某石化企业为一般纳税人。2024 年 2 月，该企业开采 5 010 吨原油。对外销售 2 000 吨原油，取得不含增值税价款 600 万元。将 3 000 吨原油用于加工生产汽油，另将 10 吨原油用于开采过程中加热使用。已知原油适用的资源税税率为 6%。请计算该企业当月应缴纳的资源税税额。

解析：

应缴纳的资源税税额=600×6%+3 000×（600÷2 000）×6%=90 万元

用于开采过程中加热使用的原油，免征资源税。

二、智慧化申报资源税

（一）判断纳税义务发生时间

纳税人销售应税产品的，纳税义务发生时间为收讫销售款或者取得索取销售款凭据的当日；自用应税产品的，纳税义务发生时间为移送应税产品的当日。

（二）明确纳税期限

纳税人应按月或者按季申报缴纳资源税；不能按固定期限计算缴纳的，可以按次申报缴纳。

纳税人按月或者按季申报缴纳的，应当自月度或者季度终了之日起 15 日内，向税务机关办理纳税申报并缴纳税款；按次申报缴纳的，应当自纳税义务发生之日起 15 日内，向税务机关办理纳税申报并缴纳税款。

（三）确定纳税地点

纳税人应当向应税产品开采地或者生产地的税务机关申报缴纳资源税。

（1）纳税人应当在矿产品的开采地或者海盐的生产地缴纳资源税。

（2）海上开采的原油和天然气，其资源税由海洋石油税务管理机构征收管理。

（四）办理纳税申报

1. 通过办税服务厅办理纳税申报

纳税人通过办税服务厅办理纳税申报时，应如实填写《资源税税源明细表》（见表 8-3）与《财产和行为税纳税申报表》（见表 8-4）。若享受资源税的优惠政策，则纳税人还需要填写《财产和行为税减免税明细申报附表》。

涉税小助手

为减轻申报负担，自 2021 年 6 月 1 日起，纳税人申报缴纳城镇土地使用税、房产税、车船税、印花税、耕地占用税、资源税、土地增值税、契税、环境保护税、烟叶税中一个或多个税种时，使用《财产和行为税纳税申报表》。

表 8-3　资源税税源明细表

税款所属期：自　　年　　月　　日至　　年　　月　　日

纳税人识别号（统一社会信用代码）：□□□□□□□□□□□□□□□□□□

纳税人名称：　　　　　　　　　　　　　　　　　　金额单位：人民币元（列至角分）

申报计算明细										
序号	税目	子目	计量单位	销售数量	准予扣减的外购应税产品购进数量	计税销售数量	销售额	准予扣除的运杂费	准予扣减的外购应税产品购进金额	计税销售额
	1	2	3	4	5	6=4−5	7	8	9	10=7−8−9
1										
2										
合计										

减免税计算明细									
序号	税目	子目	减免性质代码和项目名称	计量单位	减免税销售数量	减免税销售额	适用税率	减征比例	本期减免税额
	1	2	3	4	5	6	7	8	9①=5×7×8 9②=6×7×8
1									
2									
合计									

表 8-4　财产和行为税纳税申报表

纳税人识别号（统一社会信用代码）：□□□□□□□□□□□□□□□□□□

纳税人名称：　　　　　　　　　　　　　　　　　　金额单位：人民币元（列至角分）

序号	税种	税目	税款所属期起	税款所属期止	计税依据	税率	应纳税额	减免税额	已缴税额	应补（退）税额
1										
2										
3										
4										
5										
6										
7										
8										
9										
10										
11	合计	—	—	—	—	—				

（续表）

声明：此表是根据国家税收法律法规及相关规定填写的，本人（单位）对填报内容（及附带资料）的真实性、可靠性、完整性负责。 纳税人（签章）：　　　　年　月　日	
经办人： 经办人身份证号： 代理机构签章： 代理机构统一社会信用代码：	受理人： 受理税务机关（章）： 受理日期：　　　　年　月　日

表 8-3 的填写说明

表 8-4 的填写说明

2. 通过电子税务局办理纳税申报

纳税人可以参考以下步骤在电子税务局办理纳税申报。

步骤 1▶ 打开电子税务局官网（以国家税务总局山东省电子税务局为例），单击“我要办税”按钮，进入“统一身份认证”页面。选择“企业业务”选项，填写企业身份信息，单击“登录”按钮，进入电子税务局。

步骤 2▶ 选择“我要办税”选项，单击“综合信息填报”按钮，进入“填报”页面。

步骤 3▶ 在左侧菜单栏选择“税源信息报告”/“财产和行为税税源信息报告”选项，进入“财产和行为税税源明细”页面，单击“资源税（不含水资源税）”右侧的“税源采集”按钮，进入“资源税税源采集”页面，如图 8-1 所示。

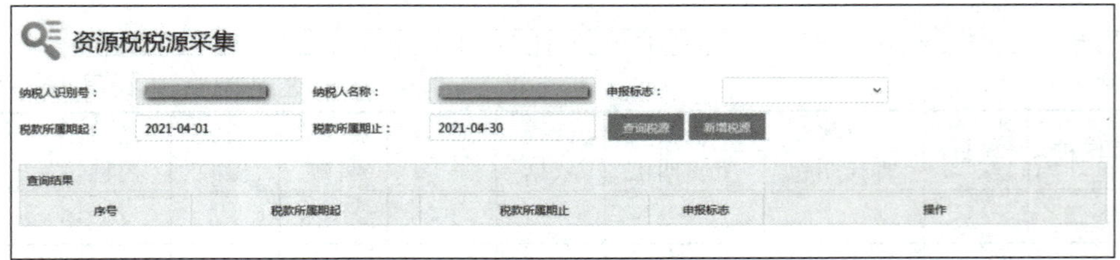

图 8-1 “资源税税源采集”页面

（图片来源：国家税务总局山东省税务局官网）

步骤 4▶ 若纳税人前期已采集税源信息，单击“查询税源”按钮，系统会自动带出已采集的税源信息；若纳税人前期未采集税源信息，单击“查询税源”按钮，系统会提示没有税源采集信息。此时，纳税人需要新增资源税税源采集信息。

步骤 5▶ 单击“新增税源”按钮，进入“资源税税源采集”页面，填写“申报计算明细”部分对应的内容。若无减免税信息的，则直接单击“保存”按钮，待系统弹出“保存税源信息成功”对话框后，单击“确定”按钮。若有减免税信息的，则需要填写“减免税计算明细”部分对应的内容，然后单击“保存”按钮，即可成功保存税源信息。

步骤 6▶ 完成资源税税源信息采集后，单击“我要办税”/“税费申报及缴纳”按钮，

进入“申报”页面。在左侧菜单栏选择“综合申报”/“财产和行为税合并纳税申报”选项，进入“财产和行为税纳税申报”页面。

步骤 7▶ 在“是否申报”列，选择“资源税（不含水资源税）”选项，单击“税源选择”按钮，进入“资源税税源选择”页面。选择需要申报的税源信息，单击“确定”按钮，然后选择需要申报的税种，单击“下一步”按钮，进入“申报信息确认”页面。

步骤 8▶ 确认无误后，单击“申报”按钮，即可完成资源税的纳税申报。

三、筹划资源税

（一）运杂费用的纳税筹划

企业在销售应税产品时，应当尽可能地取得相关运杂费用的增值税发票或者其他合法有效凭据，以便将相关运杂费用从计税依据中扣除，降低计税依据，进而降低资源税税负。

【具体案例】

甲煤矿企业为一般纳税人，适用的增值税税率为 13%。2024 年 1 月，甲煤矿企业开采原煤 100 万吨，对外销售 90 万吨。已知，每吨原煤的含增值税价款为 550 元（包含运杂费用 50 元），该原煤适用的资源税税率为 3%。不考虑其他因素，请以降低资源税税负为目的，对上述业务进行纳税筹划（计算结果保留小数点后两位）。

【筹划思路】

方案一：未取得运杂费用的增值税发票或者其他合法有效凭据。此时，甲煤矿企业应按 550 元/吨计算资源税税额。

应缴纳的资源税税额=90×550÷（1+13%）×3%=1 314.16 万元

方案二：取得运杂费用的增值税发票或者其他合法有效凭据，相关运杂费用可以从销售额中扣除。此时，甲煤矿企业应按 500 元/吨（550−50）计算资源税税额。

应缴纳的资源税税额=90×（550−50）÷（1+13%）×3%=1 194.69 万元

【筹划结论】

根据计算结果，方案二比方案一节税 119.47 万元（1 314.16−1 194.69）。因此，若以实现资源税税负最小化为纳税筹划目标，甲煤矿企业应选择方案二。

（二）分别核算的纳税筹划

为减轻资源税税负，纳税人一方面应当分清应税项目与减免税项目，并能够单独核算应税项目的销售额或者销售数量；另一方面应当能够分别核算不同税目、不同税率应税产品的销售额或者销售数量，避免从高适用税率计税。

【具体案例】

乙企业为一般纳税人，适用的增值税税率为 13%，主要从事矿产开采和销售业务。2023 年 7 月，乙企业销售铜矿取得收入 100 万元（不含增值税），销售金矿取得收入 50 万元（不含增值税）。已知铜矿适用的资源税税率为8%，金矿适用的资源税税率为4%。不考虑其他因素，请以降低资源税税负为目的，对上述业务进行纳税筹划。

【筹划思路】

方案一：未将铜矿、金矿分别核算。此时，乙企业应对铜矿和金矿的收入总额按8%税率计算资源税税额。

应缴纳的资源税税额=（100+50）×8%=12万元

方案二：将铜矿、金矿分别核算。此时，乙企业应分别对铜矿和金矿取得的收入按各自适用的税率计算资源税税额。

应缴纳的资源税税额=100×8%+50×4%=10万元

【筹划结论】

根据计算结果，方案二比方案一节税2万元（12−10）。因此，若以实现资源税税负最小化为纳税筹划目标，乙企业应选择方案二。

任务实施

〔步骤1〕计算应缴纳的资源税税额和增值税税额。

应缴纳的资源税税额=2 500×7 200×5%=900 000元

应缴纳的增值税税额=2 500×7 200×13%=2 340 000元

〔步骤2〕对资源税进行纳税申报。

填写《资源税税源明细表》与《财产和行为税纳税申报表》。

任务二 环境保护税智慧化申报与管理

任务导入

1. 基本情况

2023年7月，甲化工公司（统一社会信用代码为9125262374569188××）直接向大气排放二氧化硫105千克、氟化物100千克、一氧化碳180千克、氯化氢80千克。假设该公司只有一个排放口，2023年第三季度每月排放大气污染物的种类和数量均相同，且排放的各类大气污染物的浓度值均不低于国家和地方规定的污染物排放量标准。

资源税纳税申报表的填写示例

已知二氧化硫的污染当量值为0.95千克，氟化物的污染当量值为0.87千克，一氧化碳的污染当量值为16.7千克，氯化氢的污染当量值为10.75千克。

2. 任务要求

（1）假设当地大气污染物每污染当量的税额为 1.2 元，请计算甲化工公司 2023 年第三季度应缴纳的环境保护税税额。

（2）2023 年 10 月 23 日，甲化工公司对 2023 年第三季度发生的环境保护税进行纳税申报，请填写相关纳税申报表。

一、计算环境保护税

（一）确定计税依据

应税污染物的计税依据，按照下列方法确定。

1. 应税大气污染物、水污染物的计税依据

应税大气污染物、水污染物应按照污染物排放量折合的污染当量数确定计税依据。污染当量数以污染物的排放量除以该污染物的污染当量值计算。其计算公式如下。

污染当量数=污染物的排放量÷该污染物的污染当量值

涉税小助手

（1）每一排放口或者没有排放口的应税大气污染物，按照污染当量数从大到小排序，对前 3 项污染物征收环境保护税。

（2）每一排放口的应税水污染物，按照《应税污染物和当量值表》，区分第一类水污染物和其他类水污染物，并按照污染当量数从大到小排序，对第一类水污染物前 5 项征收环境保护税，对其他类水污染物前 3 项征收环境保护税。

应税污染物和当量值表

2. 应税固体废物的计税依据

应税固体废物应按照应税固体废物的排放量确定计税依据。应税固体废物的排放量按下列公式计算。

应税固体废物的排放量=当期应税固体废物的产生量−当期应税固体废物的综合利用量−当期应税固体废物的贮存量−当期应税固体废物的处置量

其中，应税固体废物的综合利用量是指按照有关要求和标准进行综合利用的固体废物数量；应税固体废物的贮存量、处置量是指在符合国家和地方环境保护标准的设施、场所贮存或者处置的固体废物数量。

3. 应税噪声的计税依据

应税噪声应按照超过国家规定标准的分贝数确定计税依据。

涉税窗口

排放量和分贝数的计算规定

应税大气污染物、水污染物、固体废物的排放量和噪声的分贝数，按照下列方法和顺序计算。

（1）纳税人安装使用符合国家规定和监测规范的污染物自动监测设备的，按照污染物自动监测数据计算。

（2）纳税人未安装使用污染物自动监测设备的，按照监测机构出具的符合国家有关规定和监测规范的监测数据计算。

（3）因排放污染物种类多等原因不具备监测条件的，按照国务院生态环境主管部门规定的排污系数、物料衡算方法计算。

（4）不能按照上述规定的方法计算的，按照省、自治区、直辖市人民政府生态环境主管部门规定的抽样测算的方法核定计算。

纳税人有下列情形之一的，以其当期应税大气污染物、水污染物的产生量作为污染物的排放量。

（1）未依法安装使用污染物自动监测设备或者未将污染物自动监测设备与环境保护主管部门的监控设备联网。

（2）损毁或者擅自移动、改变污染物自动监测设备。

（3）篡改、伪造污染物监测数据。

（4）通过暗管、渗井、渗坑、灌注或者稀释排放以及不正常运行防治污染设施等方式违法排放应税污染物。

（5）进行虚假纳税申报。

（二）计算应纳税额

1. 应税大气污染物应纳税额的计算

应税大气污染物的应纳税额为污染当量数乘以具体的适用税额。其计算公式如下。

应税大气污染物的应纳税额=污染当量数×适用税额

2. 应税水污染物应纳税额的计算

应税水污染物的应纳税额为污染当量数乘以具体的适用税额。其计算公式如下。

应税水污染物的应纳税额=污染当量数×适用税额

同步税务

【例 8-6】某化工厂有 1 个直接向河流排放污水的排放口，并已安装使用符合国家规定和监测规范的污染物自动监测设备。监测数据显示，该排放口 2023 年 2 月共排放污水 6 万吨（6 000 万升），应税污染物为六价铬，其浓度值为 0.5 毫克/升。已知该厂所在省的水污染物适用的环境保护税税额为 2.8 元/污染当量，六价铬的污染当量值为 0.02 千克。请计算该化工厂当月应缴纳的环境保护税税额。

解析：

六价铬污染当量数=（60 000 000×0.5÷1 000 000）÷0.02=1 500

应缴纳的环境保护税税额=1 500×2.8=4 200 元

3．应税固体废物应纳税额的计算

应税固体废物的应纳税额为应税固体废物排放量乘以具体的适用税额。其计算公式如下。

应税固体废物的应纳税额=应税固体废物排放量×适用税额

同步税务

【例 8-7】2023 年 9 月，甲企业在采煤过程中产生煤矸石 1 000 吨。其中，综合利用煤矸石 500 吨（符合国家相关规定），利用符合国家和地方环境保护标准的设施处置煤矸石 120 吨，在符合国家和地方环境保护标准的场所贮存煤矸石 180 吨。已知每吨煤矸石适用的环境保护税税额为 5 元。请计算该企业当月应缴纳的环境保护税税额。

解析：

应缴纳的环境保护税税额=（1 000−500−120−180）×5=1 000 元

4．应税噪声应纳税额的计算

应税噪声的应纳税额为超过国家规定标准的分贝数对应的具体适用税额。

同步税务

【例 8-8】某生产企业只有一个生产场所，并只在昼间生产。边界处声环境功能区类型为 1 类，该企业生产时的噪声达到 60 分贝，规定的 1 类功能区昼间的噪声排放限值为 55 分贝。已知当月噪声超标天数为 13 天。请计算该企业当月应缴纳的环境保护税税额。

解析：

超标分贝数为 5 分贝（66−5），适用的环境保护税税额为 700 元。该企业声源一个月内超标不足 15 天，应减半计税。

应缴纳的环境保护税税额=700÷2=350 元

二、智慧化申报环境保护税

（一）判断纳税义务发生时间

环境保护税的纳税义务发生时间为纳税人排放应税污染物的当日。

（二）明确纳税期限

纳税人应按月计算、按季申报缴纳环境保护税；不能按固定期限计算缴纳的，可以按次申报缴纳。

纳税人按季申报缴纳的，应当自季度终了之日起 15 日内，向税务机关办理纳税申报并缴纳税款。纳税人按次申报缴纳的，应当自纳税义务发生之日起 15 日内，向税务机关办理纳税申报并缴纳税款。

（三）确定纳税地点

纳税人应当向应税污染物排放地的税务机关申报缴纳环境保护税。

（四）办理纳税申报

《环境保护税税源明细表》及其填写说明

1. 通过办税服务厅办理纳税申报

纳税人通过办税服务厅办理纳税申报时，应如实填写《环境保护税税源明细表》与《财产和行为税纳税申报表》（见表8-4）。

2. 通过电子税务局办理纳税申报

纳税人可以参考以下步骤在电子税务局办理纳税申报。

步骤1▶ 参考前文办理资源税纳税申报的步骤1至步骤3，进入“环境保护税税源信息采集”页面，如图8-2所示。

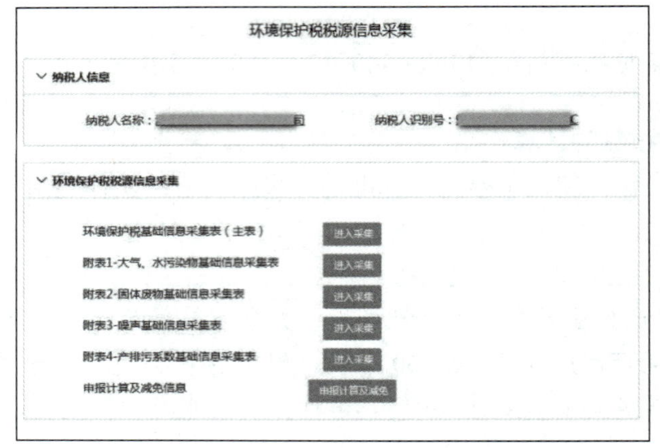

图8-2 “环境保护税税源信息采集”页面

（图片来源：国家税务总局山东省税务局官网）

步骤2▶ 单击“环境保护税基础信息采集表（主表）”右侧的“进入采集”按钮，进入“主表采集”页面，系统会自动显示之前已经采集的数据。若需要新增税源，则单击列表最右侧的“增加”按钮，根据实际情况，准确填写排放口名称、生产经营所在街乡等信息，填写完成后单击“保存”按钮，系统会提示保存成功。主表信息采集完成后，按期申报的纳税人还应当根据需要分别填写附表1至附表4。

步骤3▶ 若需要采集申报计算及减免信息，则单击“申报计算及减免信息”右侧对应的“申报计算及减免”按钮，进入“申报计算及减免”页面。根据不同的污染物种类，在“申报计算及减免”页面中的“大气、水污染物监测计算”“固体废物计算”“噪声计算”等相应栏目中填写相应信息，填写完成后单击“保存”按钮，系统会提示保存成功。

步骤4▶ 完成环境保护税税源信息采集后，参考前文办理资源税纳税申报的步骤6至步骤8，即可完成环境保护税的纳税申报。

三、筹划环境保护税

企业可以购置并实际使用税法规定的环境保护专用设备，以降低应税污染物的排放量，这样不仅可以抵免企业所得税，也可以降低环境保护税的计税依据，减轻环境保护税税负。

任务实施

〔步骤 1〕计算甲化工公司 2023 年第三季度应缴纳的环境保护税税额。

环境保护税纳税申报表的填写示例

2023 年 7 月排放的二氧化硫污染当量数=105÷0.95=110.53

2023 年 7 月排放的氟化物污染当量数=100÷0.87=114.94

2023 年 7 月排放的一氧化碳污染当量数=180÷16.7=10.78

2023 年 7 月排放的氯化物污染当量数=80÷10.75=7.44

因只有一个排放口，按照污染当量数从大到小排序后，公司需要对前 3 项（氟化物、二氧化硫、一氧化碳）污染物缴纳环境保护税。

2023 年 7 月应缴纳的环境保护税税额=（114.94+110.53+10.78）×1.2=283.5 元

2023 年 8 月和 9 月应缴纳的环境保护税税额同 7 月。

2023 年第三季度应缴纳的环境保护税税额=283.5×3=850.5 元

〔步骤 2〕对环境保护税进行纳税申报。

填写《环境保护税税源明细表》与《财产和行为税纳税申报表》。

修身笃行

公民生态环境行为规范包括关爱生态环境、节约能源资源、践行绿色消费、选择低碳出行、分类投放垃圾、减少污染产生、呵护自然生态、参加环保实践、参与环境监督、共建美丽中国等 10 条内容。每位公民都应当主动提升生态文明素养，自觉做生态文明理念的模范践行者。

综合知识测试

一、单项选择题

1. 下列各项中，不属于资源税征税范围的是（　　）。

A．天然卤水　　B．人造原油

C．海盐　　D．地热

2. 下列各项中，不属于环境保护税纳税人的是（　　）。

A．直接向河流排放污水的造纸企业

B．向垃圾集中处理场处理生活垃圾的甲公司

C．未经处理排放污水的养鸡场

D．排放大气污染物的化工厂

3．每一排放口或者没有排放口的应税大气污染物，按照污染当量数从大到小排序，对前（　　）项污染物征收环境保护税。

A．2　　　　B．3
C．4　　　　D．5

4．2023 年 11 月，某石油开采企业（一般纳税人）开采原油 20 万吨，除用于加热、修井的 0.2 万吨原油外，以每吨 2 200 元的价格售出（不含增值税）。已知原油适用的资源税税率为 6%，则该企业当月应缴纳的资源税税额为（　　）万元。

A．2 953.37　　　　B．2 983.2
C．2 613.6　　　　D．2 640

5．2023 年 11 月，某油田开采企业（一般纳税人）销售天然气 90 万立方米，取得不含增值税收入 1 350 000 元（含运输费用 2 200 元，未取得合法的有效凭证）。已知天然气适用的资源税税率为 6%，则该企业当月应缴纳的资源税税额为（　　）元。

A．81 000　　　　B．80 868
C．91 530　　　　D．91 380.84

二、多项选择题

1．下列各项中，属于资源税纳税人的有（　　）。

A．开采我国原煤的国有企业
B．进口他国铁矿石的私营企业
C．开采我国石灰石的个体经营者
D．开采我国天然原油的外商投资企业

2．下列关于资源税税收优惠的说法，表述正确的有（　　）。

A．稠油减征 40%资源税
B．从衰竭期矿山开采的矿产品减征 30%资源税
C．煤炭开采企业因安全生产需要抽采的煤成（层）气免征资源税
D．从低丰度油气田开采的原油减征 20%资源税

3．下列各项中，按照污染物排放量折合的污染物当量数确定计税依据的有（　　）。

A．大气污染物　　　　B．固体废物
C．水污染物　　　　D．噪声

4．下列各项中，暂免征收环境保护税的情形有（　　）。

A．民用航空器排放污染物的
B．农业生产中的大规模养殖活动排放污染物的
C．纳税人综合利用的固体废物，符合国家和地方环境保护标准的
D．非道路移动机械排放污染物的

5．下列关于环境保护税征收管理的说法中，表述正确的有（　　）。

A．环境保护税的纳税义务发生时间为纳税人排放应税污染物的当日
B．环境保护税按月计算，按年申报缴纳
C．纳税人不能按固定期限计算缴纳环境保护税的，可以按次申报缴纳
D．纳税人应当向应税污染物排放地的税务机关申报缴纳环境保护税

三、综合题

1．乙煤矿有限责任公司为一般纳税人，资源税纳税期限为 1 个月。2023 年 5 月，公司销售原煤 28 000 吨，开具的增值税专用发票上注明金额 18 200 000 元、税额 2 366 000 元，款项已收。本月生产非应税产品领用自产原煤 300 吨，该原煤不含增值税的售价为每吨 650 元。已知原煤适用的资源税税率为 8%，适用的增值税税率为 13%。

要求：请计算乙煤矿有限责任公司当月应缴纳的资源税税额。

2．2023 年 6 月，某大型工业企业直接排放大气污染物 1 000 万立方米。其中，二氧化硫（属于该企业排放口的前三项污染物）的浓度值为 120 毫克/立方米。已知，当地大气污染物每污染当量适用的环境保护税税额为 1.2 元，二氧化硫污染当量值为 0.95 千克，当地规定的二氧化硫排放标准为 200 毫克/立方米。

要求：请计算该企业当月排放二氧化硫的污染当量数，以及应缴纳的环境保护税税额（计算结果保留小数点后两位）。

综合能力评价

学生配合指导教师共同完成综合能力评价表（见表 8-5）。

表 8-5　综合能力评价表

<table>
<tr><td>班级</td><td colspan="2"></td><td>组号</td><td></td><td colspan="2">日期</td><td colspan="2"></td></tr>
<tr><td>姓名</td><td colspan="2"></td><td>学号</td><td></td><td colspan="2">指导教师</td><td colspan="2"></td></tr>
<tr><td>项目名称</td><td colspan="8">资源税和环境保护税智慧化申报与管理</td></tr>
<tr><td rowspan="2">评价维度</td><td rowspan="2">一级指标</td><td colspan="2" rowspan="2">二级指标</td><td colspan="2" rowspan="2">评价标准</td><td rowspan="2">分值</td><td colspan="2">评分</td></tr>
<tr><td>自评</td><td>师评</td></tr>
<tr><td rowspan="6">知识评价
（40 分）</td><td rowspan="3">重难点知识</td><td colspan="2">掌握资源税、环境保护税的税务规定</td><td colspan="2">能答对相关习题，并能用自己的话概括资源税、环境保护税的税务规定</td><td>5</td><td></td><td></td></tr>
<tr><td colspan="2">掌握资源税、环境保护税的计算方法和纳税筹划方法</td><td colspan="2">能答对相关习题，并能用简洁的话概括资源税、环境保护税的计算方法和纳税筹划方法</td><td>7</td><td></td><td></td></tr>
<tr><td colspan="2">掌握资源税、环境保护税的智慧化申报方法</td><td colspan="2">能列举纳税人需要填写的纳税申报资料，并能用自己的话概括纳税申报步骤</td><td>7</td><td></td><td></td></tr>
<tr><td rowspan="3">操作技能</td><td colspan="4">能正确计算资源税、环境保护税的应纳税额</td><td>8</td><td></td><td></td></tr>
<tr><td colspan="4">能按期申报和缴纳资源税、环境保护税</td><td>8</td><td></td><td></td></tr>
<tr><td colspan="4">能灵活运用资源税、环境保护税的纳税筹划方法</td><td>5</td><td></td><td></td></tr>
</table>

（续表）

<table>
<tr><th rowspan="2">评价维度</th><th rowspan="2">一级指标</th><th rowspan="2">二级指标</th><th rowspan="2">评价标准</th><th rowspan="2">分值</th><th colspan="2">评分</th></tr>
<tr><th>自评</th><th>师评</th></tr>
<tr><td rowspan="5">能力评价（30分）</td><td rowspan="3">自主学习能力</td><td>预习能力</td><td>能概述本项目的主要知识点</td><td>6</td><td></td><td></td></tr>
<tr><td>课堂学习能力</td><td>认真听讲，积极参与课堂互动</td><td>6</td><td></td><td></td></tr>
<tr><td>反思改进能力</td><td>反思在预习和课堂学习中出现的问题，巩固所学知识，改进学习方法</td><td>6</td><td></td><td></td></tr>
<tr><td rowspan="2">人际交往能力</td><td>团队协作能力</td><td>积极参与活动，与小组成员配合默契</td><td>6</td><td></td><td></td></tr>
<tr><td>沟通协调能力</td><td>与小组成员沟通顺畅</td><td>6</td><td></td><td></td></tr>
<tr><td rowspan="3">素养评价（30分）</td><td rowspan="3">职业素养</td><td>主动意识</td><td>积极学习，按时完成任务</td><td>10</td><td></td><td></td></tr>
<tr><td>合作与竞争意识</td><td>能以平和的心态面对同学之间的合作与竞争</td><td>10</td><td></td><td></td></tr>
<tr><td>创新意识</td><td>能建立所学知识与实际应用场景的联系</td><td>10</td><td></td><td></td></tr>
<tr><td colspan="4">合计</td><td>100</td><td></td><td></td></tr>
<tr><td>总评</td><td colspan="3">自评（30%）+师评（70%）=</td><td colspan="3">教师（签名）：</td></tr>
</table>

项目九

城镇土地使用税和耕地占用税智慧化申报与管理

在学习本项目前，需要自问以下几个问题：

城镇土地使用税的税率是多少？

占用草地需要缴纳耕地占用税吗？

扫一扫右边的二维码，从相关法律法规中找到答案。

城镇土地使用税和耕地占用税的基本法律规范

素养目标

坚持“十分珍惜、合理利用土地和切实保护耕地”的基本国策。

知识目标

（1）掌握城镇土地使用税、耕地占用税的税务规定。
（2）掌握城镇土地使用税、耕地占用税应纳税额的计算方法。
（3）掌握城镇土地使用税、耕地占用税智慧化申报的方法。
（4）掌握城镇土地使用税、耕地占用税纳税筹划的方法。

技能目标

（1）能正确计算城镇土地使用税、耕地占用税的应纳税额。
（2）能正确填制城镇土地使用税、耕地占用税的纳税申报表。
（3）能对城镇土地使用税、耕地占用税纳税进行合法、合理的纳税筹划。

知识准备

一、城镇土地使用税

城镇土地使用税是国家在城市、县城、建制镇和工矿区范围内，对使用土地的单位和个人，以其实际占用的土地面积为计税依据，按照规定的税率计算征收的一种税。征收城镇土地使用税有利于促进土地的合理使用，调节土地级差收入，也有利于增加地方政府财政收入。

城镇土地使用税的特点

（一）纳税人与征税范围

1. 纳税人

城镇土地使用税的纳税人是指在城市、县城、建制镇和工矿区范围内使用土地的单位和个人，具体包括以下几类。

（1）拥有土地使用权的单位和个人为纳税人。

（2）拥有土地使用权的单位和个人不在土地所在地的，代管人或实际使用人为纳税人。

（3）土地使用权未确定或权属纠纷未解决的，实际使用人为纳税人。

（4）土地使用权共有的，共有各方为纳税人。

涉税小助手

土地使用权共有的各方，应按其实际使用的土地面积占总面积的百分比，分别计算缴纳城镇土地使用税。

2. 征税范围

城镇土地使用税的征税范围包括城市、县城、建制镇和工矿区内的国家所有和集体所有的土地，不包括农村集体所有的土地。

（1）城市是指经国务院批准设立的市。

（2）县城是指县人民政府所在地。

（3）建制镇是指经省、自治区、直辖市人民政府批准设立的建制镇。

（4）工矿区是指工商业比较发达，人口比较集中，符合国务院规定的建制镇标准，但尚未设立建制镇的大中型工矿企业所在地，工矿区须经省、自治区、直辖市人民政府批准。

同步税务

【例 9-1】土地使用权属纠纷未解决的，其城镇土地使用税的纳税人是（　　）。

A. 土地代管人　　B. 权属纠纷发起人

C. 产权文件标明人　　D. 土地实际使用人

解析：

正确答案为 D。

（二）税率

城镇土地使用税采用定额税率，即采用有幅度的差别税额，按大城市、中城市、小城市和县城、建制镇、工矿区分别规定每平方米城镇土地使用税年应纳税额，具体标准如表 9-1 所示。

表 9-1　城镇土地使用税税率表

级别	人口数量	每平方米年应纳税额（元）
大城市	50 万以上	1.5～30
中等城市	20 万～50 万	1.2～24
小城市	20 万以下	0.9～18
县城、建制镇、工矿区		0.6～12

省、自治区、直辖市人民政府应当在规定的税额幅度内，根据市政建设状况、经济繁荣程度等条件，确定所辖地区的适用税额幅度。市、县人民政府应当根据实际情况，将本地区土地划分为若干等级，在省、自治区、直辖市人民政府确定的税额幅度内，制定相应的适用税额标准，报省、自治区、直辖市人民政府批准执行。

经省、自治区、直辖市人民政府批准，经济落后地区城镇土地使用税的适用税额标准可以适当降低，但降低额不得超过最低规定税额的 30%。经济发达地区城镇土地使用税的适用税额标准可以适当提高，但须报经财政部批准。

（三）税收优惠

（1）国家机关、人民团体、军队自用的土地，免征城镇土地使用税。

（2）由国家财政部门拨付事业经费的单位自用的土地，免征城镇土地使用税。

涉税小助手

由国家财政部门拨付事业经费的单位是指由国家财政部门拨付经费，实行全额预算管理或差额预算管理的事业单位，不包括实行自收自支、自负盈亏的事业单位。

（3）宗教寺庙、公园、名胜古迹自用的土地，免征城镇土地使用税。

涉税小助手

公园、名胜古迹中附设的营业单位（如影剧院、照相馆等）使用的土地，应按规定征收城镇土地使用税。

（4）市政街道、广场、绿化地带等公共用地，免征城镇土地使用税。

涉税小助手

企业厂区（包括生产、办公及生活区）以内的绿化用地，征收城镇土地使用税；厂区以外的公共绿化用地和向社会开放的公园用地，暂免征收城镇土地使用税。

（5）直接用于农、林、牧、渔业的生产用地，即直接从事于种植、养殖、饲养的专业用地，不包括农副产品加工场地和生活、办公用地，免征城镇土地使用税。

（6）经批准开山填海整治的土地和改造的废弃土地，从使用的月份起免征城镇土地使用税5～10年。

（7）由财政部另行规定免税的能源、交通、水利设施用地和其他用地。

（8）自2019年1月1日至2027年12月31日，对国家级、省级科技企业孵化器、大学科技园和国家备案众创空间自用以及无偿或通过出租等方式提供给在孵对象使用的土地，免征城镇土地使用税；对城市公交站场、道路客运站场、城市轨道交通系统运营用地，免征城镇土地使用税。

（9）自2020年1月1日至2027年12月31日，对物流企业自有（包括自用和出租）或承租的大宗商品仓储设施用地，减按所属土地等级适用税额标准的50%计征城镇土地使用税。

同步税务

【例9-2】下列用地中，应缴纳城镇土地使用税的是（　　）。

A．公园内茶社用地　　B．养殖业专业用地
C．部队训练用地　　D．盐矿的盐井用地

解析：

正确答案为A。

二、耕地占用税

耕地占用税是对占用耕地建设建筑物、构筑物或者从事非农业建设的单位和个人，就其实际占用的耕地面积征收的一种税。征收耕地占用税有利于合理利用土地资源，加强土地管理，保护耕地。

（一）纳税人与征税范围

1．纳税人

在中华人民共和国境内占用耕地建设建筑物、构筑物或者从事非农业建设的单位和个人，为耕地占用税的纳税人。

（1）经批准占用耕地的，纳税人为农用地转用审批文件中标明的建设用地人；农用地转用审批文件中未标明建设用地人的，纳税人为用地申请人，其中用地申请人为各级人民政府的，由同级土地储备中心、自然资源主管部门或政府委托的其他部门、单位履行耕地占用税申报纳税义务。

（2）未经批准占用耕地的，纳税人为实际用地人。

2. 征税范围

耕地占用税的征税范围包括纳税人为建设建筑物、构筑物或者从事非农业建设而占用的国家所有和集体所有的耕地。

占用园地、林地、草地、农田水利用地、养殖水面、渔业水域滩涂及其他农用地建设建筑物、构筑物或者从事非农业建设的，依照规定缴纳耕地占用税。占用上述农用地建设直接为农业生产服务的生产设施的，不缴纳耕地占用税。

涉税小助手

耕地是指用于种植农作物的土地，包括菜地、花圃、苗圃、茶园、果园、桑园和其他种植经济林木的土地。

（二）税率

耕地占用税实行地区差别定额税率，即按照不同地区的人均耕地面积和经济发展情况实行有差别的幅度税额标准，具体标准如下。

（1）人均耕地不超过 1 亩的地区（以县、自治县、不设区的市、市辖区为单位，下同），每平方米税额为 10～50 元。

（2）人均耕地超过 1 亩但不超过 2 亩的地区，每平方米税额为 8～40 元。

（3）人均耕地超过 2 亩但不超过 3 亩的地区，每平方米税额为 6～30 元。

（4）人均耕地超过 3 亩的地区，每平方米税额为 5～25 元。

各地区耕地占用税的适用税额，由省、自治区、直辖市人民政府根据人均耕地面积和经济发展等情况，在规定的税额幅度内提出，报同级人民代表大会常务委员会决定，并报全国人民代表大会常务委员会和国务院备案。

各省、自治区、直辖市耕地占用税适用税额的平均水平，不得低于《各省、自治区、直辖市耕地占用税平均税额表》（见表 9-2）规定的平均税额。

表 9-2　各省、自治区、直辖市耕地占用税平均税额表

省、自治区、直辖市	每平方米平均税额（元）
上海	45
北京	40
天津	35
江苏、浙江、福建、广东	30
辽宁、湖北、湖南	25
河北、安徽、江西、山东、河南、重庆、四川	22.5
广西、海南、贵州、云南、陕西	20
山西、吉林、黑龙江	17.5
内蒙古、西藏、甘肃、青海、宁夏、新疆	12.5

在人均耕地低于 0.5 亩的地区，省、自治区、直辖市可以根据当地经济发展情况，适当提高耕地占用税的适用税额，但提高的部分不得超过确定的当地适用税额的 50%。占用基本农田的，应当按照确定的当地适用税额，加按 150%征收耕地占用税。

（三）税收优惠

（1）军事设施、学校、幼儿园、社会福利机构、医疗机构占用的耕地，免征耕地占用税。

（2）铁路线路、公路线路、飞机场跑道、停机坪、港口、航道、水利工程占用的耕地，减按每平方米 2 元的税额征收耕地占用税。

耕地占用税减免税优惠的具体规定

（3）农村居民在规定用地标准以内占用耕地新建自用住宅，按照当地适用税额减半征收耕地占用税；其中农村居民经批准搬迁，新建自用住宅占用耕地不超过原宅基地面积的部分，免征耕地占用税。

（4）农村烈士遗属、因公牺牲军人遗属、残疾军人及符合农村最低生活保障条件的农村居民，在规定用地标准以内新建自用住宅，免征耕地占用税。

根据国民经济和社会发展的需要，国务院可以规定免征或者减征耕地占用税的其他情形，报全国人民代表大会常务委员会备案。

任务一 城镇土地使用税智慧化申报与管理

任务导入

1. 基本情况

C 公司为一般纳税人，统一社会信用代码为 9124328374569188××。公司生产经营用地面积为 50 000 平方米，其中厂区内绿化用地面积为 3 000 平方米，适用的城镇土地使用税税率为每年 10 元/平方米。按照当地规定，城镇土地使用税按年计算，每季度缴纳一次。

2. 任务要求

（1）请计算 C 公司 2023 年第一季度应缴纳的城镇土地使用税税额。

（2）2023 年 4 月 10 日，C 公司对第一季度发生的城镇土地使用税进行纳税申报，请填写相关纳税申报表。

一、计算城镇土地使用税

（一）确定计税依据

城镇土地使用税以纳税人实际占用的土地面积为计税依据。土地面积的计量单位为平方米。纳税人实际占用的土地面积按下列办法确定。

（1）由省、自治区、直辖市人民政府确定的单位组织测定土地面积的，以测定的面积为准。

（2）尚未组织测量，但纳税人持有政府部门核发的土地使用证书的，以证书确认的土地面积为准。

（3）尚未核发土地使用证书的，应由纳税人据实申报土地面积，并据以纳税，待核发土地使用证后再做调整。

（二）计算应纳税额

城镇土地使用税全年应纳税额的计算公式如下。

全年应纳税额=应税土地面积（平方米）×单位税额

同步税务

【例 9-3】A 企业位于某大城市，实际占用土地 16 000 平方米。已知适用的城镇土地使用税税率为每年 15 元/平方米，请计算该企业全年应缴纳的城镇土地使用税税额。

解析：

全年应缴纳的城镇土地使用税税额=16 000×15=240 000 元

二、智慧化申报城镇土地使用税

（一）判断纳税义务发生时间

（1）纳税人购置新建商品房，自房屋交付使用之次月起，缴纳城镇土地使用税。

（2）纳税人购置存量房，自办理房屋权属转移、变更登记手续，房地产权属登记机关签发房屋权属证书之次月起，缴纳城镇土地使用税。

（3）纳税人出租、出借房产，自交付出租、出借房产之次月起，缴纳城镇土地使用税。

（4）以出让或转让方式有偿取得土地使用权的，应由受让方从合同约定交付土地时间的次月起缴纳城镇土地使用税；合同未约定交付土地时间的，由受让方从合同签订的次月起缴纳城镇土地使用税。

（5）纳税人新征用耕地，自批准征用之日起满 1 年时开始缴纳城镇土地使用税。

（6）纳税人新征用非耕地，自批准征用之次月起，缴纳城镇土地使用税。

（二）明确纳税期限

城镇土地使用税按年计算、分期缴纳。具体纳税期限由省、自治区、直辖市人民政府确定。

（三）确定纳税地点

纳税人向土地所在地的税务机关缴纳城镇土地使用税。

纳税人使用的土地不属于同一省、自治区、直辖市管辖的，由纳税人分别向土地所在地的税务机关缴纳城镇土地使用税；纳税人跨地区使用的土地在同一省、自治区、直辖市管辖范围内的，其纳税地点由各省、自治区、直辖市税务局确定。

表 9-3 的填写说明

（四）办理纳税申报

1. 通过办税服务厅办理纳税申报

纳税人通过办税服务厅办理纳税申报时，应如实填写《城镇土地使用税税源明细表》（见表 9-3）与《财产和行为税纳税申报表》（见表 8-4）。

表 9-3 城镇土地使用税税源明细表

纳税人识别号（统一社会信用代码）：□□□□□□□□□□□□□□□□□□

纳税人名称：　　　　　　　　　　　　　　　　金额单位：人民币元（列至角分）；面积单位：平方米

<table>
<tr><td colspan="2">*纳税人类型</td><td colspan="2">土地使用权人□
集体土地使用人□
无偿使用人□ 代管人□
实际使用人□ （必选）</td><td colspan="3">土地使用权人纳税人识别号（统一社会信用代码）</td><td></td><td>土地使用权人名称</td><td></td></tr>
<tr><td colspan="2">*土地编号</td><td colspan="2"></td><td colspan="3">土地名称</td><td></td><td>不动产权证号</td><td></td></tr>
<tr><td colspan="2">不动产单元代码</td><td colspan="2"></td><td colspan="3">宗地号</td><td></td><td>*土地性质</td><td>国有□ 集体□
（必选）</td></tr>
<tr><td colspan="2">*土地取得方式</td><td colspan="2">划拨□ 出让□ 转让□
租赁□ 其他□ （必选）</td><td colspan="3">*土地用途</td><td colspan="3">工业□ 商业□ 居住□ 综合□
房地产开发企业的开发用地□
其他□ （必选）</td></tr>
<tr><td colspan="2">*土地坐落地址（详细地址）</td><td colspan="8">省（自治区、直辖市） 市（区） 县（区） 乡镇（街道） （必填）</td></tr>
<tr><td colspan="2">*土地所属主管税务所（科、分局）</td><td colspan="8"></td></tr>
<tr><td colspan="2">*土地取得时间</td><td>年 月</td><td>变更类型</td><td colspan="4">纳税义务终止（权属转移□
其他□）
信息项变更（土地面积变更□
土地等级变更□ 减免税变更□
其他□）</td><td>变更时间</td><td>年 月</td></tr>
<tr><td colspan="2">*占用土地面积</td><td></td><td>地价</td><td></td><td colspan="2">*土地等级</td><td></td><td>*税额标准</td><td></td></tr>
<tr><td rowspan="5">减免税部分</td><td rowspan="2">序号</td><td colspan="2" rowspan="2">减免性质代码和项目名称</td><td colspan="4">减免起止时间</td><td>减免税土地面积</td><td>月减免税金额</td></tr>
<tr><td colspan="2">减免起始月份</td><td colspan="2">减免终止月份</td><td></td><td></td></tr>
<tr><td>1</td><td colspan="2"></td><td colspan="2">年 月</td><td colspan="2">年 月</td><td></td><td></td></tr>
<tr><td>2</td><td colspan="2"></td><td colspan="2"></td><td colspan="2"></td><td></td><td></td></tr>
<tr><td>3</td><td colspan="2"></td><td colspan="2"></td><td colspan="2"></td><td></td><td></td></tr>
</table>

2. 通过电子税务局办理纳税申报

纳税人可以参考以下步骤在电子税务局办理纳税申报。

步骤 1▶ 打开电子税务局官网（以国家税务总局山东省电子税务局为例），单击“我要办税”按钮，进入“统一身份认证”页面。选择“企业业务”选项，填写企业身份信息，单击“登录”按钮，进入电子税务局。

步骤 2▶ 选择“我要办税”选项，单击“综合信息填报”按钮，进入“填报”页面。

步骤 3▶ 在左侧菜单栏选择“税源信息报告”/“财产和行为税税源信息报告”选项，进入“财产和行为税税源明细”页面，单击“城镇土地使用税”右侧的“税源采集”按钮，进入“城镇土地使用税税源采集”页面。

步骤 4▶ 若纳税人前期已采集税源信息，则系统会自动带出已采集的税源信息；若纳税人前期未采集税源信息，则需要新增税源信息。在“功能信息”区域，单击“新增土地”按钮，系统弹出“宗地总体信息维护（新增）”页面，如图 9-1 所示，根据实际情况，准确填写土地基本信息、地址坐落信息等，然后单击“保存”按钮，系统弹出“保存成功”对话框，单击“确定”按钮。

宗地总体信息维护（新增）

*纳税人类型：		土地使用权人纳税人识别号（统一社会信用代码）：		土地使用权人名称：	
不动产权证号：		宗地号：		土地名称：	
*土地取得时间：		*土地取得方式：		*占用土地面积(m²)：	0.00
*土地性质：		*土地用途：		不动产单元号：	

地价信息

地价(元)：	0.00	其中取得土地使用权支付金额(元)：	0.00	其中土地开发成本(元)：	0.00

地址坐落信息

*土地坐落地址（行政区划）：	371329 | 临沭县	*土地坐落地址(所处街道)：	371329001 | 临沭	*土地坐落详细地址：	
*土地所属主管税务所（科、分局）：	国家税务总局临沭				

图 9-1　“宗地总体信息维护（新增）”页面

（图片来源：国家税务总局山东省税务局官网）

步骤 5▶ 进入“维护土地应税明细信息”页面，如图 9-2 所示，单击“新增”按钮，如实填写土地详细信息。若需要维护减免税信息，则在“减免税信息”区域单击“增加行”按钮，填写减免税信息。填写完毕并确认无误后，单击“保存”按钮，系统弹出“保存成功”对话框，单击“确定”按钮，应税明细信息维护完成。

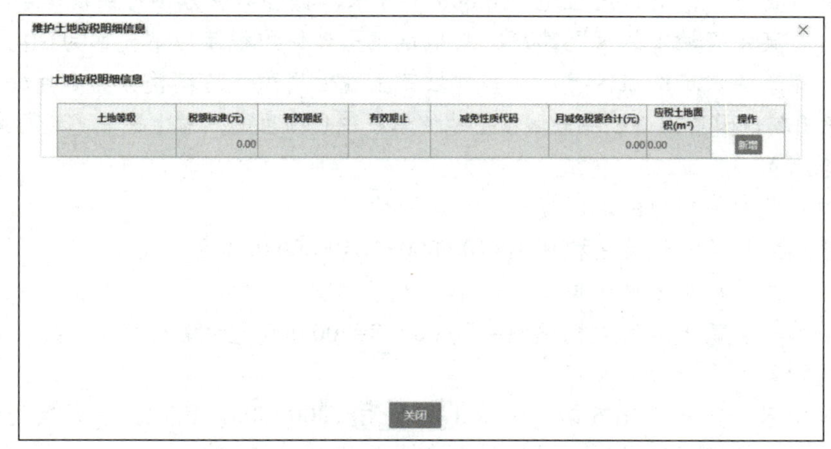

维护土地应税明细信息

土地应税明细信息

土地等级	税额标准(元)	有效期起	有效期止	减免性质代码	月减免税额合计(元)	应税土地面积(m²)	操作
	0.00				0.00	0.00	新增

关闭

图 9-2　“维护土地应税明细信息”页面

（图片来源：国家税务总局山东省税务局官网）

步骤 6▶ 完成城镇土地使用税税源信息采集后，单击“关闭”按钮，返回“城镇土地使用税税源采集”页面。

步骤 7▶ 单击“我要办税”/“税费申报及缴纳”按钮，进入“申报”页面。在左侧菜单栏选择“综合申报”/“财产和行为税合并纳税申报”选项，进入“财产和行为税纳税申报”页面。

步骤 8▶ 在“是否申报”列，选择“城镇土地使用税”选项，单击“税源选择”按钮，进入“城镇土地使用税税源选择”页面。选择需要申报的税源信息，如图 9-3 所示，单击“确定”按钮，然后选择需要申报的税种，单击“下一步”按钮，进入“申报信息确认”页面。

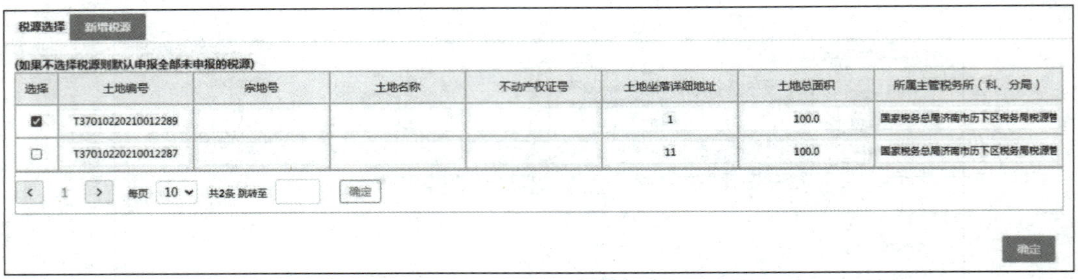

税源选择 新增税源

(如果不选择税源则默认申报全部未申报的税源)

选择	土地编号	宗地号	土地名称	不动产权证号	土地坐落详细地址	土地总面积	所属主管税务所（科、分局）
☑	T37010220210012289				1	100.0	国家税务总局济南市历下区税务局税源管
☐	T37010220210012287				11	100.0	国家税务总局济南市历下区税务局税源管

< 1 > 每页 10 共2条 跳转至 确定

确定

图 9-3 需要申报的税源信息（城镇土地使用税）

（图片来源：国家税务总局山东省税务局官网）

步骤 9▶ 确认无误后，单击“申报”按钮，即可完成城镇土地使用税的纳税申报。

三、筹划城镇土地使用税

企业的选址不同，其所适用的城镇土地使用税税率也不同。企业可以结合自身生产经营的需要，选择在城镇土地使用税税率较低的地区设立企业。

【具体案例】

甲公司欲投资建厂，需占用土地 100 000 平方米，现有两种方案可供选择。

方案一：在某中等城市的城区建厂，当地城镇土地使用税年应纳税额为 20 元/平方米。

方案二：在某小城市的城区建厂，当地城镇土地使用税年应纳税额为 8 元/平方米。

假设不考虑其他因素，请以降低城镇土地使用税税负为目的，对上述业务进行纳税筹划。

【筹划思路】

方案一：在某中等城市的城区建厂。

每年应缴纳的城镇土地使用税税额=100 000×20=2 000 000 元=200 万元

方案二：在某小城市的城区建厂。

每年应缴纳的城镇土地使用税税额=100 000×8=800 000 元=80 万元

【筹划结论】

根据计算结果，方案二比方案一节税 120 万元（200−80）。因此，若以实现城镇土地使用税税负最小化为纳税筹划目标，甲公司应选择方案二。

任务实施

城镇土地使用纳税申报表的填写示例

〔步骤 1〕计算第一季度应缴纳的城镇土地使用税税额。

应缴纳的城镇土地使用税税额=50 000×10÷4=125 000 元

〔步骤 2〕对城镇土地使用税进行纳税申报。

填写《城镇土地使用税税源明细表》与《财产和行为税纳税申报表》。

任务二　耕地占用税智慧化申报与管理

任务导入

1．基本情况

2023 年 11 月，E 公司（统一社会信用代码为 9124322374569188××）经批准占用耕地（非基本农田）建设住宅社区。已知占用的耕地面积为 150 000 平方米，经当地县人民政府教育行政部门批准将其中 500 平方米用于兴建幼儿园、8 000 平方米用于兴建学校，所占耕地适用的耕地占用税税率为 30 元/平方米。

2．任务要求

（1）请计算 E 公司应缴纳的耕地占用税税额。

（2）2023 年 12 月 6 日，E 公司对耕地占用税进行纳税申报，请填写相关纳税申报表。

一、计算耕地占用税

耕地占用税以纳税人实际占用的属于耕地占用税征税范围的土地面积为计税依据，以平方米为计税单位，按当地适用税额计税，实行一次性征收。耕地占用税应纳税额的计算公式如下。

应纳税额=实际占用的耕地面积（平方米）×适用的单位税额

同步税务

【例 9-4】假设某市一家企业占用 20 400 平方米耕地（非基本农田）用于工业建设，所占耕地适用的耕地占用税税率为 20 元/平方米。请计算该企业应缴纳的耕地占用税税额。

解析：

应缴纳的耕地占用税税额=20 400×20=408 000 元

二、智慧化申报耕地占用税

（一）判断纳税义务发生时间

耕地占用税的纳税义务发生时间为纳税人收到自然资源主管部门办理占用耕地手续的书面通知的当日。

（二）明确纳税期限

纳税人应当自纳税义务发生之日起30日内申报缴纳耕地占用税。

表9-4的填写说明

（三）确定纳税地点

纳税人占用耕地或其他农用地，应当向耕地或其他农用地所在地的税务机关申报纳税。

（四）办理纳税申报

1．通过办税服务厅办理纳税申报

纳税人通过办税服务厅办理纳税申报时，应如实填写《耕地占用税税源明细表》（见表9-4）与《财产和行为税纳税申报表》（见表8-4）。

表9-4　耕地占用税税源明细表

纳税人识别号（统一社会信用代码）：□□□□□□□□□□□□□□□□□□□□

纳税人名称：　　　　面积单位：平方米；金额单位：人民币元（列至角分）

<table>
<tr><td rowspan="4">占地方式</td><td rowspan="3">1．经批准按批次转用□
2．经批准单独选址转用□
3．经批准临时占用□</td><td>项目（批次）名称</td><td colspan="2"></td><td colspan="2">批准占地文号</td><td colspan="2"></td></tr>
<tr><td>批准占地部门</td><td colspan="2"></td><td colspan="2">经批准占地面积</td><td colspan="2"></td></tr>
<tr><td>收到书面通知日期（或收到经批准改变原占地用途日期）</td><td colspan="2">年　月　日</td><td colspan="2">批准时间</td><td colspan="2">年　月　日</td></tr>
<tr><td>4．未批先占□</td><td>认定的实际占地日期（或认定的未经批准改变原占地用途日期）</td><td colspan="4">年　月　日</td><td>认定的实际占地面积</td><td></td></tr>
<tr><td>损毁耕地</td><td colspan="2">挖损□　采矿塌陷□
压占□　污染□</td><td colspan="2">认定的损毁耕地日期</td><td colspan="2">年　月　日</td><td>认定的损毁耕地面积</td><td></td></tr>
<tr><td>税源编号</td><td>占地位置</td><td>占地用途</td><td>征收品目</td><td colspan="2">适用税额</td><td>计税面积</td><td>减免性质代码和项目名称</td><td>减免税面积</td></tr>
<tr><td></td><td></td><td></td><td></td><td colspan="2"></td><td></td><td></td><td></td></tr>
<tr><td></td><td></td><td></td><td></td><td colspan="2"></td><td></td><td></td><td></td></tr>
<tr><td></td><td></td><td></td><td></td><td colspan="2"></td><td></td><td></td><td></td></tr>
</table>

2．通过电子税务局办理纳税申报

纳税人可以参考以下步骤在电子税务局办理纳税申报。

步骤 1▶ 参考前文办理城镇土地使用税纳税申报的步骤 1 至步骤 3，进入“耕地占用税税源采集”页面。

步骤 2▶ 单击“新增税源”按钮，进入“耕地占用税税源信息采集”页面，如图 9-4 所示，根据实际情况，准确填写需要申报的耕地占用税信息，单击“保存”按钮，系统弹出“保存税源信息成功”对话框，单击“确定”按钮，即可保存新增的税源信息。

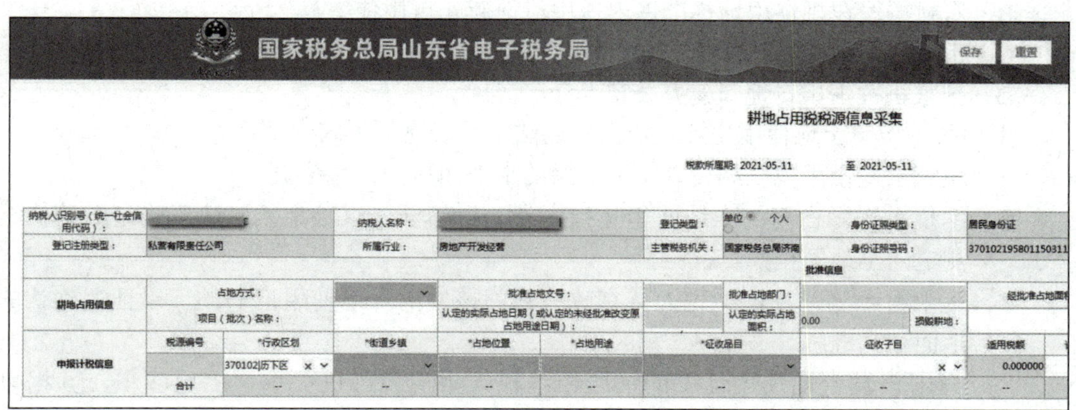

图 9-4 “耕地占用税税源信息采集”页面

（图片来源：国家税务总局山东省税务局官网）

步骤 3▶ 完成耕地占用税税源信息采集后，参考前文办理城镇土地使用税纳税申报的步骤 6 至步骤 9，即可完成耕地占用税的纳税申报。

任务实施

〔步骤 1〕计算 E 公司应缴纳的耕地占用税税额。

应缴纳的耕地占用税税额=（150 000−500−8 000）×30=4 245 000 元

〔步骤 2〕对耕地占用税进行纳税申报。

填写《耕地占用税税源明细表》与《财产和行为税纳税申报表》。

耕地占用税纳税申报表的填写示例

综合知识测试

一、单项选择题

1．城镇土地使用税以纳税人（　　）的土地面积为计税依据。

A．拥有　　B．实际占用

C．自用　　D．被税务机关认定

2．纳税人应向（　　）缴纳城镇土地使用税。

A．税务机关确定的地点

B．土地所在地的税务机关

C．纳税人居住地的税务机关

D．拥有土地使用权的单位所在地的税务机关

3．下列情形中，可以按照当地的适用税额标准减半征收耕地占用税的是（　　）。

A．供电部门占用耕地新建变电站

B．农村居民在规定用地标准以内占用耕地新建自用住宅

C．市政部门占用耕地新建自来水厂

D．国家机关占用耕地新建办公楼

4．下列关于城镇土地使用税计税依据的说法中，表述不正确的是（　　）。

A．城镇土地使用税以纳税人实际占用的土地面积为计税依据

B．纳税人实际占用的土地面积是指由省、自治区、直辖市人民政府确定的单位组织测定的土地面积

C．尚未组织测量，但纳税人持有政府部门核发的土地使用证书的，以证书确认的土地面积为准

D．尚未核发土地使用证书的，应由纳税人申请税务机关核定土地面积，并据以纳税，待核发土地使用证以后再做调整

5．甲企业与乙企业共同使用面积为 10 000 平方米的土地，甲企业使用其中的 60%，乙企业使用其中的 40%。2022 年 1 月，经有关部门批准，乙企业新征用耕地 6 000 平方米。已知甲企业与乙企业共同使用的土地适用的城镇土地使用税年税额为 4 元/平方米，乙企业新征用的土地适用的城镇土地使用税年税额为 2 元/平方米。下列各项中，符合 2022 年度甲企业与乙企业缴纳城镇土地使用税的情况的是（　　）。

A．甲企业纳税 24 000 元，乙企业纳税 28 000 元

B．甲企业纳税 24 000 元，乙企业纳税 16 000 元

C．甲企业纳税 36 000 元，乙企业纳税 16 000 元

D．甲企业纳税 36 000 元，乙企业纳税 28 000 元

二、多项选择题

1．下列各项中，不属于城镇土地使用税征税范围的有（　　）。

A．由财政部门拨付事业经费的单位的食堂用地

B．名胜古迹场所内设立的照相馆用地

C．公园内设立的影剧院用地

D．宗教寺庙人员的生活用地

2．征收城镇土地使用税的地区包括（　　）。

A．城市　　B．农村　　C．工矿区　　D．县城

3．下列各项中，属于耕地占用税征税范围的有（　　）。

A．铁路线路占用的耕地　　B．学校占用的耕地

C．公路线路占用的耕地　　D．军事设施占用的耕地

4．下列关于城镇土地使用税纳税期限的说法中，表述正确的有（　　）。

A．纳税人新征用的耕地，自批准征用之次月起缴纳城镇土地使用税

B．纳税人新征用的耕地，自批准征用之日起满 1 年时开始缴纳城镇土地使用税

C．纳税人新征用的非耕地，自批准征用之次月起缴纳城镇土地使用税

D．纳税人新征用的非耕地，自批准征用之日起满 1 年时开始缴纳城镇土地使用税

5．下列关于耕地占用税纳税人的说法中，表述正确的有（　　）。

A．未经批准占用耕地的，纳税人为实际用地人

B．经批准占用耕地的，纳税人为农用地转用审批文件中标明的建设用地人

C．农用地转用审批文件中未标明建设用地人的，纳税人为用地申请人

D．耕地占用税的纳税人是指在我国境内占用耕地建设建筑物、构筑物或者从事非农业建设的单位和个人

三、综合题

位于某市郊区的物流公司占地面积共计 20 000 平方米。其中，办公区占地 18 000 平方米，职工医院占地 600 平方米，幼儿园占地 400 平方米，内部绿化区占地 1 000 平方米，2023 年发生以下占地情形。

（1）经有关部门批准，3 月份征用耕地 20 000 平方米用于建设大宗商品仓储设施，当月收到办理占用耕地手续的书面通知并签订土地使用权出让合同。

（2）4 月底无偿使用某免税单位占地面积为 6 000 平方米的房产，用于存储大宗商品，租期一年。

已知当地土地使用税额为 6 元/平方米，耕地占用税额为 20 元/平方米。

要求：

（1）计算 2023 年该物流公司征用耕地应缴纳的耕地占用税税额。

（2）计算该物流公司无偿使用免税单位房产应缴纳的城镇土地使用税税额。

（3）计算该物流公司除无偿使用免税单位的房产外还应缴纳的城镇土地使用税税额。

综合能力评价

学生配合指导教师共同完成综合能力评价表（见表 9-5）。

表 9-5　综合能力评价表

<table>
<tr><td>班级</td><td></td><td>组号</td><td></td><td colspan="2">日期</td><td colspan="2"></td></tr>
<tr><td>姓名</td><td></td><td>学号</td><td></td><td colspan="2">指导教师</td><td colspan="2"></td></tr>
<tr><td>项目名称</td><td colspan="7">城镇土地使用税和耕地占用税智慧化申报与管理</td></tr>
<tr><td rowspan="2">评价维度</td><td rowspan="2">一级指标</td><td rowspan="2">二级指标</td><td rowspan="2" colspan="2">评价标准</td><td rowspan="2">分值</td><td colspan="2">评分</td></tr>
<tr><td>自评</td><td>师评</td></tr>
<tr><td rowspan="6">知识评价
（40 分）</td><td rowspan="3">重难点知识</td><td>掌握城镇土地使用税和耕地占用税的税务规定</td><td colspan="2">能答对相关习题，并能用自己的话概括城镇土地使用税和耕地占用税的税务规定</td><td>5</td><td></td><td></td></tr>
<tr><td>掌握城镇土地使用税、耕地占用税的计算方法和纳税筹划方法</td><td colspan="2">能答对相关习题，并能用简洁的话概括城镇土地使用税、耕地占用税的计算方法和纳税筹划方法</td><td>7</td><td></td><td></td></tr>
<tr><td>掌握城镇土地使用税和耕地占用税的智慧化申报方法</td><td colspan="2">能列举纳税人需要填写的纳税申报资料，并能用自己的话概括纳税申报步骤</td><td>7</td><td></td><td></td></tr>
<tr><td rowspan="3">操作技能</td><td colspan="3">能正确计算城镇土地使用税、耕地占用税的应纳税额</td><td>8</td><td></td><td></td></tr>
<tr><td colspan="3">能按期申报和缴纳城镇土地使用税、耕地占用税</td><td>8</td><td></td><td></td></tr>
<tr><td colspan="3">能合理筹划城镇土地使用税</td><td>5</td><td></td><td></td></tr>
<tr><td rowspan="5">能力评价
（30 分）</td><td rowspan="3">自主学习能力</td><td>预习能力</td><td colspan="2">能概述本项目的主要知识点</td><td>6</td><td></td><td></td></tr>
<tr><td>课堂学习能力</td><td colspan="2">认真听讲，积极参与课堂互动</td><td>6</td><td></td><td></td></tr>
<tr><td>反思改进能力</td><td colspan="2">反思在预习和课堂学习中出现的问题，巩固所学知识，改进学习方法</td><td>6</td><td></td><td></td></tr>
<tr><td rowspan="2">人际交往能力</td><td>团队协作能力</td><td colspan="2">积极参与活动，与小组成员配合默契</td><td>6</td><td></td><td></td></tr>
<tr><td>沟通协调能力</td><td colspan="2">与小组成员沟通顺畅</td><td>6</td><td></td><td></td></tr>
<tr><td rowspan="3">素养评价
（30 分）</td><td rowspan="3">职业素养</td><td>主动意识</td><td colspan="2">积极学习，按时完成任务</td><td>10</td><td></td><td></td></tr>
<tr><td>合作与竞争意识</td><td colspan="2">能以平和的心态面对同学之间的合作与竞争</td><td>10</td><td></td><td></td></tr>
<tr><td>创新意识</td><td colspan="2">能建立所学知识与实际应用场景的联系</td><td>10</td><td></td><td></td></tr>
<tr><td colspan="5">合计</td><td>100</td><td></td><td></td></tr>
<tr><td>总评</td><td colspan="4">自评（30%）+师评（70%）=</td><td colspan="3">教师（签名）：</td></tr>
</table>

项目十

房产税、契税和土地增值税智慧化申报与管理

在学习本项目前，需要自问以下几个问题：

房屋出租者需要缴纳房产税吗?

居民购买房屋需要缴纳契税吗?

房地产开发企业是土地增值税的纳税人吗?

扫一扫右边的二维码，从相关法律法规中找到答案。

房产税、契税和土地增值税的基本法律规范

素养目标

增强依法纳税、自觉纳税、诚信纳税的意识。

知识目标

（1）掌握房产税、契税、土地增值税的税务规定。
（2）掌握房产税、契税、土地增值税应纳税额的计算方法。
（3）掌握房产税、契税、土地增值税智慧化申报的方法。
（4）掌握房产税、契税、土地增值税纳税筹划的方法。

技能目标

（1）能正确计算房产税、契税、土地增值税的应纳税额。
（2）能正确填制房产税、契税、土地增值税的纳税申报表。
（3）能对房产税、契税、土地增值税进行合法、合理的纳税筹划。

知识准备

一、房产税

房产税的特点

房产税是以房产为征税对象，按房产余值或房产租金收入向房产所有人或经营人征收的一种税。征收房产税有利于地方政府筹集财政收入，也有利于加强房产管理。

（一）纳税人与征税范围

1．纳税人

房产税的纳税人包括产权所有人、经营管理单位、承典人、房产代管人或者使用人。具体包括以下几种情形。

（1）房产税由产权所有人缴纳。

（2）产权属于全民所有的，房产税由经营管理单位缴纳。

（3）产权出典的，房产税由承典人缴纳。

涉税小助手

产权出典是指产权所有人将房屋、生产资料等的产权，在一定期限内典当给他人使用，从而取得资金的一种融资业务。在房屋出典期间，产权所有人已无权支配房屋，因此对房屋具有支配权的承典人为纳税人。

（4）产权所有人、承典人不在房屋所在地的，房产税由房产代管人或者使用人缴纳。

（5）产权未确定及租典纠纷未解决的，房产税由房产代管人或者使用人缴纳。

同步税务

【例 10-1】下列关于房产税纳税义务人的表述中，符合税法规定的是（　　）。

A．房屋出租的，由承租人纳税

B．房屋产权出典的，由出典人纳税

C．无租使用房产管理部门房产的，由房产管理部门纳税

D．房屋出租并约定有免租金期的，在免租金期由产权所有人纳税

解析：

正确答案为 D。选项 A，应由出租人缴纳房产税；选项 B，应由承典人缴纳房产税；选项 C，应由使用人缴纳房产税。

2．征税范围

房产税的征税范围为城市、县城、建制镇和工矿区的房屋。房屋是指有屋面和围护结构（有墙或两边有柱），能够遮风避雨，可供人们在其中生产、学习、工作、娱乐、居住或储存

物资的场所。独立于房屋之外的建筑物，如围墙、烟囱、水塔、变电塔、菜窖、室外游泳池、玻璃暖房、砖瓦石灰窑及各种油气罐等，不属于房产税的征税范围。

涉税小助手

房产税的征税范围不包括农村的房屋，主要是因为农村的房屋除农副业生产用房外，大部分是农民居住用房。对农村房屋不征收房产税，有利于减轻农民负担，繁荣农村经济，促进农业发展和社会稳定。

（二）税率

我国现行房产税采用的是比例税率。按照房产余值计征房产税的，税率为1.2%；按照房产租金收入计征房产税的，税率为12%。

对企事业单位、社会团体及其他组织向个人、规模化住房租赁企业出租住房的，减按4%的税率征收房产税。

（三）税收优惠

（1）国家机关、人民团体、军队自用的房产，免征房产税。

（2）由国家财政部门拨付事业经费的单位，如学校、医疗卫生单位、托儿所、幼儿园、敬老院等，在本身业务范围内使用的房产，免征房产税。

（3）宗教寺庙、公园、名胜古迹自用的房产，免征房产税。

（4）个人拥有的非营业用的房产，免征房产税。

（5）毁损不堪居住的房屋和危险房屋，经有关部门鉴定，在停止使用后，免征房产税。

（6）房屋大修导致连续停用半年以上的，在房屋大修期间免征房产税。

（7）在基建工地为基建工程服务的各种工棚、材料棚、休息棚、办公室、食堂、茶炉房、汽车房等临时性房屋，在施工期间，免征房产税。但是，在基建工程结束以后，这种临时性房屋被施工企业交还或者估价转让给基建单位的，应当从基建单位接收的次月起，依照规定征收房产税。

（8）对房地产开发企业建造的商品房，在售出前，免征房产税；但对在售出前房地产开发企业已使用或出租、出借的商品房，应按规定征收房产税。

（9）经财政部批准的其他房产，免征房产税。

二、契税

契税是指在土地使用权、房屋所有权的权属转移过程中，向取得土地使用权、房屋所有权的单位和个人征收的一种税。征收契税有利于增加地方政府财政收入，也有利于保护合法产权，避免产权纠纷。

（一）纳税人与征税范围

1. 纳税人

契税的纳税人是指在中华人民共和国境内转移土地、房屋权属的承受单位和个人。其中，土地、房屋权属是指土地使用权和房屋所有权。

2. 征税范围

契税的征税范围具体包括出让土地使用权，以出售、赠予、互换等方式转让土地使用权，买卖、赠予、互换房屋。以作价投资（入股）、偿还债务、划转、奖励等方式转移土地、房屋权属的，也应当依照规定征收契税。

涉税小助手

转让土地使用权不包括转移土地承包经营权和转移土地经营权。

（二）税率

契税采用比例税率，实行 3%～5%的幅度税率。具体的适用税率由省、自治区、直辖市人民政府在规定的税率幅度内提出，报同级人民代表大会常务委员会决定，并报全国人民代表大会常务委员会和国务院备案。

省、自治区、直辖市可以依照税法的规定对不同主体、不同地区、不同类型的住房的权属转移确定差别税率。

（三）税收优惠

（1）国家机关、事业单位、社会团体、军事单位承受土地、房屋权属用于办公、教学、医疗、科研、军事设施的，免征契税。

（2）非营利性的学校、医疗机构、社会福利机构承受土地、房屋权属用于办公、教学、医疗、科研、养老、救助的，免征契税。

（3）承受荒山、荒地、荒滩土地使用权用于农、林、牧、渔业生产的，免征契税。

（4）婚姻关系存续期间夫妻之间变更土地、房屋权属的，免征契税。

（5）法定继承人通过继承承受土地、房屋权属的，免征契税。

（6）依照法律规定应当予以免税的外国驻华使馆、领事馆和国际组织驻华代表机构承受土地、房屋权属的，免征契税。

涉税小助手

纳税人改变有关土地、房屋的用途，或者有其他不再属于上述规定的免征契税情形的，应当缴纳已经免征的税额。

（7）因不可抗力灭失住房，重新承受住房权属的，由省、自治区、直辖市人民政府提出免征或者减征契税的具体办法。

（8）因土地、房屋被县级以上人民政府征收、征用，重新承受土地、房屋权属的，由省、自治区、直辖市人民政府提出免征或者减征契税的具体办法。

（9）夫妻因离婚分割共同财产发生土地、房屋权属变更的，免征契税。

（10）城镇职工按规定第一次购买公有住房的，免征契税。

（11）外国银行分行按照《中华人民共和国外资银行管理条例》等相关规定改制为外商独资银行（或其分行），改制后的外商独资银行（或其分行）承受原外国银行分行的房屋权属

的，免征契税。

（12）对个人购买家庭唯一住房（家庭成员范围包括购房人、配偶及未成年子女，下同），面积为90平方米及以下的，减按1%的税率征收契税；面积为90平方米以上的，减按1.5%的税率征收契税。

（13）对个人购买家庭第二套改善性住房，面积为90平方米及以下的，减按1%的税率征收契税；面积为90平方米以上的，减按2%的税率征收契税。

涉税小助手

家庭第二套改善性住房是指已拥有一套住房的家庭，购买的家庭第二套住房。

同步税务

【例10-2】下列房产转让的情形中，产权承受方免予缴纳契税的是（　　）。

A．将房产赠予非法定继承人

B．父母将房屋权属过户给子女

C．以自有房产投资入股本人独资经营的企业

D．以偿还债务方式承受土地、房屋权属

解析：

正确答案为C。选项A、B、D应当缴纳契税。

三、土地增值税

土地增值税是对转让国有土地使用权、地上建筑物及其附着物（以下简称“转让房地产”）并取得收入的单位和个人，就其转让房地产所取得的增值额征收的一种税。征收土地增值税，有利于增强国家对房地产开发和房地产市场的调控力度，有利于抑制炒买炒卖土地以获取暴利的行为，同时也可以规范国家参与土地增值收益的分配方式，增加国家财政收入。

土地增值税的特点

（一）纳税人与征税范围

1．纳税人

土地增值税的纳税人是指转让国有土地使用权、地上建筑物及其附着物并取得收入的单位和个人。

2．征税范围

1）一般规定

（1）对转让国有土地使用权的行为征收土地增值税，对出让国有土地使用权的行为不征税。

涉税小助手

出让国有土地使用权是指国家以土地所有者的身份将土地使用权在一定年限内让与土地使用者，并由土地使用者向国家支付土地使用权出让金的行为。而转让国有土地使用权是指土地使用者通过出让等形式取得土地使用权后，将土地使用权转让的行为。

（2）对转让地上建筑物及其附着物产权的行为征收土地增值税。

（3）仅对有偿转让的房地产征收土地增值税。对以继承、赠予等方式无偿转让的房地产，不予征税。

涉税小助手

房地产赠予是指房产所有人、土地使用权所有人将自己所拥有的房地产无偿交给他人的民事法律行为。但不予征税的赠予行为仅包括以下两种情况。

（1）房产所有人、土地使用权所有人将房屋产权、土地使用权赠予直系亲属或承担直接赡养义务人的。

（2）房产所有人、土地使用权所有人通过中国境内非营利的社会团体、国家机关将房屋产权、土地使用权赠予教育、民政和其他社会福利、公益事业的。

2）特殊规定

（1）房地产开发企业将开发的部分房地产转为企业自用或用于出租等商业用途时，如果房地产权属未发生转移，不征收土地增值税。

（2）对房地产的交换行为，应征收土地增值税。但对个人之间互换自有居住用房地产的，经当地税务机关核实，可以免征土地增值税。

（3）对一方出地，另一方出资金，双方合作建房，建成后按比例分房自用的，暂免征收土地增值税；建成后转让的，应征收土地增值税。

（4）房地产的出租行为，虽然出租人取得收入，但没有发生房地产权属的转移，不属于土地增值税的征税范围。

（5）对房地产的抵押行为，在抵押期间不征收土地增值税。如果抵押期满后以房地产抵债，发生房地产权属转移的，应征收土地增值税。

（6）房地产开发企业代客户进行房地产开发，虽然开发完成后向客户收取的代建费属于劳务收入性质，但房地产权属未发生转移，不属于土地增值税的征税范围。

（7）国有企业在清产核资时对房地产进行重新评估而产生的评估增值，既没有发生房地产权属转移，房产产权人、土地使用权人也未取得收入，所以不属于土地增值税的征税范围。

（二）税率

土地增值税实行四级超率累进税率，具体如表 10-1 所示。

表 10-1　土地增值税四级超率累进税率表

级数	增值额与扣除项目金额之比	税率	速算扣除系数
1	未超过 50%的部分	30%	0
2	超过 50%、未超过 100%的部分	40%	5%
3	超过 100%、未超过 200%的部分	50%	15%
4	超过 200%的部分	60%	35%

（三）税收优惠

（1）纳税人建造普通标准住宅出售，增值额未超过扣除项目金额 20%的，免征土地增值税。对于纳税人既建造普通标准住宅又进行其他房地产开发的，应分别核算增值额；未分别核算增值额或者不能准确核算增值额的，其建造的普通标准住宅不能适用免税规定。

涉税小助手

普通标准住宅是指按所在地一般民用住宅标准建造的居住用住宅。高级公寓、别墅、度假村等不属于普通标准住宅。

（2）因国家建设需要依法征收、收回的房地产，免征土地增值税。

（3）因城市实施规划、国家建设的需要而搬迁，由纳税人自行转让原房地产的，免征土地增值税。

（4）对个人销售住房暂免征收土地增值税。

任务一　房产税智慧化申报与管理

任务导入

1. 基本情况

S 公司为小规模纳税人，该公司统一社会信用代码为 9136328374569188××。S 公司拥有一套办公用房，房产面积为 430 平方米，房产原值为 500 万元。已知当地政府规定计算房产余值的扣除比例为 30%；房产税按年计算，每季度缴纳一次；自 2022 年 1 月 1 日至 2024 年 12 月 31 日，对小规模纳税人减征 50%房产税。

2. 任务要求

（1）请计算 S 公司 2023 年第三季度应缴纳的房产税税额。

（2）2023 年 10 月 23 日，S 公司对第三季度发生的房产税进行纳税申报，请填写相关纳税申报表。

一、计算房产税

房产税适用从价计征、从租计征的征税方式。

（一）确定计税依据

1. 从价计征的计税依据

从价计征的计税依据为房产余值，计算公式如下。

房产余值=房产原值×（1−扣除比例）

其中，房产原值是指纳税人按照会计制度规定，在“固定资产”科目中记载的房屋原价；扣除比例在10%～30%内浮动，具体扣除比例由当地省、自治区、直辖市人民政府确定。

涉税小助手

房产原值应包括与房屋不可分割的各种附属设备的价值，或者一般不单独计算价值的配套设施的价值。

2. 从租计征的计税依据

从租计征的计税依据为不含增值税的房产租金收入。房产租金收入是指房屋产权所有人出租房产使用权所取得的报酬，包括货币收入和实物收入。如果是以劳务或其他形式为报酬抵付房租收入的，应根据当地同类房产的租金水平，确定一个标准租金额从租计征。

（二）计算应纳税额

1. 从价计征的计算

从价计征房产税的计算公式如下。

应纳税额=房产余值×1.2%

同步税务

【例10-3】某企业（一般纳税人）的经营用房原值为6 000万元，适用的房产税税率为1.2%。当地政府规定计算房产余值的扣除比例为30%，请计算该企业应缴纳的房产税税额。

解析：

应缴纳的房产税税额=6 000×（1−30%）×1.2%=50.4万元

2. 从租计征的计算

从租计征房产税的计算公式如下。

应纳税额=租金收入×12%（或4%）

同步税务

【例10-4】2023年，某企业出租房屋的年租金收入为10万元，适用的房产税税率为12%。请计算该企业应缴纳的房产税税额。

解析：

应缴纳的房产税税额=10×12%=12万元

二、智慧化申报房产税

（一）判断纳税义务发生时间

（1）纳税人将原有房产用于生产经营，自生产经营之月起缴纳房产税。

（2）纳税人自行新建房屋用于生产经营，自房屋建成之日的次月起缴纳房产税。

（3）纳税人委托施工企业建设房屋，自办理验收手续之日的次月起缴纳房产税。

（4）纳税人购置新建商品房，自房屋交付使用之日的次月起缴纳房产税。

（5）纳税人购置存量房，自办理房屋权属转移、变更登记手续，房地产权属登记机关签发房屋权属证书之日的次月起缴纳房产税。

（6）纳税人出租、出借房产，自交付出租、出借房产之日的次月起缴纳房产税。

（7）房地产开发企业自用、出租、出借本企业建造的商品房，自房屋使用或交付之日的次月起缴纳房产税。

（8）纳税人因房产的实物或权利状态发生变化而依法终止房产税纳税义务的，其应纳税款的计算应截止到房产的实物或权利状态发生变化的当月末。

（二）明确纳税期限

房产税实行按年计算、分期缴纳的征收方法，具体的纳税期限由省、自治区、直辖市人民政府确定。

（三）确定纳税地点

纳税人应向房产所在地的主管税务机关办理纳税申报。纳税人房产不在同一地方的，应按房产的坐落地点分别向房产所在地的主管税务机关办理纳税申报。

（四）办理纳税申报

1. 通过办税服务厅办理纳税申报

纳税人通过办税服务厅办理纳税申报时，应如实填写《房产税税源明细表》（见表 10-2）与《财产和行为税纳税申报表》（见表 8-4）。

表 10-2 的填写说明

表 10-2　房产税税源明细表

纳税人识别号（统一社会信用代码）：□□□□□□□□□□□□□□□□□□□□

纳税人名称：　　　　　　　　　　　　　　　金额单位：人民币元（列至角分）；面积单位：平方米

（一）从价计征房产税明细					
*纳税人类型	产权所有人□ 经营管理人□ 承典人□ 房屋代管人□ 房屋使用人□ 融资租赁承租人□（必选）	所有权人纳税人识别号（统一社会信用代码）		所有权人名称	
*房产编号		房产名称			
不动产权证号		不动产单元代码			

（续表）

<table>
<tr><td colspan="7">（一）从价计征房产税明细</td></tr>
<tr><td colspan="2">*房屋坐落地址（详细地址）</td><td colspan="5">省（自治区、直辖市） 市（区） 县（区） 乡镇（街道） （必填）</td></tr>
<tr><td colspan="2">*房屋所属主管税务所（科、分局）</td><td colspan="5"></td></tr>
<tr><td colspan="2">房屋所在土地编号</td><td></td><td>*房产用途</td><td colspan="3">工业□ 商业及办公□ 住房□ 其他□（必选）</td></tr>
<tr><td colspan="2">*房产取得时间</td><td>年 月</td><td>变更类型</td><td>纳税义务终止（权属转移□ 其他□）信息项变更（房产原值变更□ 出租房产原值变更□ 减免税变更□ 申报租金收入变更□ 其他□）</td><td>变更时间</td><td>年 月</td></tr>
<tr><td colspan="2">*建筑面积</td><td></td><td>其中：出租房产面积</td><td colspan="3"></td></tr>
<tr><td colspan="2">*房产原值</td><td></td><td>其中：出租房产原值</td><td></td><td>计税比例</td><td></td></tr>
<tr><td rowspan="5">减免税部分</td><td rowspan="2">序号</td><td rowspan="2">减免性质代码和项目名称</td><td colspan="2">减免起止时间</td><td rowspan="2">减免税房产原值</td><td rowspan="2">月减免税金额</td></tr>
<tr><td>减免起始月份</td><td>减免终止月份</td></tr>
<tr><td>1</td><td></td><td>年 月</td><td>年 月</td><td></td><td></td></tr>
<tr><td>2</td><td></td><td></td><td></td><td></td><td></td></tr>
<tr><td>3</td><td></td><td></td><td></td><td></td><td></td></tr>
<tr><td colspan="7">（二）从租计征房产税明细</td></tr>
<tr><td colspan="2">*房产编号</td><td></td><td colspan="2">房产名称</td><td colspan="2"></td></tr>
<tr><td colspan="2">*房产所属主管税务所（科、分局）</td><td colspan="5"></td></tr>
<tr><td colspan="2">承租方纳税人识别号（统一社会信用代码）</td><td></td><td colspan="2">承租方名称</td><td colspan="2"></td></tr>
<tr><td colspan="2">*出租面积</td><td></td><td colspan="2">*申报租金收入</td><td colspan="2"></td></tr>
<tr><td colspan="2">*申报租金所属租赁期起</td><td></td><td colspan="2">*申报租金所属租赁期止</td><td colspan="2"></td></tr>
<tr><td rowspan="5">减免税部分</td><td rowspan="2">序号</td><td rowspan="2">减免性质代码和项目名称</td><td colspan="2">减免起止时间</td><td rowspan="2">减免税租金收入</td><td rowspan="2">月减免税金额</td></tr>
<tr><td>减免起始月份</td><td>减免终止月份</td></tr>
<tr><td>1</td><td></td><td>年 月</td><td>年 月</td><td></td><td></td></tr>
<tr><td>2</td><td></td><td></td><td></td><td></td><td></td></tr>
<tr><td>3</td><td></td><td></td><td></td><td></td><td></td></tr>
</table>

2. 通过电子税务局办理纳税申报

纳税人可以参考以下步骤在电子税务局办理纳税申报。

步骤 1▶ 打开电子税务局官网（以国家税务总局山东省电子税务局为例），单击“我要办税”按钮，进入“统一身份认证”页面。选择“企业业务”选项，填写企业身份信息，单击“登录”按钮，进入电子税务局。

步骤 2▶ 选择“我要办税”选项，单击“综合信息填报”按钮，进入“填报”页面。

步骤 3▶ 在左侧菜单栏选择“税源信息报告”/“财产和行为税税源信息报告”选项，

进入“财产和行为税税源明细”页面。单击“房产税”右侧的“税源采集”按钮，进入“房产税税源采集”页面。

步骤4▶ 若前期已采集税源信息，则系统会自动带出已采集的税源信息；若前期未采集税源信息，则需要新增税源信息。在“功能信息”区域，单击“新增房屋”按钮，进入“房源信息（新增）”页面，如图10-1所示，根据实际情况，准确填写房产证信息、房屋坐落信息等。单击“保存”按钮，系统弹出“信息”对话框，单击“确定”按钮，进入“维护房产应税明细信息”页面。

房源信息（新增）

房产证信息

*纳税人类型：		所有权人纳税人识别号（统一社会信用代码）：		所有权人名称：	
不动产权证号：		房产名称：		*房产用途：	
*房产取得时间：		*建筑面积(m²)：	0.00	不动产单元号：	

房屋坐落信息

*房屋坐落地址（行政区划）：	371329 | 临沭县	*房屋坐落地址（所属街道）：	371329001 | 临沭	*房屋坐落详细地址：	
*房产所属主管税务所（科、分局）：	国家税务总局临沭	房屋所在土地编号：		查询	

保存　关闭

图 10-1　“房源信息（新增）”页面

（图片来源：国家税务总局山东省税务局官网）

步骤5▶ 选择“房屋应税信息（从价）”选项，如图10-2所示，单击“新增”按钮，进入“房屋应税信息（从价）”页面，根据实际情况，准确填写房产原值、出租房产原值等信息。若需要维护减免税信息，则在“减免税信息”区域单击“增加行”按钮，如实填写减免信息。填写完毕并确认无误后，单击“保存”按钮，系统弹出“提示”对话框，单击“确定”按钮，房屋应税信息（从价）维护完成。

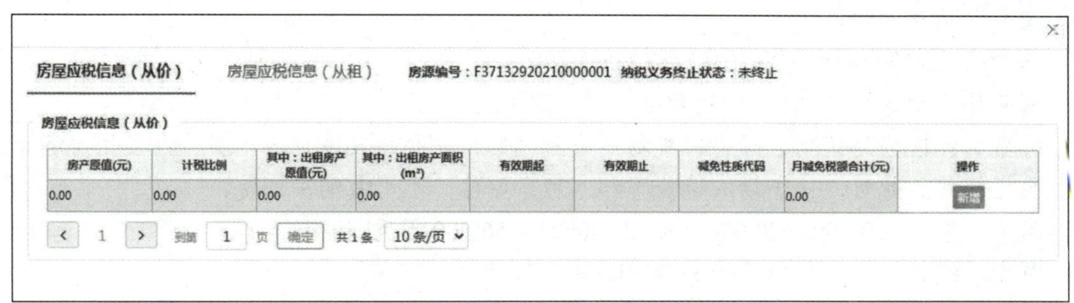

房屋应税信息（从价）　房屋应税信息（从租）　房源编号：F37132920210000001　纳税义务终止状态：未终止

房屋应税信息（从价）

房产原值(元)	计税比例	其中：出租房产原值(元)	其中：出租房产面积(m²)	有效期起	有效期止	减免性质代码	月减免税额合计(元)	操作
0.00	0.00	0.00	0.00				0.00	新增

< 1 > 到第 1 页 确定 共1条 10条/页

图 10-2　“房屋应税信息（从价）”选项

（图片来源：国家税务总局山东省税务局官网）

步骤 6▶ 若房屋涉及出租部分，则选择“房屋应税信息（从租）”选项，单击“新增”按钮，进入“房屋应税信息（从租）”页面，根据实际情况，准确填写出租面积、承租方纳税人识别号（统一社会信用代码）、承租方名称等信息。若需要维护减免税信息，则在“减免税信息”区域单击“增加行”按钮，如实填写减免信息。填写完毕并确认无误后，单击“保存”按钮，系统弹出“提示”对话框，单击“确定”按钮，房屋应税信息（从租）维护完成。

步骤 7▶ 完成房产税税源信息采集后，单击“关闭”按钮，返回“房产税税源采集”页面，单击“我要办税”/“税费申报及缴纳”按钮，进入“申报”页面。在左侧菜单栏选择“综合申报”/“财产和行为税合并纳税申报”选项，进入“财产和行为税纳税申报”页面。

步骤 8▶ 在“是否申报”列，选择“房产税”选项，单击“税源选择”按钮，进入“房产税税源选择”页面。选择需要申报的税源信息，单击“确定”按钮，然后选择需要申报的税种，单击“下一步”按钮，进入“申报信息确认”页面。

步骤 9▶ 确认无误后，单击“申报”按钮，即可完成房产税的纳税申报。

三、筹划房产税

（一）房产原值的纳税筹划

税法规定，独立于房屋之外的建筑物，如围墙、烟囱、水塔、变电塔、菜窖、室外游泳池、玻璃暖房、砖瓦石灰窑及各种油气罐等，不属于房产税的征税范围。因此，企业在建造建筑物时，可以将除厂房、办公用房以外的建筑物（如停车场）都建成露天的，并且将其造价与厂房、办公用房的造价分开独立核算，以便降低房产原值，降低房产税税负。

【具体案例】

甲公司欲在某市市区建造厂房、办公用房和停车场。经过计算，所有建筑物的造价为 100 000 万元，其中停车场的造价为 20 000 万元。已知，房产适用的房产税税率为 1.2%，当地政府规定计算房产余值的扣除比例为 30%。不考虑其他因素，请以降低房产税税负为目的，对上述业务进行纳税筹划。

【筹划思路】

方案一：未区分建筑物，即将所有建筑物都作为房产。此时，所有建筑物的造价计入房产原值并缴纳房产税。

房产余值=100 000×（1−30%）=70 000 万元

每年应缴纳的房产税税额=70 000×1.2%=840 万元

方案二：区分建筑物，即将停车场建成露天的，并且将其造价与厂房、办公用房的造价分开独立核算。此时，停车场的造价不计入房产原值，不用缴纳房产税。

房产余值=（100 000−20 000）×（1−30%）=56 000 万元

每年应缴纳的房产税税额=56 000×1.2%=672 万元

【筹划结论】

根据计算结果，方案二比方案一节税 168 万元（840−672）。因此，若以实现房产税税负最小化为纳税筹划目标，甲公司应选择方案二。

（二）租金收入的纳税筹划

若物业管理费和水电费由房屋出租方代收，则代收的物业管理费和水电费应计入房屋租金并缴纳房产税；若物业管理费和水电费由房屋承租方直接支付给物业公司或者其他相关单位，则只有该房屋的租金需要缴纳房产税。

【具体案例】

甲公司（一般纳税人）欲将一栋办公楼出租给乙公司。已知，房屋租金为 3 000 万元（含增值税），其中代收的物业管理费为 300 万元，水电费为 500 万元。不考虑其他因素，请以降低房产税税负为目的，对上述业务进行纳税筹划（计算结果保留小数点后两位）。

【筹划思路】

方案一：甲公司与乙公司签订租赁合同。合同上注明的租金为 3 000 万元，包含代收的物业管理费 300 万元和水电费 500 万元。

应缴纳的房产税税额=3 000÷（1+9%）×12%=330.28 万元

方案二：甲公司与乙公司签订租赁合同。合同上注明的租金为 2 200 万元，物业管理费 300 万元和水电费 500 万元由乙公司直接支付给物业公司或者其他相关单位。

应缴纳的房产税税额=2 200÷（1+9%）×12%=242.20 万元

【筹划结论】

根据计算结果，方案二比方案一节税 88.08 万元（330.28−242.20）。因此，若以实现房产税税负最小化为纳税筹划目标，甲公司应选择方案二。

任务实施 »

〔步骤 1〕计算 S 公司 2023 年第三季度应缴纳的房产税税额。

2023 年应缴纳的房产税税额=5 000 000×（1−30%）×1.2%×50%=21 000 元

第三季度应缴纳的房产税税额=21 000÷4=5 250 元

〔步骤 2〕对房产税进行纳税申报。

填写《房产税税源明细表》与《财产和行为税纳税申报表》。

房产税纳税申报表的填写示例

任务二 契税智慧化申报与管理

任务导入

1. 基本情况

T 公司为一般纳税人，统一社会信用代码为 9136628374569188××。2023 年 11 月 15 日，该公司从乙房地产开发股份有限公司购入一处办公用房，不含增值税的成交价格为 9 000 万元。已知办公用房的面积为 6 000 平方米，适用的契税税率为 3%。

2. 任务要求

（1）请计算 T 公司应缴纳的契税税额。

（2）2023 年 11 月 23 日，T 公司对契税进行纳税申报，请填写相关纳税申报表。

一、计算契税

（一）确定计税依据

1. 基本规定

（1）出让、出售土地使用权，以及买卖房屋的，计税依据为土地、房屋权属转移合同确定的成交价格，包括应交付的货币及实物、其他经济利益对应的价款。

（2）互换土地使用权、房屋的，计税依据为所互换的土地使用权、房屋价格的差额。

（3）赠予土地使用权、房屋的，以及其他没有价格的转移土地、房屋权属行为，计税依据为税务机关参照出售土地使用权、买卖房屋的市场价格依法核定的价格。

涉税小助手

契税的计税依据不包括增值税税额。纳税人申报的成交价格、互换价格差额明显偏低且无正当理由的，由税务机关依照税法规定进行核定。

2. 具体规定

由于土地、房屋权属转移方式不同，定价方法不同，因此具体计税依据按照下列不同情况进行确定。

（1）以划拨方式取得土地使用权，经批准改为以出让方式重新取得该土地使用权的，计税依据为土地使用权人应补缴的土地出让价款。

（2）先以划拨方式取得土地使用权，后经批准转让房地产，划拨土地性质改为出让的，计税依据为承受方应补缴的土地出让价款和房地产权属转移合同确定的成交价格。

（3）先以划拨方式取得土地使用权，后经批准转让房地产，划拨土地性质未发生改变的，计税依据为承受方在房地产权属转移合同中确定的成交价格。

（4）土地使用权及所附建筑物、构筑物等（包括在建的房屋、其他建筑物、构筑物和其

他附着物）转让的，计税依据为承受方应交付的总价款。

（5）土地使用权出让的，计税依据包括土地出让金、土地补偿费、安置补助费、地上附着物和青苗补偿费、征收补偿费、城市基础设施配套费、实物配建房屋等应交付的货币及实物、其他经济利益对应的价款。

（6）房屋附属设施（包括停车位、机动车库、非机动车库、顶层阁楼、储藏室及其他房屋附属设施）与房屋为同一不动产单元的，计税依据为承受方应交付的总价款；房屋附属设施与房屋为不同不动产单元的，计税依据为转移合同确定的成交价格。

（7）承受已装修房屋的，计税依据为承受方应交付的包括装修费用在内的总价款。

（8）土地使用权互换、房屋互换，互换价格相等的，互换双方计税依据为零；互换价格不相等的，以其差额为计税依据，由支付差额的一方缴纳契税。

（二）计算应纳税额

契税应纳税额的计算公式如下。

应纳税额=计税依据×适用税率

同步税务

【例 10-5】居民甲有两套住房，将一套住房出售给居民乙，成交价格为 500 000 元（不含增值税）；将另一套住房与居民丙的住房进行交换，并支付给居民丙换房差价款 60 000 元（不含增值税）。假设两套住房适用的契税税率均为 3%，请计算居民甲、乙、丙应缴纳的契税税额。

解析：

甲应缴纳的契税税额=60 000×3%=1 800 元

乙应缴纳的契税税额=500 000×3%=15 000 元

丙不需要缴纳契税。

二、智慧化申报契税

（一）判断纳税义务发生时间

契税的纳税义务发生时间为纳税人签订土地、房屋权属转移合同的当日，或者纳税人取得其他具有土地、房屋权属转移合同性质凭证的当日。

涉税窗口

特殊情形下纳税义务发生时间的规定

（1）因人民法院、仲裁委员会的生效法律文书或者监察机关出具的监察文书等发生土地、房屋权属转移的，纳税义务发生时间为法律文书等生效的当日。

（2）因发生改变土地、房屋用途等情形应当缴纳已经减征、免征契税税款的，纳税义务发生时间为发生改变有关土地、房屋用途等情形的当日。

（3）因改变土地性质、容积率等土地使用条件需补缴土地出让价款，应当缴纳契税的，纳税义务发生时间为改变土地使用条件的当日。

发生上述情形，按规定不再需要办理土地、房屋权属登记的，纳税人应自纳税义务发生之日起 90 日内申报缴纳契税。

（二）明确纳税期限

纳税人应在依法办理土地、房屋权属登记手续前申报缴纳契税。

（三）确定纳税地点

纳税人应向土地、房屋所在地的税务机关办理纳税申报。

涉税小助手

纳税人办理纳税事宜后，税务机关应当开具契税完税凭证。纳税人办理土地、房屋权属登记时，不动产登记机构应当查验契税完税、减免税凭证或者有关信息。纳税人未按照规定缴纳契税的，不动产登记机构不予办理土地、房屋权属登记。

（四）办理纳税申报

1. 通过办税服务厅办理纳税申报

纳税人通过办税服务厅办理纳税申报时，应如实填写《契税税源明细表》（见表 10-3）与《财产和行为税纳税申报表》（见表 8-4），并根据具体情形提供以下资料。

（1）经办人身份证件。

（2）土地、房屋权属转移合同或者其他具有土地、房屋权属转移合同性质的凭证。

（3）以交付经济利益方式转移土地、房屋权属的，提供土地、房屋权属转移相关价款支付凭证。其中，出让土地使用权的相关价款支付凭证为财政票据，出售、互换土地使用权和买卖、互换房屋的相关价款支付凭证为增值税发票。

表 10-3 的填写说明

（4）因人民法院、仲裁委员会的生效法律文书或者监察机关出具的监察文书等发生土地、房屋权属转移的，提供生效法律文书或监察文书等。

表 10-3　契税税源明细表

纳税人识别号（统一社会信用代码）：□□□□□□□□□□□□□□□□□□□□

纳税人名称：　　　　金额单位：人民币元（列至角分）；面积单位：平方米

*税源编号	（系统自动带出）	*土地房屋坐落地址	（必填）	不动产单元代码	（有不动产权证的，必填）
合同编号	（有合同编号的，必填）	*合同签订日期	（必填）	*共有方式	□单独所有 □按份共有 （转移份额：____） □共同共有 （共有人：_____）

（续表）

*权属转移对象	（必选）	*权属转移方式	（必选）	*用途	（必选）
*成交价格（不含增值税）	（必填）	*权属转移面积	（必填）	*成交单价	（系统自动带出）
*评估价格	（系统自动带出）		*计税价格		（系统自动带出）
*适用税率	（系统自动带出）		权属登记日期		（已办理权属登记的，必填）
居民购房减免性质代码和项目名称			其他减免性质代码和项目名称（抵减金额：_____）		

2．通过电子税务局办理纳税申报

纳税人可以参考以下步骤在电子税务局办理纳税申报。

步骤 1▶ 参考前文办理房产税纳税申报的步骤 1 至步骤 3，进入“契税税源采集”页面。

步骤 2▶ 单击“新增税源”按钮，进入“契税税源明细表”页面，如图 10-3 所示，如实填写契税相关信息，单击“保存”按钮，即可成功保存税源信息。

国家税务总局山东省电子税务局　保存　重置

契税税源明细表

税款所属期间：2021-05-11　至　2021-05-11

纳税人识别号（统一社会信用代码）：

纳税人名称：

金额单位：人民币元（列至角分）　面积单位：平方米

*税源编号	F37132220210000001	*土地房屋坐落地址	11	不动产单元号（或房屋编号）	
税源标志	房源编号				
合同编号		合同签订日期	2021-01-01	*共有方式	共同共有
按份分配比率（%）	0.00	征收品目	增量房（商品住房买卖）	征收子目	
*权属转移对象	增量房|20106|商品住房	*权属转移方式	买卖	*用途	居住
*成交价格　○含税　◉不含税	1,000,000.00	*权属转移面积	100.00	*成交单价	10,000.00
*评估价格	••••	*计税价格	1,000,000.00		
*适用税率	0.03	*应纳税额	30,000.00		
减免性质代码		减免项目名称			
减免税额	0.00				

图 10-3　“契税税源明细表”页面

（图片来源：国家税务总局山东省税务局官网）

步骤 3▶ 完成契税税源信息采集后，参考前文办理房产税纳税申报的步骤 7 至步骤 9，即可完成契税的纳税申报。

三、筹划契税

税法规定，出让、出售土地使用权，以及买卖房屋的计税依据为合同确定的成交价格；互换土地使用权、房屋的计税依据为所互换的土地使用权、房屋价格的差额，并由支付差额的一方缴纳契税。当土地使用权、房屋的互换价格相等时，互换双方的计税依据为零。

据此，当企业与另一个企业互为土地使用权或房屋的买方与卖方时，企业可以将购销合同改为交换合同，以降低契税的计税依据。若双方互换不等价的土地使用权或房屋，则可在法律允许的情况下采取一些方法来减少互换价格的差额，以降低契税税负。

【具体案例】

甲公司欲将一栋价值 1 000 万元的办公楼出售给乙公司，然后从乙公司处购买价值 1 200 万元的厂房。乙公司计划花费 200 万元对该办公楼进行装修。已知办公楼与厂房适用的契税税率为 5%，以上价格均不含增值税。不考虑其他因素，请以降低两家公司整体的契税税负为目的，对上述业务进行纳税筹划。

【筹划思路】

方案一：甲公司与乙公司签订购销合同，合同约定办公楼与厂房的价格分别为 1 000 万元与 1 200 万元。此时，甲公司与乙公司都需要缴纳契税。

甲公司应缴纳的契税税额=1 200×5%=60 万元

乙公司应缴纳的契税税额=1 000×5%=50 万元

方案二：甲公司与乙公司签订交换合同，合同约定甲公司需要向乙公司支付差额 200 万元。此时，甲公司需要缴纳契税，乙公司不需要缴纳契税。

甲公司应缴纳的契税税额=200×5%=10 万元

乙公司应缴纳的契税税额=0 万元

方案三：甲公司与乙公司签订交换合同。在签订合同前，甲公司出资 200 万元并按乙公司的要求对办公楼进行装修，然后以装修后的办公楼与乙公司的厂房进行等价交换。此时，甲公司与乙公司都不需要缴纳契税。

甲公司应缴纳的契税税额=0 万元

乙公司应缴纳的契税税额=0 万元

【筹划结论】

根据计算结果，方案三的契税税负最低。因此，若以实现两家公司整体的契税税负最小化为纳税筹划目标，甲公司与乙公司应选择方案三。

任务实施

〔步骤 1〕计算 T 公司应缴纳的契税税额。

应缴纳的契税税额=9 000×3%=270 万元

〔步骤 2〕对契税进行纳税申报。

填写《契税税源明细表》与《财产和行为税纳税申报表》。

契税纳税申报表的填写示例

任务三　土地增值税智慧化申报与管理

任务导入

1. 基本情况

2023 年 11 月，H 房地产开发公司（统一社会信用代码为 912326237456918 8××）销售自行开发的一处住宅，取得不含增值税收入 36 000 万元，并缴纳与转让房地产有关的税金 467.5 万元。已知该公司为取得土地使用权支付的金额为 9 324 万元；发生房地产开发成本 6 000 万元；发生房地产开发费用 2 000 万元，含利息支出 600 万元（能按转让房地产项目计算分摊且有金融机构证明），当地政府规定的其他房地产开发费用的计算扣除比例为 5%。经税务机关审核同意，该公司按月进行土地增值税的纳税申报。

2. 任务要求

（1）请计算 H 房地产开发公司应缴纳的土地增值税税额。

（2）2023 年 12 月 13 日，H 房地产开发公司对土地增值税进行纳税申报，请填写相关纳税申报表。

一、计算土地增值税

（一）确定计税依据

土地增值税以纳税人转让房地产所取得的增值额为计税依据。增值额即纳税人转让房地产所取得的收入减去准予扣除项目金额后的余额，计算公式如下。

增值额=转让房地产所取得的收入−准予扣除项目金额

1. 转让房地产所取得的收入

转让房地产所取得的收入包括转让房地产所取得的全部价款及有关经济收益，具体包括货币收入、实物收入和其他收入。

涉税小助手

转让房地产取得的收入为不含增值税收入。

2. 准予扣除项目

1）取得土地使用权所支付的金额

取得土地使用权所支付的金额是指纳税人为取得土地使用权所支付的地价款和按国家统一规定缴纳的有关费用。

2）房地产开发成本

房地产开发成本是指纳税人在房地产开发项目中实际发生的成本，包括土地征用及拆迁补偿费、前期工程费、建筑安装工程费、基础设施费、公共配套设施费、开发间接费用等。

3）房地产开发费用

房地产开发费用是指与房地产开发项目有关的销售费用、管理费用和财务费用。允许扣除的房地产开发费用，不是按实际发生的费用进行扣除，而是根据财务费用中利息支出的不同情况分别处理。

土地增值税计税依据的具体规定

（1）财务费用中的利息支出能够按转让房地产项目计算分摊并提供金融机构证明的，允许据实扣除，但最高不能超过按商业银行同类同期贷款利率计算的金额。其他房地产开发费用按取得土地使用权所支付的金额与房地产开发成本之和的5%以内计算扣除。允许扣除的房地产开发费用的计算公式如下。

$$\begin{matrix}\text{允许扣除的}\\\text{房地产开发费用}\end{matrix}=\text{利息}+\left(\begin{matrix}\text{取得土地使用权}\\\text{所支付的金额}\end{matrix}+\text{房地产开发成本}\right)\times 5\%\text{以内}$$

（2）财务费用中的利息支出若不能按转让房地产项目计算分摊或不能提供金融机构证明的，房地产开发费用按取得土地使用权所支付的金额与房地产开发成本之和的10%以内计算扣除。允许扣除的房地产开发费用的计算公式如下。

$$\begin{matrix}\text{允许扣除的}\\\text{房地产开发费用}\end{matrix}=\left(\begin{matrix}\text{取得土地使用权}\\\text{所支付的金额}\end{matrix}+\text{房地产开发成本}\right)\times 10\%\text{以内}$$

涉税小助手

上述计算扣除的具体比例由各省、自治区、直辖市人民政府规定。

4）旧房及建筑物的评估价格

旧房及建筑物的评估价格是指在转让已使用的房屋及建筑物时，由政府批准设立的房地产评估机构评定的重置成本价乘以成新度折扣率后的价格。评估价格须经当地税务机关确认。

5）与转让房地产有关的税金

与转让房地产有关的税金是指在转让房地产时缴纳的城市维护建设税、印花税等。因转让房地产缴纳的教育费附加，也可视同税金予以扣除。在转让房地产时涉及的增值税进项税额，允许在销项税额中计算抵扣的，不计入扣除项目；不允许在销项税额中计算抵扣的，可以计入扣除项目。

6）加计扣除

从事房地产开发的纳税人，可按取得土地使用权所支付的金额与房地产开发成本之和的20%加计扣除。

涉税小助手

纳税人有下列情形之一的，按照房地产评估价格计算缴纳土地增值税：① 隐瞒、虚报房地产成交价格的；② 提供扣除项目金额不实的；③ 转让房地产的成交价格低于房地产评估价格，又无正当理由的。

（二）计算应纳税额

在实际工作中，土地增值税应纳税额可按增值额乘以适用的税率减去扣除项目金额乘以速

算扣除系数的简便方法计算。

（1）增值额未超过扣除项目金额 50%的，计算公式如下。

应纳税额=增值额×30%

（2）增值额超过扣除项目金额 50%，未超过 100%的，计算公式如下。

应纳税额=增值额×40%−扣除项目金额×5%

（3）增值额超过扣除项目金额 100%，未超过 200%的，计算公式如下。

应纳税额=增值额×50%−扣除项目金额×15%

（4）增值额超过扣除项目金额 200%的，计算公式如下。

应纳税额=增值额×60%−扣除项目金额×35%

同步税务

【例 10-6】某公司将一栋自用办公楼出售，取得含增值税收入 80 000 000 元，缴纳的与转让房地产有关的税金及附加共计 800 000 元。经当地税务机关确认，办公楼的重置成本价为 70 000 000 元，新旧程度为六成新。已知该公司为取得土地使用权支付地价款 10 000 000 元。假设不考虑其他因素，请计算该公司应缴纳的土地增值税税额（计算结果保留小数点后两位）。

解析：

（1）计算房地产转让收入。

应缴纳的增值税税额=80 000 000÷（1+9%）×9%=6 605 504.59 元

不含增值税转让收入=80 000 000−6 605 504.59=73 394 495.41 元

（2）计算准予扣除项目金额。

与转让房地产有关的税金=800 000 元

评估价格=70 000 000×60%=42 000 000 元

取得土地使用权所支付的金额=10 000 000 元

扣除项目金额=800 000+42 000 000+10 000 000=52 800 000 元

（3）计算应缴纳的土地增值税税额。

增值额=73 394 495.41−52 800 000=20 594 495.41 元

增值额与扣除项目金额之比=20 594 495.41÷52 800 000×100%=39%

应缴纳的土地增值税税额=20 594 495.41×30%=6 178 348.62 元

二、智慧化申报土地增值税

（一）判断纳税义务发生时间

土地增值税的纳税义务发生时间为房地产转让合同签订的当日。

（二）明确纳税期限

纳税人应当自房地产转让合同签订之日起 7 日内办理纳税申报，并在税务机关核定的期限内缴纳土地增值税。

涉税小助手

纳税人因经常发生房地产转让而难以在每次转让后申报纳税的，经税务机关审核同意后，可以定期进行纳税申报，具体期限由税务机关根据情况确定。

纳税人在项目全部竣工结算前转让房地产取得的收入，由于涉及成本确定或其他因素，而无法据以计算土地增值税的，可以预征土地增值税，待该项目全部竣工、办理结算后再进行清算，多退少补。具体办法由各省、自治区、直辖市地方税务局根据当地情况制定。

（三）确定纳税地点

纳税人应向房地产所在地的主管税务机关办理纳税申报。房地产所在地是指房地产的坐落地。纳税人转让坐落在两个或两个以上地区的房地产，应按房地产所在地分别申报纳税。

（四）办理纳税申报

1. 通过办税服务厅办理纳税申报

纳税人通过办税服务厅办理纳税申报时，应如实填写《土地增值税税源明细表》与《财产和行为税纳税申报表》（见表 8-4）。

《土地增值税税源明细表》及其填写说明

2. 通过电子税务局办理纳税申报

纳税人可以参考以下步骤在电子税务局办理纳税申报。

步骤 1▶ 参考前文办理房产税纳税申报的步骤 1 至步骤 3，进入“土地增值税税源采集”页面。

步骤 2▶ 单击“新增项目”按钮，进入“土地增值税项目报告表（从事房地产开发的纳税人适用）”页面，如图 10-4 所示，如实填写相关信息，然后单击“下一步”按钮，等待税务人员审核。

国家税务总局山东省电子税务局　　附送资料　保存　重置　下一步

土地增值税项目报告表（从事房地产开发的纳税人适用）　　进度

带 * 为必填

土地增值税项目信息

纳税人识别号		纳税人名称	
*土地增值税项目名称		土地增值税项目编号	
*土地增值税项目所在地行政区划		*土地增值税项目所处街乡	请选择
*土地增值税项目详细地址			
*开户银行	中国建设银行股份有限公司临沂市郯城县支行	*银行账号	3 9
行业类别	建材批发	经济性质	私营有限责任公司
主管部门	国家税务总局郯城县税务局	地址	
邮政编码	276100	电话	15588007366
*项目建设起始时间		项目建设终止时间	
*总预算成本	0.00	*单位预算成本	0.00
*经办人		*经办人联系方式	

土地信息

图 10-4　“土地增值税项目报告表（从事房地产开发的纳税人适用）”页面

（图片来源：国家税务总局山东省税务局官网）

步骤 3▶ 返回“土地增值税税源采集”页面，在“界面申报表适用类型”下拉列表中选择“1. 从事房地产开发的纳税人预缴适用”选项，然后单击“新增税源”按钮，进入“土地增值税纳税申报表采集”页面。

步骤 4▶ 单击“下一步”按钮，进入“土地增值税纳税采集表（一）”页面，如实填写相关信息，单击“保存”按钮，即可成功保存税源信息。

步骤 5▶ 完成土地增值税税源信息采集后，参考前文办理房产税纳税申报的步骤 7 至步骤 9，即可完成土地增值税的纳税申报。

三、筹划土地增值税

税法规定，允许扣除的房地产开发费用应根据财务费用中利息支出的不同情况分别处理。因此，企业在计算房地产开发费用时，应比较两种计算方法下允许扣除的房地产开发费用的大小，选择允许扣除的房地产开发费用较大的计算方法，从而降低增值额，进而降低土地增值税税负。

【具体案例】

2024 年 1 月，甲房地产开发企业开发一处房地产并发生以下支出。

（1）为取得土地使用权所支付的金额为 1 200 万元。

（2）房地产开发成本为 1 500 万元。

（3）财务费用中按转让房地产项目计算分摊的利息支出为 250 万元，不超过按商业银行同类同期贷款利率计算的金额。

假设房地产开发费用扣除比例按国家规定允许的最高比例执行。不考虑其他因素，请以降低土地增值税税负为目的，对上述业务进行纳税筹划。

【筹划思路】

方案一：不按转让房地产项目计算分摊利息支出或不提供金融机构证明。

允许扣除的房地产开发费用=（1 200+1 500）×10%=270 万元

方案二：按转让房地产项目计算分摊利息支出并提供金融机构证明。

允许扣除的房地产开发费用=250+（1 200+1 500）×5%=385 万元

【筹划结论】

根据计算结果，方案二比方案一多扣除房地产开发费用 115 万元（385−270），可降低增值额 115 万元。因此，若以实现土地增值税税负最小化为纳税筹划目标，甲房地产开发企业应选择方案二。

任务实施

〔步骤 1〕计算 H 房地产开发公司应缴纳的土地增值税税额。

取得土地使用权所支付的金额=9 324 万元

房地产开发成本=6 000 万元

房地产开发费用=600+（9 324+6 000）×5%=1 366.2 万元

土地增值税纳税申报表的填写示例

与转让房地产有关的税金=467.5 万元

加计扣除=（9 324+6 000）×20%=3 064.8 万元

扣除项目金额=9 324+6 000+1 366.2+467.5+3 064.8=20 222.5 万元

增值额=36 000−20 222.5=15 777.5 万元

增值额与扣除项目金额之比=15 777.5÷20 222.5×100%=78.02%

应缴纳的土地增值税税额=15 777.5×40%−20 222.5×5%=5 299.875 万元

〔步骤 2〕对土地增值税进行纳税申报。

填写《土地增值税税源明细表》与《财产和行为税纳税申报表》。

修身笃行

涉税人员不仅需要不断学习税收政策，钻研税收业务，提高业务水平，还应做到常怀律己之心，常思贪欲之害，在一言一行、一举一动中，履行工作职责。

综合知识测试

一、单项选择题

1．下列各项中，不征收房产税的地区是（　　）。

A．县城　　B．农村

C．建制镇　　D．城市

2．某企业（一般纳税人）自用办公楼的房产原值为 600 000 元，适用的房产税税率为 1.2%，当地规定的房产税扣除比例为 30%，则该企业当年应缴纳的房产税税额为（　　）元。

A．3 600　　B．7 200

C．5 040　　D．2 520

3．下列各项中，属于契税纳税人的是（　　）。

A．抵押房屋的赵某　　B．转让土地使用权的甲公司

C．出租住房的李某　　D．受让土地使用权的乙公司

4．林某的住房面积为 140 平方米，价值 96 万元。黄某的住房面积为 120 平方米，价值 72 万元。两人商议后进行房屋交换，并确定换房差价由黄某以现金进行支付。假设两套住房适用的契税税率均为 3%，则林某应缴纳的契税税额为（　　）万元。

A．0　　B．0.72

C．2.16　　D．2.88

5．纳税人建造普通标准住宅出售，增值额未超过扣除项目金额（　　）的，免征土地增值税。

A．10%　　B．20%

C．30%　　D．40%

二、多项选择题

1. 下列关于房产税纳税人的说法中，表述正确的有（ ）。
   A. 产权属于全民所有的房屋，其经营管理单位为纳税人
   B. 产权属于集体所有的房屋，该集体单位为纳税人
   C. 产权所有人不在房屋所在地的，房产代管人或者使用人为纳税人
   D. 产权出典的房屋，出典人为纳税人
2. 下列各项中，不征收契税的情形有（ ）。
   A. 接受作价房产入股 B. 承受抵债房产
   C. 承租房产 D. 继承房产
3. 下列各项中，应当缴纳契税的情形有（ ）。
   A. 赠予房屋
   B. 转移农村集体土地承包经营权
   C. 以土地使用权作价投资
   D. 抵押土地使用权
4. 下列各项中，不属于土地增值税征税范围的有（ ）。
   A. 评估增值的房地产
   B. 出租的房地产
   C. 继承的房地产
   D. 赠予社会公益事业的房地产
5. 计算土地增值税时，允许扣除的项目有（ ）。
   A. 取得土地使用权所支付的金额
   B. 房地产开发成本
   C. 房地产开发费用
   D. 与转让房地产有关的税金

三、综合题

2023 年 11 月，乙公司（房地产开发企业）转让一栋普通住宅，取得不含增值税收入 49 000 万元，并缴纳与转让房地产有关的税金 273.03 万元。已知乙公司为取得土地使用权支付的金额为 5 150 万元；发生房地产开发成本 20 850 万元；发生房地产开发费用 1 000 万元，其中的利息支出不能按转让房地产项目计算分摊，当地政府规定的房地产开发费用的计算扣除比例为 10%。

要求：请计算乙公司应缴纳的土地增值税税额（计算结果保留小数点后两位）。

综合能力评价

学生配合指导教师共同完成综合能力评价表（见表 10-4）。

表 10-4　综合能力评价表

班级		组号		日期		
姓名		学号		指导教师		
项目名称	房产税、契税和土地增值税智慧化申报与管理					
评价维度	一级指标	二级指标	评价标准	分值	评分	
					自评	师评
知识评价（40 分）	重难点知识	掌握房产税、契税和土地增值税的税务规定	能答对相关习题，并能用自己的话概括房产税、契税和土地增值税的税务规定	5		
		掌握房产税、契税、土地增值税的计算方法和纳税筹划方法	能答对相关习题，并能用简洁的话概括房产税、契税、土地增值税的计算方法和纳税筹划方法	7		
		掌握房产税、契税和土地增值税的智慧化申报方法	能列举纳税人需要填写的纳税申报资料，并能用自己的话概括纳税申报步骤	7		
	操作技能	能正确计算房产税、契税、土地增值税的应纳税额		8		
		能按期申报和缴纳房产税、契税、土地增值税		8		
		能灵活运用纳税筹划方法，合理筹划房产税、契税、土地增值税		5		
能力评价（30 分）	自主学习能力	预习能力	能概述本项目的主要知识点	6		
		课堂学习能力	认真听讲，积极参与课堂互动	6		
		反思改进能力	反思在预习和课堂学习中出现的问题，巩固所学知识，改进学习方法	6		
	人际交往能力	团队协作能力	积极参与活动，与小组成员配合默契	6		
		沟通协调能力	与小组成员沟通顺畅	6		
素养评价（30 分）	职业素养	主动意识	积极学习，按时完成任务	10		
		合作与竞争意识	能以平和的心态面对同学之间的合作与竞争	10		
		创新意识	能建立所学知识与实际应用场景的联系	10		
合计				100		
总评	自评（30%）+师评（70%）=			教师（签名）：		

项目十一

车船税、印花税和烟叶税智慧化申报与管理

在学习本项目前，需要自问以下几个问题：

- 购买摩托车需要缴纳车船税吗？
- 印花税的税目有哪些？
- 烟叶税的税率是多少？

扫一扫右边的二维码，从相关法律法规中找到答案。

车船税、印花税和烟叶税的基本法律规范

素养目标

珍视纳税信用，共建诚信社会。

知识目标

（1）掌握车船税、印花税和烟叶税的税务规定。
（2）掌握车船税、印花税和烟叶税应纳税额的计算方法。
（3）掌握车船税、印花税和烟叶税智慧化税费申报的方法。
（4）掌握车船税、印花税纳税筹划的方法。

技能目标

（1）能正确计算车船税、印花税和烟叶税的应纳税额。
（2）能正确填制车船税、印花税和烟叶税的纳税申报表。
（3）能对车船税、印花税进行合法、合理的纳税筹划。

知识准备

一、车船税

车船税是以应税车辆、船舶（以下简称“车船”）为征税对象，向拥有车船的单位和个人征收的一种税。征收车船税有利于增加政府财政收入，也有利于规范车船管理。

车辆、船舶的具体含义

（一）纳税人与征税范围

1. 纳税人

车船税的纳税人是指车船的所有人或者管理人。

2. 征税范围

车船税的征税范围具体包括依法应当在车船登记管理部门登记的机动车辆和船舶，依法不需要在车船登记管理部门登记的、在单位内部场所行驶或者作业的机动车辆和船舶。

（二）税目与税率

车船税采用定额税率，其税目包括乘用车、商用车、挂车、其他车辆、摩托车和船舶。我国现行的车船税税目税额表如表 11-1 所示。

表 11-1　车船税税目税额表

税目		计税单位	年基准税额	备注
乘用车［按发动机气缸容量（排气量）分档］	1.0 升（含 1.0 升）以下的	每辆	60 元至 360 元	核定载客人数 9 人（含 9 人）以下
	1.0 升以上至 1.6 升（含 1.6 升）的		300 元至 540 元	
	1.6 升以上至 2.0 升（含 2.0 升）的		360 元至 660 元	
	2.0 升以上至 2.5 升（含 2.5 升）的		660 元至 1 200 元	
	2.5 升以上至 3.0 升（含 3.0 升）的		1 200 元至 2 400 元	
	3.0 升以上至 4.0 升（含 4.0 升）的		2 400 元至 3 600 元	
	4.0 升以上的		3 600 元至 5 400 元	
商用车	客车	每辆	480 元至 1 440 元	核定载客人数 9 人以上，包括电车
	货车	整备质量每吨	16 元至 120 元	包括半挂牵引车、三轮汽车和低速载货汽车等
挂车		整备质量每吨	按照货车税额的 50% 计算	

（续表）

税目		计税单位	年基准税额	备注
其他车辆	专用作业车	整备质量每吨	16 元至 120 元	不包括拖拉机
	轮式专用机械车			
摩托车		每辆	36 元至 180 元	
船舶	机动船舶	净吨位每吨	3 元至 6 元	拖船、非机动驳船的年基准税额分别按照机动船舶税额的 50% 计算
	游艇	艇身长度每米	600 元至 2 000 元	

注：整备质量是指车辆按出厂技术条件装备完整且添满各种油水后的重量。

车辆的具体适用税额由省、自治区、直辖市人民政府依照规定的税额幅度和国务院的规定确定。船舶的具体适用税额由国务院在规定的税额幅度内确定。

其中，机动船舶的具体适用税额如下。

（1）净吨位不超过 200 吨的，年基准税额为每吨 3 元。

（2）净吨位超过 200 吨但不超过 2 000 吨的，年基准税额为每吨 4 元。

（3）净吨位超过 2 000 吨但不超过 10 000 吨的，年基准税额为每吨 5 元。

（4）净吨位超过 10 000 吨的，年基准税额为每吨 6 元。

（三）税收优惠

（1）捕捞、养殖渔船，免征车船税。

（2）军队、武装警察部队专用的车船，免征车船税。

（3）警用车船，免征车船税。

（4）悬挂应急救援专用号牌的国家综合性消防救援车辆和国家综合性消防救援专用船舶，免征车船税。

（5）依照法律规定应当予以免税的外国驻华使领馆、国际组织驻华代表机构及其有关人员的车船，免征车船税。

（6）节能汽车，减半征收车船税。

（7）新能源车船，免征车船税。

（8）对受严重自然灾害影响纳税困难及有其他特殊原因确需减税、免税的，可以减征或者免征车船税。具体办法由国务院规定，并报全国人民代表大会常务委员会备案。

（9）省、自治区、直辖市人民政府根据当地实际情况，可以对公共交通车船，农村居民拥有并主要在农村地区使用的摩托车、三轮汽车和低速载货汽车定期减征或者免征车船税。

涉税交流帖

从我们身边出发，想一想，我国支持绿色低碳发展的税收政策还有哪些？对人们的生活有何影响？

二、印花税

印花税的特点

印花税是对书立应税凭证、进行证券交易的行为征收的一种税。征收印花税有利于国家加强对经济合同的监督管理。

（一）纳税人与征税范围

1. 纳税人

印花税的纳税人是指在中华人民共和国境内书立应税凭证、进行证券交易的单位和个人。在中华人民共和国境外书立在境内使用的应税凭证的单位和个人，也应当依照规定缴纳印花税。

2. 征税范围

印花税的征税范围包括应税凭证和证券交易。应税凭证是指《印花税税目税率表》列明的合同、产权转移书据和营业账簿。证券交易是指转让在依法设立的证券交易所、国务院批准的其他全国性证券交易场所交易的股票和以股票为基础的存托凭证。

涉税小助手

证券交易印花税对证券交易的出让方征收，不对受让方征收。

（二）税目与税率

我国现行的印花税税目税率表如表 11-2 所示。

表 11-2　印花税税目税率表

税目		计税依据	税率	备注
书面合同	借款合同	借款金额	0.05‰	指银行业金融机构、经国务院银行业监督管理机构批准设立的其他金融机构与借款人书立的借款合同，不包括因同业拆借（金融机构之间相互融通短期资金的业务方式）书立的借款合同
	融资租赁合同	租金	0.05‰	
	买卖合同	价款	0.3‰	指动产买卖合同，不包括个人书立的动产买卖合同
	承揽合同	报酬	0.3‰	
	建设工程合同	价款	0.3‰	
	买卖合同	运输费用	0.3‰	指货运合同和多式联运合同，不包括管道运输合同
	技术合同	价款、报酬或者使用费	0.3‰	不包括专利权、专有技术使用权转让书据
	租赁合同	租金	1‰	
	保管合同	保管费	1‰	

（续表）

<table>
<tr><th colspan="2">税目</th><th>计税依据</th><th>税率</th><th>备注</th></tr>
<tr><td rowspan="2">书面合同</td><td>仓储合同</td><td>仓储费</td><td>1‰</td><td></td></tr>
<tr><td>财产保险合同</td><td>保险费</td><td>1‰</td><td>不包括再保险合同</td></tr>
<tr><td rowspan="4">产权转移书据</td><td>土地使用权出让书据</td><td rowspan="4">价款</td><td>0.5‰</td><td rowspan="4">转让包括买卖（出售）、继承、赠予、互换、分割</td></tr>
<tr><td>土地使用权、房屋等建筑物和构筑物所有权转让书据（不包括土地承包经营权和土地经营权转移）</td><td>0.5‰</td></tr>
<tr><td>股权转让书据（不包括应缴纳证券交易印花税的）</td><td>0.5‰</td></tr>
<tr><td>商标专用权、著作权、专利权、专有技术使用权转让书据</td><td>0.3‰</td></tr>
<tr><td colspan="2">营业账簿</td><td>实收资本（股本）、资本公积合计金额</td><td>0.25‰</td><td></td></tr>
<tr><td colspan="2">证券交易</td><td>成交金额</td><td>0.5‰</td><td></td></tr>
</table>

（三）税收优惠

下列凭证免征印花税。

（1）应税凭证的副本或者抄本。

（2）依照法律规定应当予以免税的外国驻华使馆、领事馆和国际组织驻华代表机构为获得馆舍书立的应税凭证。

（3）中国人民解放军、中国人民武装警察部队书立的应税凭证。

（4）农民、家庭农场、农民专业合作社、农村集体经济组织、村民委员会购买农业生产资料或者销售农产品书立的买卖合同和农业保险合同。

（5）无息或者贴息借款合同、国际金融组织向中国提供优惠贷款书立的借款合同。

（6）财产所有权人将财产赠予政府、学校、社会福利机构、慈善组织书立的产权转移书据。

（7）非营利性医疗卫生机构采购药品或者卫生材料书立的买卖合同。

（8）个人与电子商务经营者订立的电子订单。

三、烟叶税

烟叶税是以纳税人收购烟叶的收购金额为计税依据征收的一种税。

（一）纳税人与征税范围

1. 纳税人

烟叶税的纳税人是指在中华人民共和国境内依照《中华人民共和国烟草专卖法》的规定收购烟叶的单位。

2. 征税范围

烟叶税的征税范围包括晾晒烟叶和烤烟叶。

（二）税率

烟叶税实行比例税率，税率为20%。

任务一 车船税智慧化申报与管理

任务导入

1. 基本情况

K公司（一般纳税人，统一社会信用代码为918862837456918 8××）拥有的车辆情况如下：发动机气缸容量为1.6升的乘用车2辆，核定载客5人；发动机气缸容量为1.8升的乘用车2辆，核定载客5人；发动机气缸容量为2.4升的乘用车2辆，核定载客7人；商用客车2辆；商用货车2辆，整备质量均为20吨。

已知当地车辆适用的车船税年基准税额的规定如下：发动机气缸容量为1.6升的乘用车适用的年基准税额为每辆480元；发动机气缸容量为1.8升的乘用车适用的年基准税额为每辆540元；发动机气缸容量为2.4升的乘用车适用的年基准税额为每辆960元；商用客车适用的年基准税额为每辆1 200元；商用货车适用的年基准税额为每吨80元。

2. 任务要求

（1）请计算K公司当年应缴纳的车船税税额。

（2）按照当地规定，K公司于2024年1月15日对全年的车船税进行纳税申报，请填写相关纳税申报表。

一、计算车船税

（一）确定计税依据

（1）乘用车、商用客车、摩托车以辆数为计税依据。

（2）商用货车、挂车、专用作业车、轮式专用机械车以整备质量吨位数为计税依据。

（3）机动船舶、拖船、非机动驳船以净吨位数为计税依据。

（4）游艇以艇身长度为计税依据。

（二）计算应纳税额

1. 乘用车、商用客车、摩托车应纳税额的计算

乘用车、商用客车、摩托车应纳税额的计算公式如下。

应纳税额=辆数×适用的年基准税额

2. 商用货车、挂车、专用作业车、轮式专用机械车应纳税额的计算

商用货车、专用作业车、轮式专用机械车应纳税额的计算公式如下。

应纳税额=整备质量吨位数×适用的年基准税额

挂车应纳税额的计算公式如下。

应纳税额=整备质量吨位数×适用的年基准税额×50%

3. 机动船舶、拖船、非机动驳船应纳税额的计算

机动船舶应纳税额的计算公式如下。

应纳税额=净吨位数×适用的年基准税额

拖船、非机动驳船应纳税额的计算公式如下。

应纳税额=净吨位数×适用的年基准税额×50%

4. 游艇应纳税额的计算

游艇应纳税额的计算公式如下。

应纳税额=艇身长度×适用的年基准税额

涉税小助手

上述公式中的整备质量吨位数、净吨位数、艇身长度等，若有尾数，一律据实计算。计算得出的应纳税额小数点后位数超过两位的，可四舍五入保留两位小数。

5. 购置新车船应纳税额的计算

纳税人购置的新车船，其购置当年的应纳税额应自纳税义务发生的当月起按月计算。应纳税额为年应纳税额除以12再乘以应纳税月份数。具体计算公式如下。

应纳税额=年应纳税额÷12×应纳税月份数

同步税务

【例11-1】某运输公司拥有乘用车10辆，商用客车20辆，商用货车15辆（整备质量均为10吨）。假设当地乘用车的年基准税额为每辆800元，商用客车的年基准税额为每辆700元，商用货车的年基准税额为每吨80元。请计算该公司当年应缴纳的车船税税额。

解析：

应缴纳的车船税税额=10×800+20×700+15×10×80=34 000元

二、智慧化申报车船税

（一）判断纳税义务发生时间

车船税的纳税义务发生时间为取得车船所有权或者管理权的当月。

（二）明确纳税期限

车船税按年申报，分月计算，一次性缴纳。具体申报纳税期限由省、自治区、直辖市人民政府规定。

涉税小助手

在一个纳税年度内，已完税的车船被盗抢、报废、灭失的，纳税人可以凭有关管理机关出具的证明和完税凭证，向主管税务机关申请退还自被盗抢、报废、灭失月份起至该纳税年度终了期间的税款。

已办理退税的被盗抢车船失而复得的，纳税人应当从公安机关出具相关证明的当月起计算缴纳车船税。

已缴纳车船税的车船在同一纳税年度内办理转让过户的，不另纳税，也不退税。

（三）确定纳税地点

车船税的纳税地点为车船的登记地或者车船税扣缴义务人所在地。依法不需要办理登记的车船，车船税的纳税地点为车船的所有人或者管理人所在地。

涉税小助手

办理机动车交通事故责任强制保险（以下简称“交强险”）业务的保险机构为机动车车船税的扣缴义务人。由保险机构在办理机动车交强险业务时代收代缴车船税，不仅可以节约征纳双方的成本，还可以实现车船税的源泉管控。

（四）办理纳税申报

表 11-3 的填写说明

1．通过办税服务厅办理纳税申报

纳税人通过办税服务厅办理纳税申报时，应如实填写《车船税税源明细表》（见表 11-3）与《财产和行为税纳税申报表》（见表 8-4）。

表 11-3　车船税税源明细表

纳税人识别号（统一社会信用代码）：□□□□□□□□□□□□□□□□□□

纳税人名称：　　　　体积单位：升；质量单位：吨；功率单位：千瓦；长度单位：米

车辆税源明细											
序号	车牌号码	*车辆识别代码（车架号）	*车辆类型	车辆品牌	车辆型号	*车辆发票日期或注册登记日期	排（气）量	核定载客	整备质量	*单位税额	减免性质代码和项目名称	纳税义务终止时间
1												
2												
3												

（续表）

船舶税源明细															
序号	船舶登记号	*船舶识别号	*船舶种类	*中文船名	初次登记号码	船籍港	发证日期	取得所有权日期	建成日期	净吨位	主机功率	艇身长度（总长）	*单位税额	减免性质代码和项目名称	纳税义务终止时间
1															
2															
3															

2．通过电子税务局办理纳税申报

纳税人可以参考以下步骤在电子税务局办理纳税申报。

步骤 1▶ 打开电子税务局官网（以国家税务总局山东省电子税务局为例），单击“我要办税”按钮，进入“统一身份认证”页面。选择“企业业务”选项，填写企业身份信息，单击“登录”按钮，进入电子税务局。

步骤 2▶ 选择“我要办税”选项，单击“综合信息填报”按钮，进入“填报”页面。

步骤 3▶ 在左侧菜单栏选择“税源信息报告”/“财产和行为税税源信息报告”选项，进入“财产和行为税税源明细”页面，单击“车船税（自行申报，不含代收代缴车船税）”右侧的“税源采集”按钮，进入“车船税税源信息采集”页面。

步骤 4▶ 单击“查询税源”按钮，系统会自动带出已采集的税源信息。若需要新增税源信息，则单击“增加”按钮，在新增行中填写车辆信息，然后单击“保存车辆信息”/“确定”按钮，即可成功保存税源信息。

步骤 5▶ 完成车船税税源信息采集后，单击“我要办税”/“税费申报及缴纳”按钮，进入“申报”页面。在左侧菜单栏选择“综合申报”/“财产和行为税合并纳税申报”选项，进入“财产和行为税纳税申报”页面。

步骤 6▶ 在“是否申报”列，选择“车船税（自行申报，不含代收代缴车船税）”选项，单击“税源选择”按钮，进入“车船税税源选择”页面，如图 11-1 所示。

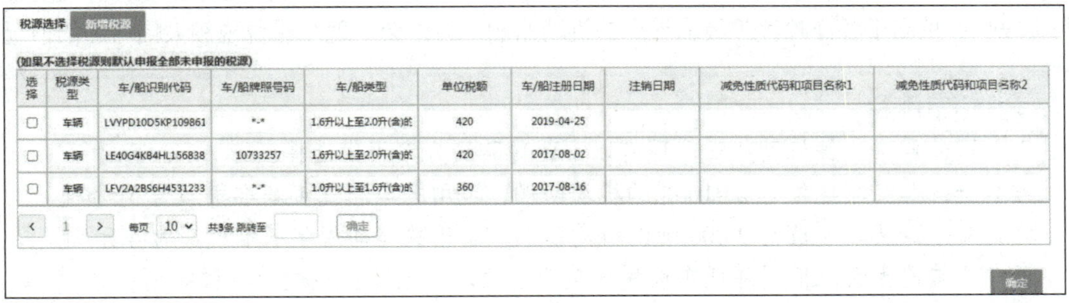

选择	税源类型	车/船识别代码	车/船牌照号码	车/船类型	单位税额	车/船注册日期	注销日期	减免性质代码和项目名称1	减免性质代码和项目名称2
☐	车辆	LVYPD10D5KP109861	*-*	1.6升以上至2.0升(含)的	420	2019-04-25			
☐	车辆	LE40G4KB4HL156838	10733257	1.6升以上至2.0升(含)的	420	2017-08-02			
☐	车辆	LFV2A2BS6H4531233	*-*	1.0升以上至1.6升(含)的	360	2017-08-16			

图 11-1　“车船税税源选择”页面

（图片来源：国家税务总局山东省税务局官网）

步骤 7▶ 选择需要申报的税源信息，单击“下一步”按钮，进入“车船税申报信息确认”页面，确认无误后，单击“申报”按钮，即可完成车船税的纳税申报。

三、筹划车船税

（一）乘用车车船税的纳税筹划

企业购买乘用车时，应当尽量选择发动机气缸容量（以下简称“排气量”）较小的乘用车，以适用较低的车船税年基准税额，从而降低车船税税负。

【具体案例】

甲公司欲购买20辆乘用车，现有以下两种购买方案可供选择。

方案一：购买20辆排气量为2.5升的乘用车。

方案二：购买20辆排气量为2.6升的乘用车。

已知当地乘用车适用的车船税年基准税额的规定如下：排气量在2.0升以上至2.5升（含2.5升）的乘用车，适用的年基准税额为每辆900元；排气量在2.5升以上至3.0升（含3.0升）的乘用车，适用的年基准税额为每辆1 800元。

不考虑其他因素，请以降低车船税税负为目的，对上述业务进行纳税筹划。

【筹划思路】

方案一：购买20辆排气量为2.5升的乘用车。

每年应缴纳的车船税税额=20×900=18 000元

方案二：购买20辆排气量为2.6升的乘用车。

每年应缴纳的车船税税额=20×1 800=36 000元

【筹划结论】

根据计算结果，方案一比方案二每年节税18 000元（36 000−18 000）。因此，若以实现车船税税负最小化为纳税筹划目标，甲公司应选择方案一。

（二）机动船舶车船税的纳税筹划

税法规定，机动船舶的净吨位等级越高，适用的车船税年基准税额越大。因此，企业应避免购买净吨位稍高于各净吨位等级临界点的机动船舶，否则会出现车船税税额大幅增加的情况。

【具体案例】

乙公司欲购买一艘机动船舶，现有以下两种购买方案可供选择。

方案一：购买净吨位为2 010吨的机动船舶，适用的车船税年基准税额为5元/吨。

方案二：购买净吨位为2 000吨的机动船舶，适用的车船税年基准税额为4元/吨。

不考虑其他因素，请以降低车船税税负为目的，对上述业务进行纳税筹划。

【筹划思路】

方案一：购买净吨位为2 010吨的机动船舶。

每年应缴纳的车船税税额=2 010×5=10 050元

方案二：购买净吨位为2 000吨的机动船舶。

每年应缴纳的车船税税额=2 000×4=8 000元

【筹划结论】

根据计算结果，方案二比方案一每年节税 2 050 元（10 050−8 000）。因此，若以实现车船税税负最小化为纳税筹划目标，乙公司应选择方案二。

任务实施

车船税纳税申报表的填写示例

〔步骤 1〕计算 K 公司当年应缴纳的车船税税额。

应缴纳的车船税税额=2×480+2×540+2×960+2×1 200+2×20×80=9 560 元

〔步骤 2〕对车船税进行纳税申报。

填写《车船税税源明细表》与《财产和行为税纳税申报表》。

任务二　印花税智慧化申报与管理

任务导入

1. 基本情况

Z 公司（一般纳税人，统一社会信用代码为 9125562374569188××）按季申报缴纳印花税。2023 年第三季度，该公司发生以下业务：书立买卖合同 5 份，合同所列金额（不包括列明的增值税税额，下同）共计 100 万元；书立建设工程合同 1 份，合同所列金额共计 1 000 万元；书立土地使用权出让书据 1 份，合同所列金额共计 500 万元。

2. 任务要求

（1）请计算 Z 公司 2023 年第三季度应缴纳的印花税税额。

（2）2023 年 10 月 20 日，Z 公司对第三季度发生的印花税进行纳税申报，请填写相关纳税申报表。

一、计算印花税

（一）确定计税依据

印花税的计税依据，按照下列方法确定。

（1）应税合同的计税依据为合同所列的金额，不包括列明的增值税税额。

（2）应税产权转移书据的计税依据为产权转移书据所列的金额，不包括列明的增值税税额。

涉税小助手

应税合同、产权转移书据未列明金额的，印花税的计税依据按照实际结算的金额确定。计税依据按照上述规定仍不能确定的，按照书立合同、产权转移书据时的市场价格确定；依法应当执行政府定价或者政府指导价的，按照国家有关规定确定。

（3）应税营业账簿的计税依据为账簿记载的实收资本（股本）、资本公积合计金额。
（4）证券交易的计税依据为成交金额。

涉税小助手

证券交易无转让价格的，按照办理过户登记手续时该证券前一个交易日收盘价计算确定计税依据；无收盘价的，按照证券面值计算确定计税依据。

（二）计算应纳税额

印花税应纳税额的计算公式如下。

应纳税额=计税依据×适用税率

涉税小助手

同一应税凭证载有两个以上税目并分别列明金额的，按照各税目适用的税率分别计算应纳税额；未分别列明金额的，从高适用税率。

同一应税凭证由两方以上当事人书立的，按照各当事人涉及的金额分别计算应纳税额。

已缴纳印花税的营业账簿，以后年度记载的实收资本（股本）、资本公积合计金额增加的，按照增加部分计算应纳税额。

同步税务

【例 11-2】某公司按季申报缴纳印花税。2023 年第三季度，该公司书立财产保险合同 100 份，合同所列保险费（不包括列明的增值税税额）共计 800 万元。请计算该公司应缴纳的印花税税额。

解析：

应缴纳的印花税税额=8 000 000×1‰=8 000 元

二、智慧化申报印花税

（一）判断纳税义务发生时间

印花税的纳税义务发生时间为纳税人书立应税凭证或者完成证券交易的当日。证券交易印花税的扣缴义务发生时间为证券交易完成的当日。

（二）明确纳税期限

印花税按季、按年或者按次计征。实行按季、按年计征的，纳税人应当自季度、年度终了之日起 15 日内申报缴纳印花税；实行按次计征的，纳税人应当自纳税义务发生之日起 15 日内申报缴纳印花税。

证券交易印花税按周解缴。证券交易印花税扣缴义务人应当自每周终了之日起 5 日内申报解缴税款。

（三）确定纳税地点

纳税人为单位的，应当向其机构所在地的主管税务机关申报缴纳印花税；纳税人为个人的，应当向应税凭证书立地或者纳税人居住地的主管税务机关申报缴纳印花税。

不动产产权发生转移的，纳税人应当向不动产所在地的主管税务机关申报缴纳印花税。

（四）办理纳税申报

当应纳税额较小或者贴花次数较少时，纳税人可以采用粘贴印花税票的方式直接缴纳印花税。当应纳税额较大或者贴花次数较多时，纳税人可以通过以下两种方式申报缴纳印花税。

表 11-4 的填写说明

1. 通过办税服务厅办理纳税申报

纳税人通过办税服务厅办理纳税申报时，应如实填写《印花税税源明细表》（见表 11-4）与《财产和行为税纳税申报表》（见表 8-4）。

表 11-4　印花税税源明细表

纳税人识别号（统一社会信用代码）：□□□□□□□□□□□□□□□□□□

纳税人（缴费人）名称：

金额单位：人民币元（列至角分）

序号	应税凭证税务编号	应税凭证编号	*应税凭证名称	*申报期限类型	应税凭证数量	*税目	子目	*税款所属期起	*税款所属期止	*应税凭证书立日期	*计税金额	实际结算日期	实际结算金额	*税率	减免性质代码和项目名称	对方书立人信息		
																对方书立人名称	对方书立人纳税人识别号（统一社会信用代码）	对方书立人涉及金额
1																		
2																		
3																		

2. 通过电子税务局办理纳税申报

纳税人可以参考以下步骤在电子税务局办理纳税申报。

步骤 1▶ 参考前文办理车船税纳税申报的步骤 1 至步骤 3，进入“印花税税源采集”页面。单击“新增税源”按钮，进入“印花税税源明细表”页面，如图 11-2 所示。

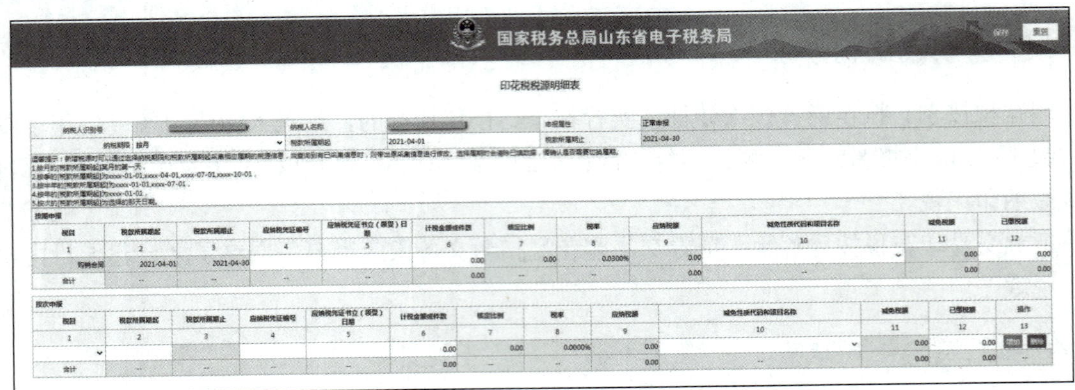

图 11-2 “印花税税源明细表”页面

（图片来源：国家税务总局山东省税务局官网）

步骤 2▶ 根据实际情况选择“纳税期限”和“税款所属期起”，系统会自动显示“税款所属期止”；在“按期申报”区域，如实填写相关信息。单击“保存”/“确定”按钮，即可成功保存印花税税源信息。

步骤 3▶ 完成印花税税源信息采集后，参考前文办理车船税纳税申报的步骤 5 至步骤 7，即可完成印花税的纳税申报。

三、筹划印花税

税法规定，同一应税凭证载有两个以上税目并分别列明金额的，按照各税目适用的税率分别计算应纳税额；未分别列明金额的，从高适用税率。因此，企业应尽量在同一应税凭证上分别列明不同税目的金额，以便按照各税目适用的税率计算缴纳印花税，避免从高适用税率。

【具体案例】

甲公司欲将一批货物交由乙公司保管。乙公司需要先将这批货物从甲公司运到乙公司的仓库，然后对其进行保管。现有以下两种方案可供选择。

方案一：乙公司与甲公司签订合同，并在合同中列明运输费和保管费的合计金额 3 000 万元（不含增值税）。

方案二：乙公司与甲公司签订合同，并在合同中分别列明运输费 300 万元（不含增值税）、保管费 2 700 万元（不含增值税）。

已知运输费适用的印花税税率为 0.3‰，保管费适用的印花税税率为 1‰。不考虑其他因素，请以降低印花税税负为目的，对上述业务进行纳税筹划。

【筹划思路】

方案一：在合同中列明运输费和保管费的合计金额。此时，运输费和保管费适用的印花税税率为 1‰（从高适用税率）。

甲公司和乙公司各自应缴纳的印花税税额=3 000×1‰=3 万元

方案二：在合同中分别列明运输费和保管费的各自金额。此时，运输费适用的印花税税率为 0.3‰，保管费适用的印花税税率为 1‰。

甲公司和乙公司各自应缴纳的印花税税额=300×0.3‰+2 700×1‰=2.79 万元

【筹划结论】

根据计算结果，方案二比方案一节税 0.21 万元（3−2.79）。因此，若以实现印花税税负最小化为纳税筹划目标，甲公司与乙公司应选择方案二。

任务实施

印花税纳税申报表的填写示例

〔步骤 1〕计算 Z 公司 2023 年第三季度应缴纳的印花税税额。

应缴纳的印花税税额=1 000 000×0.3‰+10 000 000×0.3‰+5 000 000×0.5‰=5 800 元

〔步骤 2〕对印花税进行纳税申报。

填写《印花税税源明细表》与《财产和行为税纳税申报表》。

任务三 烟叶税智慧化申报与管理

任务导入

1. 基本情况

S 公司（一般纳税人，统一社会信用代码为 9125562374569168××）按月申报缴纳烟叶税。2023 年 11 月，该公司收购烟叶 100 000 千克，烟叶收购价格为 10 元/千克，总计 1 000 000 元。货款已全部支付。

2. 任务要求

（1）请计算 S 公司 2023 年 11 月应缴纳的烟叶税税额。

（2）2023 年 12 月 15 日，S 公司对 11 月发生的烟叶税进行纳税申报，请填写相关纳税申报表。

一、计算烟叶税

（一）确定计税依据

烟叶税的计税依据为纳税人收购烟叶实际支付的价款总额。纳税人收购烟叶实际支付的价款总额包括纳税人支付给烟叶生产销售单位和个人的烟叶收购价款和价外补贴。其中，价外补贴统一按烟叶收购价款的 10%计算。实际支付的价款总额的计算公式如下。

实际支付的价款总额=烟叶收购价款×（1+10%）

（二）计算应纳税额

烟叶税的应纳税额按照纳税人收购烟叶实际支付的价款总额乘以税率计算，具体计算公式如下。

应纳税额=实际支付的价款总额×适用税率

同步税务

【例 11-3】某烟草公司为一般纳税人，2024 年 1 月收购烟叶 5 000 千克，烟叶收购价格为 11 元/千克，总计 55 000 元，货款已全部支付。请计算该烟草公司 1 月应缴纳的烟叶税税额。

解析：

应缴纳的烟叶税税额=55 000×（1+10%）×20%=12 100 元

二、智慧化申报烟叶税

（一）判断纳税义务发生时间

烟叶税的纳税义务发生时间为纳税人收购烟叶的当日。收购烟叶的当日是指纳税人向烟叶销售者付讫收购烟叶款项或者开具收购烟叶凭据的当日。

（二）明确纳税期限

烟叶税按月计征，纳税人应当于纳税义务发生月终了之日起 15 日内申报并缴纳税款。

（三）确定纳税地点

纳税人应当向烟叶收购地的主管税务机关申报缴纳烟叶税。

（四）办理纳税申报

1．通过办税服务厅办理纳税申报

纳税人通过办税服务厅办理纳税申报时，应如实填写《烟叶税税源明细表》（见表 11-5）与《财产和行为税纳税申报表》（见表 8-4）。

表 11-5　烟叶税税源明细表

税款所属期限：自　　年　月　日至　　年　月　日

纳税人识别号（统一社会信用代码）：□□□□□□□□□□□□□□□□□□

纳税人名称：　　　　金额单位：人民币元（列至角分）

序号	烟叶收购价款总额	税率
1		
2		
3		
4		
5		
6		

2．通过电子税务局办理纳税申报

纳税人可以参考以下步骤在电子税务局办理纳税申报。

步骤 1▶ 参考前文办理车船税纳税申报的步骤 1 至步骤 3，进入“烟叶税税源采集”页

面。单击“新增税源”按钮，进入具有明确信息的“烟叶税税源采集”页面，如图 11-3 所示。根据实际情况，准确填写需要报送的烟叶信息，然后单击“保存”/“确定”按钮，即可成功保存烟叶税税源信息。

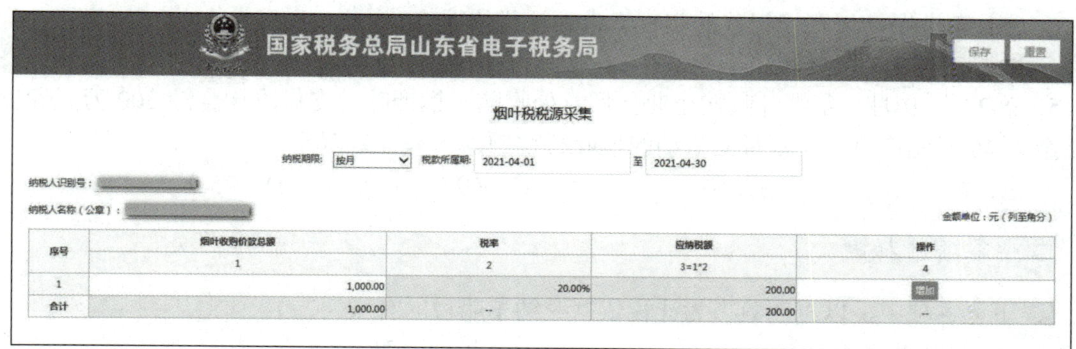

国家税务总局山东省电子税务局　保存　重置

烟叶税税源采集

纳税期限：按月　税款所属期：2021-04-01 至 2021-04-30

纳税人识别号：

纳税人名称（公章）：

金额单位：元（列至角分）

序号	烟叶收购价款总额	税率	应纳税额	操作
	1	2	3=1*2	4
1	1,000.00	20.00%	200.00	增加
合计	1,000.00	--	200.00	--

图 11-3　“烟叶税税源采集”页面

（图片来源：国家税务总局山东省税务局官网）

步骤 2▶　完成烟叶税税源信息采集后，参考前文办理车船税纳税申报的步骤 5 至步骤 7，即可完成烟叶税的纳税申报。

任务实施 »

〔步骤 1〕计算 S 公司 2023 年 11 月应缴纳的烟叶税税额。

应缴纳的烟叶税税额=1 000 000×（1+10%）×20%=220 000 元

〔步骤 2〕对烟叶税进行纳税申报。

填写《烟叶税税源明细表》与《财产和行为税纳税申报表》(略)。

综合知识测试

一、单项选择题

1. 下列各项中，免征车船税的是（　　）。
   A. 建筑公司挂车　　B. 养殖渔船
   C. 商场运输部门用车　　D. 物流公司货车
2. 机动船舶的计税单位是（　　）。
   A. 净吨位每吨　　B. 整备质量每吨
   C. 艇身长度每米　　D. 每辆
3. 下列各项中，应当征收印花税的是（　　）。
   A. 应税凭证的副本或者抄本
   B. 仲裁机构书立的仲裁文书
   C. 总公司与分公司书立的作为执行计划使用的凭证
   D. 企业之间签订的动产买卖合同

4．下列各项中，说法正确的是（　　）。

A．运输合同的计税依据为运输费用和装卸费合计金额

B．财产保险合同的计税依据为财产金额

C．营业账簿以账簿记载的实收资本为计税依据

D．证券交易的计税依据为成交金额

5．2023 年 9 月，某烟叶收购企业从烟农处收购一批烟叶，支付收购金额 300 万元和价外补贴金额 45 万元，该企业本月应缴纳的烟叶税税额为（　　）万元。

A．60　　B．66　　C．69　　D．75.9

二、多项选择题

1．下列各项中，以"辆数"为计税依据缴纳车船税的有（　　）。

A．商用货车　　B．机动驳船

C．摩托车　　D．商用客车

2．下列各项中，应当缴纳车船税的有（　　）。

A．用于农田作业的拖拉机　　B．用于接送员工的客车

C．用于私人聚会的游艇　　D．供企业董事长使用的小汽车

3．下列各项中，应当缴纳印花税的有（　　）。

A．土地使用权出让书据　　B．著作权转让书据

C．货运合同　　D．再保险合同

4．下列各项中，不属于印花税征税范围的有（　　）。

A．同业拆借合同　　B．管道运输合同

C．贷款合同　　D．个人书立的动产买卖合同

5．2024 年 2 月，某烟草公司从某烟叶种植户处收购了一批烟叶，支付收购金额 90 万元和价外补贴金额 9 万元。下列各项中，符合税法规定的有（　　）。

A．纳税人为烟叶种植户

B．烟叶税应纳税额为 19.8 万元

C．应在次月 15 日内申报纳税

D．应向烟叶种植户所在地的主管税务机关申报纳税

三、综合题

2023 年，乙公司发生以下应税行为。

（1）7 月，与丙公司签订技术转让合同，取得转让收入 80 万元，其中技术咨询费为 20 万元。

（2）8 月，股东会决定增资 1 000 万元，增资款当月到账。

已知上述价格均不含增值税。

要求：请计算乙公司应缴纳的印花税税额。

综合能力评价

学生配合指导教师共同完成综合能力评价表（见表 11-6）。

表 11-6　综合能力评价表

班级		组号		日期		
姓名		学号		指导教师		
项目名称	车船税、印花税和烟叶税智慧化申报与管理					
评价维度	一级指标	二级指标	评价标准	分值	评分	
					自评	师评
知识评价（40 分）	重难点知识	掌握车船税、印花税和烟叶税的税务规定	能答对相关习题，并能用自己的话概括车船税、印花税和烟叶税的税务规定	5		
		掌握车船税、印花税和烟叶税的计算方法和纳税筹划方法	能答对相关习题，并能用简洁的话概括车船税、印花税和烟叶税的计算方法和纳税筹划方法	7		
		掌握车船税、印花税和烟叶税的智慧化申报方法	能列举纳税人需要填写的纳税申报资料，并能用自己的话概括纳税申报步骤	7		
	操作技能	能正确计算车船税、印花税和烟叶税的应纳税额		8		
		能按期申报和缴纳车船税、印花税和烟叶税		8		
		能合理筹划车船税、印花税		5		
能力评价（30 分）	自主学习能力	预习能力	能概述本项目的主要知识点	6		
		课堂学习能力	认真听讲，积极参与课堂互动	6		
		反思改进能力	反思在预习和课堂学习中出现的问题，巩固所学知识，改进学习方法	6		
	人际交往能力	团队协作能力	积极参与课堂讨论活动，与小组成员配合默契	6		
		沟通协调能力	与小组成员沟通顺畅	6		
素养评价（30 分）	职业素养	主动意识	积极学习，按时完成任务	10		
		合作与竞争意识	能以平和的心态面对同学之间的合作与竞争	10		
		创新意识	能建立所学知识与实际应用场景的联系	10		
合计				100		
总评	自评（30%）+师评（70%）=			教师（签名）:		

参考文献

[1] 张瑞珍. 纳税实务（微课版）[M]. 北京：人民邮电出版社，2021.

[2] 李俊婧，赵素娟，李然，蔡理强. 智能税务申报与管理 [M]. 北京：清华大学出版社，2022.

[3] 杨则文. 纳税实务 [M]. 4 版. 北京：高等教育出版社，2022.

[4] 黄菊英，王延召. 智能化税费核算与管理 [M]. 北京：电子工业出版社，2022.

[5] 中国注册会计师协会. 税法 [M]. 北京：中国财政经济出版社，2023.

[6] 顾瑞鹏. 智慧化税费申报与管理 [M]. 上海：复旦大学出版社，2023.